少数民族地区反贫困：
实践与反思

主编 王文长　副主编 刘云喜 王玉玲

中国社会科学出版社

图书在版编目（CIP）数据

少数民族地区反贫困：实践与反思 / 王文长主编.
—北京：中国社会科学出版社，2016.8
ISBN 978-7-5161-7805-8

Ⅰ.①少⋯ Ⅱ.①王⋯ Ⅲ.①少数民族—民族地区—扶贫—研究—中国 Ⅳ.①F127.8

中国版本图书馆 CIP 数据核字（2016）第 051381 号

出 版 人	赵剑英
责任编辑	戴玉龙
责任校对	周晓东
责任印制	王　超

出　　版	中国社会科学出版社
社　　址	北京鼓楼西大街甲 158 号
邮　　编	100720
网　　址	http：//www.csspw.cn
发 行 部	010-84083685
门 市 部	010-84029450
经　　销	新华书店及其他书店

印　　刷	北京君升印刷有限公司
装　　订	廊坊市广阳区广增装订厂
版　　次	2016 年 8 月第 1 版
印　　次	2016 年 8 月第 1 次印刷

开　　本	710×1000　1/16
印　　张	18.75
插　　页	2
字　　数	256 千字
定　　价	69.00 元

凡购买中国社会科学出版社图书，如有质量问题请与本社营销中心联系调换
电话：010-84083683
版权所有　侵权必究

《社会转型与民族地区经济发展方式研究》
编委会

主　任：刘永佶

副主任：张丽君　李克强

委　员：王文长　王天津　龙远蔚

　　　　张兴无　张建平　杨思远

　　　　黄健英　谢丽霜

总 序

民族地区的社会转型是一个重大现实问题，也是重要理论课题。经济发展方式的转变既是社会转型的基础，又是主要内容，它关系到民族团结统一以及文化、政治、社会等各个方面。中华人民共和国成立以来，少数民族及民族地区社会经济发生了巨大的变化，不仅保持了快速增长，经济结构也发生了很大的变化，各族人民的生活水平大幅度提高。民族地区经济发展方式已有明显改变，但仍然未能在总体上摆脱粗放型经济发展方式。我国民族地区的显著特点是地域面积广阔，族群众多且分布不平衡，大多处于边疆地区，经济发展类型多样，文化传统千差万别，经济发展水平参差不齐，这些特点使民族地区在转变发展方式过程中具有显著的特征。少数民族地区（自治地方）占国土面积的64%，是我国的资源富集区和能源基地，在中国的能源战略、地缘政治经济战略中具有重要的地位。探索现阶段中国各民族及民族地区如何实现跨越式发展、融入国家整体现代化进程，形成合理的经济结构，走出一条具有民族特色和地域特色的自主发展之路，对创新民族区域自治制度，实现中华民族繁荣发展，具有重大理论和现实意义。

除了自然条件的多样性外，民族地区也有历史形成的文化多样性，民族地区的经济建设必须考虑经济合理性与文化适应性的关系。我们的研究不仅关注社会转型的时代大背景，而且注重社会转型、经济发展、文化保护之间内在的错综复杂的关系，在处理好三者关系的基础上，提出民族地区经济发展方式的新选择。这一新选择适应新时期发展变化的新形势、新要求，对现实问题有针对性，既具有现实性又具有可操作性。

《社会转型与民族地区经济发展方式研究》是我主持的中央民族大学"自主科研重大项目"，总体包括："新中国少数民族和民族地区经济发展的经验与反思"、"社会转型条件下民族地区经济发展方式转变的特点与目标"、"民族地区经济结构战略性调整研究"、"对口支援政策的评估与创新"、"国家主体功能区政策背景下民族地区发展方式选择"、"少数民族和民族地区扶贫攻坚的类型和模式"。研究成果有调研报告、论文和著作三类。著作由中国社会科学出版社出版，敬请读者批评。社会转型对民族地区经济发展方式有着重要影响，只有把握民族地区经济发展的特点，才能正确理解民族地区经济发展方式转变的目标，才能在社会转型大背景下把握民族地区经济发展方式转变的特殊规律，进而丰富发展方式转变的理论研究成果。

刘永佶

2016 年 8 月 1 日

目 录

第一篇 少数民族和民族地区扶贫攻坚的形势和环境

第一章 少数民族和民族地区扶贫攻坚的国际和国内形势 …………… 3
    第一节 国际形势／3
    第二节 国内形势／12

第二章 少数民族地区反贫困的战略意义 ………………………… 20
    第一节 推动民族地区经济发展，促进各民族共同繁荣／20
    第二节 稳固边疆，保障国家安全／25
    第三节 实施反贫困战略，推动人权事业进步／29

第二篇 少数民族地区贫困现状与分类

第三章 少数民族地区贫困现状 ………………………………… 35
    第一节 贫困的定义／35
    第二节 少数民族地区贫困状况／44

第四章 少数民族地区贫困特征 ………………………………… 63
    第一节 少数民族地区贫困程度深／63
    第二节 少数民族地区贫困政治敏感性高／70

第三节　人文因素影响显著 / 76

　　　第四节　少数民族地区贫困特征成因 / 79

第五章　少数民族地区贫困分类 …………………………………… 88

　　　第一节　按环境特点划分的少数民族地区贫困类型 / 88

　　　第二节　按致贫原因划分的少数民族地区贫困类型 / 94

　　　第三节　按贫困程度划分的少数民族地区贫困类型 / 102

第三篇　少数民族地区反贫困实践

第六章　少数民族和民族地区的反贫困政策演进 ………………… 111

　　　第一节　扶贫艰难摸索阶段（1949—1977 年）/ 111

　　　第二节　体制改革推动扶贫阶段（1978—1985 年）/ 113

　　　第三节　大规模开发式扶贫阶段（1986—1993 年）/ 117

　　　第四节　扶贫攻坚阶段（1994—2000 年）/ 121

　　　第五节　解决和巩固温饱并重的扶贫开发新阶段（2001 年至今）/ 126

第七章　少数民族地区反贫困的实践 ……………………………… 133

　　　第一节　救济式反贫困 / 133

　　　第二节　开发式反贫困 / 136

　　　第三节　参与式反贫困 / 154

第八章　少数民族地区反贫困的成效及经验 ……………………… 171

　　　第一节　输血式反贫困的成效及不足 / 171

　　　第二节　开发式反贫困的成效 / 173

　　　第三节　参与式反贫困的成效 / 175

　　　第四节　我国少数民族地区扶贫开发的主要经验 / 176

第四篇　少数民族地区反贫困的反思

第九章　少数民族地区反贫困存在的问题 ………………………… 185

第一节　少数民族地区反贫困指导思想上存在的问题 / 185

　　第二节　少数民族地区反贫困制度上存在的问题 / 188

　　第三节　少数民族地区反贫困具体模式存在的问题 / 194

第十章　少数民族地区反贫困存在问题的原因分析 …………… 210

　　第一节　旧的利益格局仍未打破 / 211

　　第二节　制度偏好挤压市场空间 / 211

　　第三节　制度制定程序不健全，制定者权责不对称 / 214

　　第四节　少数民族地区地方政府缺乏自主调控 / 215

　　第五节　贫困个体参与性差 / 217

　　第六节　财政扶贫投入严重不足 / 218

　　第七节　少数民族地区扶贫制度内部缺乏有效配合 / 220

第五篇　少数民族地区反贫困的新攻略

第十一章　重新评估现代生活环境的内涵与反贫困可能动员的资源 … 225

　　第一节　现代生活环境的新内涵 / 225

　　第二节　评估少数民族地区反贫困可利用的资源 / 228

第十二章　加快对少数民族地区"贫困资源"的开发 …………… 248

　　第一节　大力发展现代特色农业 / 248

　　第二节　开发利用旅游资源带动居民增收 / 252

　　第三节　打造特色文化产业 / 259

第十三章　推动兴边富民行动与反贫困相结合 ………………… 261

　　第一节　兴边富民行动在少数民族地区的反贫困效果 / 261

　　第二节　进一步加深兴边富民行动与反贫困的联系程度 / 265

附件 1 ……………………………………………………………… 270

附件 2 ……………………………………………………………… 274

附件 3 ·· 277

附件 4 ·· 281

参考文献 ·· 284

后记 ·· 292

第一篇

少数民族和民族地区扶贫攻坚的形势和环境

第一章
少数民族和民族地区扶贫攻坚的国际和国内形势

第一节 国际形势

一 国际扶贫事业取得重要进展,但形势依然严峻

在知识经济浪潮席卷全球和世界经济区域化、多元化、集团化日益明显的国际环境中,人类跨入了21世纪,但是贫困作为游荡在发展中国家的"幽灵"和缠绕于人类社会肌体上的最大毒瘤依然未被消除。联合国扶贫机构的统计数字显示,在过去的60年中,世界财富增加了13倍,而贫困问题仍然严峻。

世界银行发布的《1990年世界发展报告》以"贫困"为标题,全面阐述了发展中国家贫困问题的现状,提出了摆脱贫困的战略对策。报告指出,发展不平衡是当前贫困问题的重要特征,在过去的1/4世纪中,发展中国家之间的收入分配发生了明显的变化,其中东亚国家得到的收益最多,它们的实际收入在发展中国家中占的比重从22%上升到37%;而在80年代,拉丁美洲和撒哈拉以南非洲地区的比重严重下降,分别下降6个和5个百分点。贫困趋势反映了全面经济发展实绩的趋

势，即经济情况好的地区贫困情况在减轻，反之，贫困则在加重，这是世界经济发展不平衡所造成的一种积累性后果。减轻贫困的关键在于政府的经济政策。政府可以对增长和分配格局产生直接的影响，进行决策时，需要对增长与贫困做出权衡，只要政策得当，就能够使穷人得益并致力于增长，进而使增长、分配和减轻贫困的目标统一起来。总的来说，提高贫困阶层的生活水平有两种途径：一是增加穷人的资产；二是增加穷人的收入。在增加穷人资产方面，政府可以采取两种方针：重新分配现有资产（如土地）和增加对穷人人力资源的公共投资，这两种政策对穷人都会有好处，但都有可能提高或降低经济的增长速度，关键的问题是两种政策在收入分配及政治可行性方面有明显的不同。有鉴于此，报告倾向于增加对穷人公共投资的政策，因为新投资的分配朝有利于穷人的方向倾斜可能比重新分配现有资产更易于贯彻。在增加穷人收入方面，政府同样可以采取两种政策，即通过为穷人提供补贴或实行更有效的使用劳动力的政策来提高劳动者的收益。经比较认为，过多的补贴可能造成收入水平和未来增长速度的降低，使长期储蓄下降，而鼓励使用劳动力的政策则不存在这样的弊端，政治可行性也优于前者。由此报告认为，在未来的发展中，应把更有效地使用劳动与投资穷人人力资源结合起来，构成两方面兼顾的战略，以达到减少贫困和增加国民收入的目的。

世界银行发布的《2000年世界发展报告》大大拓宽了反贫困的途径，将"机遇"定义为：通过市场与非市场行动的结合，刺激经济全面增长，使穷人积聚人力、物质和社会资本并提高资本回报率；同时，它增加了"促进赋权"和"加强安全保障"两种途径，即为了让穷人更多地获得机遇，需要在政治上赋予他们更多的决策参与权力，使国家制度对穷人更多地负起责任；提供安全保障，以改善穷人在遭受疾病、经济危机、政治动乱、自然灾害和暴力冲击时的脆弱地位。这样3个方面相辅相成的反贫困战略，不仅需要发展中国家政府、市民社会、私营部门和穷人自身的一致努力，而且需要国际社会，主要是发达国家的相应行动。

2004年，世界银行以"为贫困者提供有效服务"为主题发表专门报告，认为贫困的要害在于缺乏公共服务这一基本判断，继续呼吁发达国家加大向发展中国家转移资源的力度，并把关注焦点凝聚到发展中国家内部有关公共服务的制度安排上。这是因为，资源的多寡固然重要，但资源是否有效使用同等重要。如果一国内部缺乏良好的制度安排，即使内部拥有或由外部输入了大量的资源，贫困者公共服务匮乏、生存质量低下的问题也仍然难以有效解决。从长远看，因内部不良制度安排而导致的公共服务水平不高问题还会挫伤外部输入资源的积极性。因此，扶贫的关键在于提供公共服务，而公共服务的有效提供取决于恰当的内部制度安排。

2000年9月，联合国千年首脑会议一致通过了"千年发展目标"。"千年发展目标"是2000年9月联合国成员国签署的一项发展蓝图，计划在2015年之前实现以下八大目标：消除极端贫穷和饥饿，普及初等教育，促进两性平等并赋予妇女权利，降低儿童死亡率，改善产妇保健状况，与艾滋病、疟疾和其他疾病作斗争，确保环境的可持续能力，通过全球合作促进发展。

2010年6月，联合国公布的《千年发展目标2010年报告》指出，在实现千年发展目标中，国际社会在消除极端贫穷和饥饿方面取得了较为显著的成绩。首先，21世纪开始的五年内经济强劲增长，使发展中地区每天生活费不足1.25美元的人口从1990年的18亿人减少至2005年的14亿人，而贫困率则从46%下降至27%。虽然2008年肇始于北美和欧洲的发达经济体的全球经济危机使出口和商品价格突然下降，减少了贸易和投资，使发展中国家的增长放慢，不过，到2015年，总体贫困率预计仍然可下降至35%，这意味着届时将有约9.2亿人生活在国际贫困线下，只及1990年人数的一半。其次，1990年以来，发展中国家和地区已经在实现减少一半饥饿人口的千年发展目标方面取得一些进展。有数据显示，营养不足人口从1990—1992年的20%下降到2005—2007年的16%。最后，危机前，由于经济增长和收入或消费分配的改善，几乎每个地区的贫困深度都有所下降。自1990年以来，除西亚以外，贫困的深度在所有地区都有所下降。2005年，生活在贫困线以下人口的平均收入为0.88美元。撒哈拉以南非洲的贫困深度是最严峻的，但1999年以来出现了下降，达到了东亚地区1990年的水平。

不过，全球经济危机正在使国际扶贫事业面临巨大挑战。来自世界银行的估计显示，相对于没有经济危机的情形，2009年，这场危机使极端贫困人口额外增加了5000万，2010年，将使极端贫困人口再增加约6400万，且主要分布在撒哈拉以南非洲、东亚和东南亚。此外，危机的影响可能持续下去，在2015年或更久至2020年，贫困率将稍高于危机爆发前世界经济稳步增长的情形。经济危机的具体影响表现在：第一，全球粮食和金融危机的可怕后果之一是饥饿在2009年飙升。2008年最初的粮食危机爆发，2009年大宗食品的价格仍然很高。与此同时，虽然需要在基本食品上花费很大部分收入，但由于经济衰退导致失业率上升，贫困家庭的收入下降。这大大削减了贫困消费者的有效购买力，意味着穷人能获得的粮食有所减少。第二，经济危机以来，更多的工人和他们的家庭生活在极端贫困中。由于不稳定职业的特征往往是低效率的工作，而全球金融危机已导致人均产出下降，"工作的穷人"[①]很可能也由此增加。2008—2009年，额外增加的占世界工人总数3.6%的人口正面临陷入贫困的危险，这种上升是惊人的，也是多年稳步进展后出现的倒退。最大的负面影响可能出现在撒哈拉以南非洲、南亚、东南亚和大洋洲，这些地区的极端贫困就业人口已经增长了4个或4个以上百分点。这些估计数字反映的事实是，在危机发生前，这些地区的许多工

---

① "工作的穷人"是指那些就业但其家庭成员人均日生活费低于1.25美元的人。

人仅勉强生活在贫困线以上。危机发生后，在撒哈拉以南非洲，大部分工人（63.5%）都面临滑落至极端贫困线以下的风险。

二 人类对贫困问题的认识不断加深

通常人们认为贫困就是收入水平低，无法获得维持生存所需的基本生活资料。但是，随着经济的发展和社会条件的变化，这种贫困的概念显然不能涵盖贫困的所有方面。因此，世界银行提出了关于贫困的广义概念。贫困不仅指收入水平低、物资匮乏，还包括低水平的教育和健康，面临风险时的脆弱、缺乏信息等。

对贫困问题认识的加深首先表现在：在反贫困的认识上，由过去的单纯注重物质资本，转变为既重视物质资本，又重视人力资本。20世纪的40年代至50年代，发展经济学家认为资本形成是贫困国家经济发展的决定性因素。经济学家纳克斯认为，贫困国家由于人均收入水平低，所以资本供给不足，国内市场狭小，投资诱因和资本需求也不足；资本供给及需求的不足反过来导致生产规模偏小，收入水平难以提高，如此周而复始，形成了经济发展中难以破解的"贫困恶性循环陷阱"。在此之后，纳尔逊和莱宾斯坦又相继提出了"低水平均衡陷阱"理论、"临界最小努力"理论。与纳克斯一样，这些理论基本上都认为，停滞和贫困是自我延续的，陷于贫困的穷人、穷国或地区无法形成足够的储蓄和资本以摆脱贫困陷阱。要打破贫困陷阱，就必须进行大规模的资本投资，使人均收入在满足基本消费后还有剩余来储蓄和投资，形成资本积累与收入水平提高之间的良性互动，最终实现经济增长、战胜贫困。

进入20世纪60年代后，经济学家对美国和其他工业化国家总生产函数做了一系列研究，发现资本和劳动力投入对国民生产总值增长的贡献比预期的要小很多，资本和劳动力投入并不能解释全部增长。因此，人们把经济增长，以及不同国家经济增长率的差别归因于包括技术进步、知识进步在内的"剩余要素"。受这个思想的影响，经济学家研究了人力资本与贫困的关系。舒尔茨（2002）认为，改进穷人福利的关键因素不是空间、能源和土地，而是提高人口质量和知识水平。他说，不论是住在撒哈拉以南非洲的农民，还是住在土地肥沃的尼罗河冲积平原的农民，他们的一个共同特点是贫穷；土地生产率的差异不是贫穷的原因，也不是贫富差距的原因；高收入国家和低收入国家经济现代化的共同点是，耕地等自然资源及物质资本的重要性相对下降，而知识和技能的重要性上升。

20世纪80年代，罗默、卢卡斯、斯科特等人针对新古典增长模型的缺陷，提出了将人力资本内生化的新增长理论，说明了技术进步和人力资本对经济增长的重要意义。其后，经济学家利用新增长模型，对技术进步、人力资本的总量及其分配与经济增长之间的关系作了经验研究，研究结果表明人力资本与经济增长确实存在明显的正相关性。经验表明，国家越富裕，其最贫困的1/5人口的平均消费水平也越高，生活在贫困线之下的人口也越少。此外，比较富裕的国家，其教育和健康指标也更好。在富裕国家，5岁以下儿童的死亡率不到1‰，而在贫困国家，则高达20‰（世界银行，2001）。富裕国家与贫困国家之间的这种关系说明，经济增长是反贫困的前提和基础。由于人力资本是决定经济增长的决定因素之一，因而，人力资本投资也是解决贫困问题的重要途径。

人力资本与贫困还有一个联系，就是父母的人力资本水平与贫困的代际传递问题。Galor和Tsiddon（1997）的研究表明，父母的人力资本投资有两重外部性。

第一，孩子的人力资本水平是其父母人力资本水平的增函数，即父母人力资本水平越高，孩子受到的教育也越好，成人后人力资本水平也越高，这是父母人力资本的局部外部性。

第二，社会整体的人力资本水平是父母人力资本水平的增函数，而社会技术进步的速度与社会的人力资本水平正相关。特别是，社会人力资本水平会促进劳动增进型技术进步，这种技术进步会提高人力资本投资的回报率，最终激励了下一代进行人力资本积累的动机，这是父母人力资本的普遍外部性。父母人力资本的外部性说明，人力资本水平在父母与孩子之间会发生代际传递。有研究表明，父母如果经受收入降低的暂时冲击，不仅可能会陷入贫困，而且会减少对孩子的人力资本投资，从而把冲击传递给下一代，使下一代也陷入贫困。

至此，我们对人力资本与物质资本有了更加深刻的认识。首先，人力资本和物质资本是资本的两种不同表现形态，二者是互相影响、互相促进的。一方面，如果没有必要的物质资本投入，人力资本就无法生产出来，即人的知识、技能、经营才能等的获得是以时间、金钱、物质的花费为代价的。另一方面，人力资本投资也提高了物质资本的生产效率，经验表明，劳动力所受的教育水平越高，知识越丰富，其所驾驭的物质资本的投入—产出比就越高。其次，肯定人力资本在经济增长和缓解贫困中的作用，并不是说要否定物质资本的意义，而是说要把更多的物质资本投入到生产人力资本的部门或行业中去。最后，物质资本和人力资本作为资本的不同形态，各自在经济发展的不同阶段起主要作用。落后地区经济发展面临的主要矛盾，是资本短缺与资本需求之间的矛盾。在经济发展的早期阶段，物质资本的短缺是矛盾的主要方面，物质资本对经济增长的作用更大，应重视物质资本的投入和积累；而在经济发展的中高级阶段，人力资本短缺是矛盾的主要方面，应更加注重对人力资本的投入和积累。

对贫困问题的认识加深还表现在，对贫困与制度的联系有了更为深刻的认识。美国经济学家 J. B. 克拉克在 19 世纪末提出了收入分配的"边际生产力"理论。该理论认为，在完全竞争的市场条件下，各种生产要素的报酬是按其对产出的边际贡献分配的，因而是公平的。但是，一些发展经济学家反对这种解释。因为要素的边际产出不仅取决于要素的供给，还取决于要素的需求。由于经济的所有制会影响要素的供给和需求，收入分配取决于财产的分配。如果财产的分配不具有先天的公平性，就不能用要素的边际生产力证明分配的公正性。

以缪尔达尔为代表的一些经济学家坚信，市场机制的均衡力量并不能自发地促进不发达经济的发展和消除贫困，社会和经济不平等是贫困的主要原因，更大的平等是摆脱贫困的前提条件；一个国家在总量上越是贫困，经济不平等给那些最贫困人口带来的苦难越深；经济和社会不平等不仅是普遍贫困和摆脱贫困的原因，而且是其结果（缪尔达尔，1991）。

20世纪80年代以来，随着新制度经济学及新政治经济学的兴起，经济学家对贫困原因有了新的认识，认为贫困的原因既不是物质资本的缺乏，也不是不平等和分配不公，而是缺乏一个以受法律保护的私人财产和契约为基础的市场制度。早在20世纪50年代，经济学家鲍尔和耶梅就反对"贫困恶性循环"论，批评主流经济学过分重视资本积累，他们把建立在明晰产权、完善并有效实施的法律基础上的市场制度作为经济发展的重要因素（鲍尔，2000）。

20世纪80年代以来，新制度经济学的理论进展证实了鲍尔和耶梅的见解。新制度经济学认为制度是社会的游戏规则，它构造了人们在政治、社会和经济方面发生交换的激励结构；制度变迁决定了社会演进的方式，因而是理解历史的关键。制度通过决定交易成本和生产成本影响经济绩效。有效率的经济制度能降低交易成本，提高交易效率，能为人们获取知识和学习提供激励机制，能够诱导创新，鼓励冒险和创造性活动（诺斯，2000）。有效率的经济制度要求产权明晰、契约自由和市场完善。市场制度的建立是西方世界兴起的根本原因，欠发达国家的贫困落后则缘于市场制度的缺乏。

近年来关于经济制度和法律对经济增长和贫困影响的经验研究证实了制度主义的观点。斯库利对113个国家的经验研究表明，在以法律条例、个人财产、资源市场配置为基础的开放社会，其经济增长率是那些没有市场制度国家的3倍,其效率是后者的2.5倍。Norton(1998)研究发现,保护较好的产权与较高水平的人类发展指数相联系,而贫困在产权没有明确界定的地方更有可能发生。在产权强的地方,人类贫困指数是15,而在产权弱的地方,人类贫困指数是38。在产权强的经济中,预期寿命活不到40岁的人口比例为6%—9%,而在产权弱的经济中则超过25%。就贫困国家来说,成人文盲率在产权强的经济中为13%,而在产权弱的经济中高达43%;在产权强的经济中,得不到卫生服务的人口比例为11%,得不到安全饮用水的人口比例为6%,5岁以下儿童营养不良率为13%。与此相对照,在产权弱的经济中,这三个指标分别为29%、39%、29%。Grubel(1998)研究了经济市场化指数对失业率、预期寿命、成人识字率、人文发展指数、人类贫困指数的影响,研究结果表明,如果一个国家或地区的经济市场化程度越高,失业率和人类贫困指数就越低,而预期寿命、成人识字率、人文发展指数则越高。公平分配和有效率的市场制度是相容的。公平分配不等于平均分配,收入分配应与要素的贡献相联系。如果要素收入与要素对生产所做的贡献成比例,这时的分配结果也是公平的,即使出现收入差别也是合理的。这种差别能为社会提供有效的激励机制,激发个人、企业和社会的创造力,从而推动经济向前发展。因此,收入分配的合理差别,是有效率的经济制度的前提,也是有效率制度的结果。

我国目前出现的收入差距,总体上说是经济发展过程中的必然现象,但是也与制度无效率有很大关系。国有资产流失、企业机制不活、行业垄断、官员腐败等无效率的体制现象,是我国收入差距过大的一个重要原因。解决问题的出路在于进一步深化改革,尽快建立完善的社会主义市场经济体制。这既是经济发展的必然要求,也是解决收入差距和贫困问题的必然要求。[①]

[①] 沈小波、林擎国:《反贫困:认识的转变与战略的调整》,《中国农村观察》2003年第5期。

第二节 国内形势

一 少数民族地区经济社会快速发展，贫困人口大幅减少

多年来，国务院扶贫办及相关部门始终把尽快解决温饱、实现脱贫致富、不断提高自我发展能力作为民族地区扶贫开发工作的出发点和落脚点。国家鼓励各族群众充分发挥自身优势和潜力，强化农业基础地位，加强基础设施建设，大力发展社会事业，积极推动发展方式转变和经济结构调整，促进民族地区经济社会又好又快发展。

《中国农村扶贫开发纲要（2001—2010）》第三章第十一条明确规定，"国家把贫困人口集中的中西部少数民族地区、革命老区、边疆地区和特困地区作为扶贫开发的重点"，在确定国家扶贫开发工作重点县（以下简称重点县）时，对民族地区适当放宽标准，在592个重点县中，民族县占61%，使更多的民族自治地方得到国家的重点扶持。

从2002年开始，国务院扶贫办先后与国家民委合作，参与组织编制了《扶持人口较少民族发展规划（2005—2010）》、《兴边富民行动"十一五"规划》，并积极参与规划实施。2005年，国务院扶贫办还专门印发了《关于认真贯彻落实国务院实施〈中华人民共和国民族区域自治法〉若干规定的通知》，要求各级扶贫部门高度重视民族地区的扶贫开发工作并将扶贫开发纳入当地经济社会发展规划，将267个重点县中少数民族自治县和西藏全部县作为扶贫工作重点区域，给予特殊扶持。在整村推进扶贫规划工作中，7个少数民族人口较多的省区共有3.4万个贫困村被纳入扶贫规划，占全国贫困村总数的22.9%；西藏有200个贫困乡镇被纳入扶贫规划。

2002—2010年，在专项安排少数民族发展资金67.39亿元的同时，中央财政不断加大对内蒙古、广西、西藏、宁夏、新疆五个自治区和贵州、云南、青海三个少数民族人口较多省份的扶贫投入，扶贫资金从2002年的38亿元增加到2010年的89.84亿元，9年累计投入507.28亿元，占全国总投入的40.3%。2008年中央财政又将西部地区所有边境县在内的120个边境县纳入"兴边富民行动"扶持范围。

为切实贯彻落实党的十七大关于"加大对革命老区、民族地区、边疆地区、贫困地区发展扶持力度"的精神，国务院扶贫办进一步加大整村推进工作力度，提出要确保在2010年年底前完成人口较少民族贫困村（209个）、边境贫困村（432个）、国家扶贫开发工作重点县中革命老区贫困村（24008个）扶贫规划的实施。在"三个确保"贫困村中，1/3以上为少数民族聚集村，相当数量人口为少数民族贫困人口。目前，已全部完成整村推进工作。

在实施劳动力转移培训项目过程中，五个少数民族自治区和云南、贵州、青海三省各自认定了一个全国性的劳务输出培训示范基地，安排一定规模的资金，开发民族手工艺品，积极开展劳动力务工技能培训，就地转移劳动力，同时对留守劳动力开展农业实用技术培训，提高劳动技能。在实施异地扶贫搬迁工作中，针对部分少数民族群众生存条件恶劣、人居条件极差的实际情况，大力实施安居工程。在实施科技扶贫方面，对民族贫困地区给予倾斜和照顾，2010年安排科技扶贫资金2000万元，占全国科技扶贫资金总额的40%。同时，还利用扶贫信贷资金对民族地区扶贫龙头企业给予重点支持，通过这些企业带动人口较少民族地区发展种养业、特色农产品加工业、特色旅游业。在东西扶贫协作工作中，安排了实力较强的北京、广东、福建、山东、上海、辽宁和大连、青岛、深圳、宁波对口帮扶少数民族人口较多的省区。在安排中央国家机关定点帮扶过程中，优先考虑少数民族地区的扶贫开发工作重点县，有204个重点县中少数民族县得到帮助。在与国际组织开展的国际合作项目中，也重点向民族地区倾斜。

针对民族地区特殊贫困现象和成因，国务院扶贫办还开展了不同类型的试点工作，努力寻找解决问题的途径。为解决西南喀斯特地区水土流失与贫困的恶性循环，在贵州晴隆开展了科技扶贫试点，探索发展草地畜牧业的成功模式；在贵州威宁喀斯特地区开展扶贫开发综合治理试点，加强部门沟通协调和规划衔接，避免多头申报和重复建设，发挥资金整体效益。为克服地方病给少数民族群众带来的痛苦，在四川阿坝州开展了扶贫开发和综合防治大骨节病试点，实行异地育人，帮助项目区的孩子完成义务教育，切断病魔代际传递。针对边境生存环境恶劣、边民承担守土护边责任的实际情况，在新疆阿合奇开展边境扶贫工作试点，使边疆通过发展实现巩固。对于发育程度很低的云南苦聪人、莽人、克木人，通过广泛的社会动员，短期内实现较大力度的资金投入，一次性解决住房、基础设施、公共服务、产业开发等问题，为经济社会的发展奠定基础。为了解决少数民族群众的安居问题，整合不同渠道资源，在新疆和西藏等地参与实施安居工程，为改善贫困群众的居住环境，保障人身和家庭财产安全创造了条件。

通过这些努力，少数民族地区经济社会发展取得了显著成效，贫困人口大幅减少。1995年，我国少数民族地区生产总值为4901亿元，人口16044万人，人均产值为3055元。2010年，我国少数民族地区生产总值为38989亿元，人口18494万人，人均产值22061元，比1995年增长了6倍。2001—2010年，民族八省区低收入人口规模从3076.8万人减少到1034万人，少数民族重点县农民人均纯收入由2002年的1219元增长到2010年的3131.3元。扶贫开发改善了民族地区的基础设施，提高了社会服务水平，增加了贫困群众的收入，改变了群众的生活。

二 东西部发展差距明显，西部少数民族地区成反贫困主战场

1. 我国东西部发展差距依然较大

在国内生产总值所占比重方面，1978年，我国东部、中部、西部地区在全国国内生产总值中所占的比重分别为49.7%、34.5%和

15.8%，东部、西部人均GDP分别为483元和255元，西部人均GDP为东部的52.8%。到了2012年，我国东部地区在全国GDP中所占的比重由49.7%上升到69.4%，西部由15.8%微升到16.9%，西部人均GDP则下降到东部的40.19%。经过34年的演变，东西部地区占全国GDP的比重差距由33.9%拉大到52.5%，东西部人均GDP则拉大了13个百分点。

在西部地区投资的格局中，国家的投资占绝对比重，非国有投资和外商投资比重甚微。根据近几年来西部的经济发展数据，可分析出西部地区的投资对政府投资的依赖十分严重。有数据显示，2000年至2002年，西部固定投资的年均增长率为18.8%，比全国平均水平高出6个百分点；2003年上半年全国投资增长率为31.1%，而西部省份内蒙古投资增长率超过了130%，这无疑是个惊人的数字。

外贸方面，在出口额最大的200家企业中，东部地区企业有159家，占79.5%；中西部地区7家，占3.5%；中央企业34家，占17%。进出口额最大的500家企业中，东部地区有412家，占82.4%；中西部地区31家，占6.2%；中央企业57家，占11.4%。很明显，无论中国出口200强还是进出口500强的入围企业，主要集中于东部沿海地区。

在产业状况方面，东部地区已进入制造业和服务业拉动经济更快增长的时期，产业结构迅猛升级，不仅增长速度快，而且增长的附加价值高。东部已形成了强大的自我积累、自我发展、自我扩张的能力，再加上新一轮国际资本和高科技产业向中国东部转移的重大机遇，内在动力的鼓动、外在机遇的降临都加快了东部的发展。而西部地区产业层次低、结构不合理，尤其是工业化基础薄弱，与全国及东部地区存在较大的差距，使得西部的经济增长还处在依靠国家对基础设施投资拉动的阶段，制造业和服务业远远没有发展起来，自我积累、自我发展能力很弱。同时，发展状况并不景气的国有企业往往在西部地区所占的比重较大，而国有经济的落后发展恰恰制约着整个工业经济的发展。

在生活水平方面，由中国科学院地理科学与资源研究所的专家计算出中国31个省区市人群健康指数，该项研究涉及了4大类内容27项指标，其中包括人寿状况、身高状况、疾病状况、文化素质等要素。从计算出的各区域居民的健康指数来看，可将全国31个省、自治区、直辖市的健康指数划分为五个等区，其中东部沿海地区基本被划入"一等区"，其健康指数在40.0以上，人口平均预期寿命都在70岁以上，常见病死亡率较低，文化素质较高；广大西部地区基本处于"三、四、五等区"，健康指数在25.0—35.0，甚至在25.0以下，人口平均预期寿命为60—69岁，呼吸系统疾病和传染病死亡率较高，受教育程度偏低。

在教育、文化医疗方面的差距也比较明显。2010年，与东部沿海城市相比，少数民族比较集中的西部地区财政性教育支出较少，少数民族较多的宁夏、青海、西藏分别为58亿元、55亿元、48亿元，是财政性教育支出最少的三个区域。2010年，中国少数民族地区出版图书54799万册，出版杂志8279万册，发行报纸175251万份，分别只占全国的7.6%、2.6%和3.87%。2010年，少数民族地区拥有医院、卫生院1.2万所，医院、卫生院的床位数为55.7万张，分别只占全国总量的1.28%和11.63%。

2. 西部少数民族地区始终是反贫困的主战场

西部地区是我国反贫困的主要战场，是贫困发生率高、贫困面大、贫困程度最深的地区。其中，西部少数民族地区表现得尤为明显。进入21世纪以来，西部地区扶贫开发成效显著，但返贫率较高，反贫困任务依然十分艰巨。

在扶贫开发的不同阶段，少数民族地区一直是国家扶持的重点。早在1986年和1994年两次确定国家重点扶持贫困县时，对少数民族地区都放宽了政策。1986年国家首次确定重点扶持贫困县时，为了扩大对少数民族贫困地区的扶持范围，把少数民族自治县的标准放宽到了200

元，牧区县（旗）放宽到了300元，使当时确定的全国331个国家级贫困县中少数民族县有141个，占42.6%。1994年确定《国家八七扶贫攻坚计划》重点扶持贫困县时，不仅保留了1992年农民人均纯收入低于700元的原少数民族国家重点贫困县，而且将1992年农民人均纯收入低于400元的少数民族非国家级贫困县全部列入国家贫困县范围，使全国592个国家重点贫困县中有257个少数民族县，占43.4%。2001年，扶贫开发工作进入实施《中国农村扶贫开发纲要（2001—2010）》新阶段，在重新确定的全国592个国家扶贫开发工作重点县中，少数民族县增加到了267个，占45.1%。同时，西藏作为特殊贫困片区被整体列入国家扶贫开发重点扶持范围。加上西藏74个县，少数民族地区重点扶贫县总数为341个，占少数民族地区县（旗、市）总数的53.5%。

2012年6月，根据《中国农村扶贫开发纲要（2011—2020）》精神，按照"集中连片、突出重点、全国统筹、区划完整"的原则，以2007—2009年3年的人均县域国内生产总值、人均县域财政一般预算收入、县域农民人均纯收入等与贫困程度高度相关的指标为基本依据，考虑对革命老区、民族地区、边疆地区加大扶持力度的要求，国家在全国共划分了11个集中连片特殊困难地区，加上已明确实施特殊扶持政策的西藏、四省藏区、新疆南疆三地州，共14个片区，680个县，作为新阶段扶贫攻坚的主战场。其中有11个片区涉及少数民族地区，12个片区涉及西部地区，因此，少数民族地区依然是新时期反贫困的主战场。

三 少数民族地区反贫困面临的新形势

全面建设小康社会的宏伟目标对扶贫开发提出了新要求。2000年，我国已经基本实现了总体小康；到2020年，我国将实现全面小康社会的目标，贫困人口的收入（城镇居民可支配收入和农村居民纯收入）、贫困地区的人均GDP应该达到2000年全国的人均收入及人均GDP水平。如果能够实现上述两个目标，我国就基本解决了绝对贫困人口和绝对贫困地区的贫困问题，从而为实现全面建设小康社会的宏伟目标奠定坚实的基础。因此，今后几年的扶贫工作，任务十分艰巨。

扶贫标准的适时调整对我国扶贫开发提出更高要求。2011年，根据国家综合实力和扶贫实际情况，我国提出了新的扶贫标准，即将人均收入低于2300元的人群列为贫困人口。按此标准，2011年我国的扶贫对象大约为1.28亿人，扶贫的规模有所增大。这为今后我国扶贫开发提出了更高的要求。扶贫标准的调整，拓宽了扶贫对象，将绝对贫困人群和低收入人群都纳入到了扶贫开发的对象范围，使更多急需帮助的人群能够及时得到国家扶持。同时，这也对扶贫任务提出了更高的要求，扶贫任务的重点从稳定解决扶贫对象温饱问题转向解决温饱和实现脱贫致富并举，扶贫不再仅仅局限于脱贫领域，而是要实现在脱贫基础上的稳步致富。

在基本公共服务均等化不断推进的背景下，要实现扶贫政策与其他相关政策的有效衔接。当前，国家不断推进的基本公共服务均等化也惠及贫困落后地区，贫困落后地区的教育、医疗、文化、科技等公共事业性服务得到了更好发展，落后地区居民的养老保障、社会救助、就业培训等民生性服务也得到公共财政的更多支持。在这种大背景下，我国的扶贫工作也由原来的专项扶贫向全方位扶贫进行转变，扶贫已不仅仅局限在政府扶贫行政职能部门一家，很多相关部门都在国家推进基本公共服务均等化的要求下参与了扶贫工作。如现在的农村低保、新农合、农村饮水安全、村村通道路建设、新农村建设等都涵盖了原来扶贫工作的很多内容。今后的扶贫开发，需要更好地与国家和地方的相关政策衔接好，形成政策合力，在实现贫困人口脱贫致富的关键领域，发挥重要的引导作用。

贫困人口身处生产生活条件恶劣地区，为下一步推进扶贫开发提出了更大的挑战。近几十年的规模化、系统化扶贫成效显著，很多居住在生产生活条件相对较好的平原、平坝、河川、低山丘陵地区的居民率先实现了脱贫和稳步致富。目前，我国贫困人口主要集中在深山区、石山区、林缘区、高原高寒阴湿区、极度干旱区、水土严重流失区等生产生活条件十分恶劣的地区。这些地区往往也是少数民族聚集区、革命老区或边境地区，有的还是国家重要的生态功能区，承担着水源涵养、生物多样性保护、风沙治理、水土保持等多种生态功能。如何做到既要推进这些地区贫困人口的脱贫致富，又要保持并推进这些地区生态环境的逐步改善，成为下一步这些地区贫困人口脱贫致富的挑战。

第二章
少数民族地区反贫困的战略意义

由于自然条件、历史发展过程、人文社会环境的综合作用，多年以来我国少数民族地区与其他地区如东部沿海地区之间的发展差距是一直存在的，中国反贫困的主战场在少数民族地区。新颁布的《中国农村扶贫开发纲要（2011—2020）》已经把六盘山区、秦巴山区、武陵山区、乌蒙山区、滇桂黔石漠化区、滇西边境山区、大兴安岭南麓山区、燕山—太行山区、吕梁山区、大别山区、罗霄山区 11 个连片特困地区和已明确实施特殊政策的西藏、四省藏区、新疆南疆三地州作为反贫困的重要区域，而这些连片特困地区及特殊政策区域绝大部分都是民族地区。对于这些集中连片地区的反贫困是今后几年反贫困的工作重点，对于当前民族地区的繁荣发展、边疆的稳固及国家安全以及我国的人权事业都具有十分重要的战略意义。

第一节 推动民族地区经济发展，促进各民族共同繁荣

进入 21 世纪的中国，现代化建设事业蓬勃发展，少数民族地区也进入到一个新的发展阶段，怎样更好地促进少数民族地区各项事业的进一步发展，需要我们在民族工作中不断进行理论创新，制定新的方针、

政策。2003年3月的全国政协第十届第一次会议少数民族界委员联组讨论会上，胡锦涛提出"两个共同"这一民族工作主题，即共同团结进步，共同繁荣发展。自新中国成立以来，我国民族工作一直以民族"共同繁荣发展"为主题。但不可否认的是，当前民族地区发展程度依然比较低，在未来的民族工作尤其是少数民族及民族地区反贫困过程中，对"共同繁荣发展"这一主题依然要坚定不移地坚持，以促进各民族共同繁荣为目标，推动民族地区经济发展。

一　民族地区发展程度依然比较落后

由于各民族在历史上形成和发展的进程不一样，各民族之间生产力发展水平参差不齐，经济发展问题是最大的民族发展问题。新中国成立后，在中央政府大力支持下，少数民族地区的自身发展、整体面貌有了明显的改变，但是与东部沿海发达地区相比，经济社会发展差距仍然相当大。

据国家统计局对全国31个省（区、市）6.8万个农村住户的抽样调查中民族八省区调查数据统计分析，2010年年末，民族八省区农村贫困人口为1034.0万人，比上年减少417.2万人；贫困发生率为8.7%，下降3.3个百分点。2006—2010年，民族八省区贫困人口占全国农村贫困人口的比重分别为36.7%、39.3%、39.6%、40.3%和38.5%，所占比重在2006—2009年呈逐年增加趋势，到2010年开始下降（图1-1）。5年贫困发生率分别为16.9%、13.8%、13.0%、12.0%和8.7%，虽逐年有所下降，但与全国同期贫困发生率（6.0%、4.6%、4.2%、3.8%和2.8%）相比，分别高出10.9、9.2、8.8、8.2和5.9个百分点（图1-2）。①

虽然民族八省区贫困发生率与全国相差百分点数值逐年减少，其减

---

① 国家民委：《2010年少数民族地区农村贫困监测结果》，国家民委网站，2011年7月。

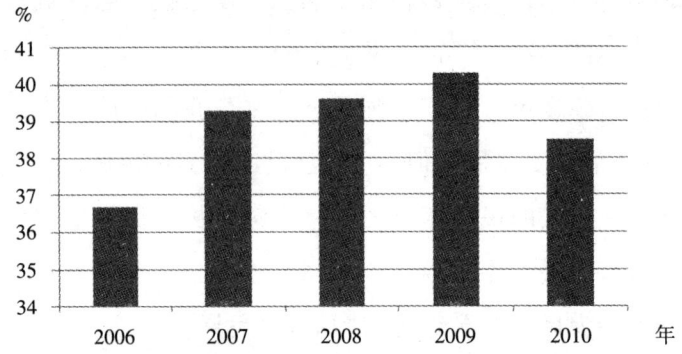

图 1-1　民族八省区贫困人口占全国农村贫困人口的比重

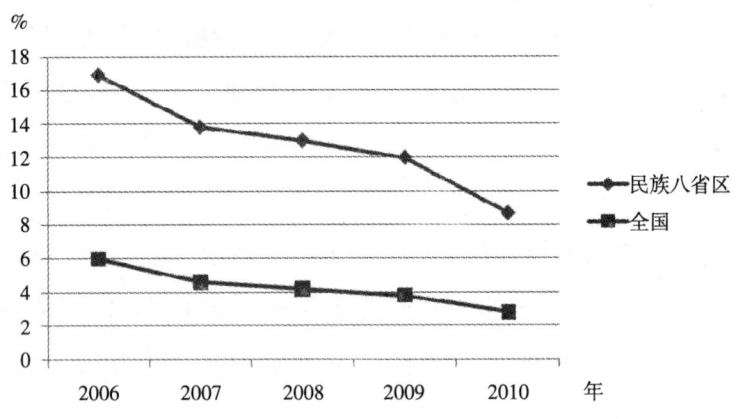

图 1-2　全国、民族八省区 5 年贫困发生率

贫速度快于全国，但是，民族八省区的贫困面与全国相比仍然相差较大，对少数民族和民族地区的扶贫力度仍需加强。《中国农村扶贫开发纲要（2011—2020 年）》指出，"我国扶贫开发已经从以解决温饱问题为主要任务的阶段转入巩固温饱成果、加快脱贫致富、改善生态环境、提高发展能力、缩小发展差距的新阶段。""六盘山区、秦巴山区、武陵山区、乌蒙山区、滇桂黔石漠化区、滇西边境山区、大兴安岭南麓山区、燕山—太行山区、吕梁山区、大别山区、罗霄山区等区域的连片特

困地区和已明确实施特殊政策的西藏、四省藏区、新疆南疆三地州是扶贫攻坚主战场。"新《纲要》提出的18个集中连片地区大部分是民族地区,而全国592个扶贫开发工作重点县中,少数民族县有267个,占45.1%。可见,对少数民族和民族地区的扶贫工作依然是我国扶贫工作新阶段的重要任务。

二 实施反贫困战略有利于实现民族共同繁荣

"共同繁荣发展"的基本思想,在我国各个历史时期的民族工作过程中都提出过并坚持付诸实践。以毛泽东、周恩来同志为代表的第一代领导集体,提出"民族平等、团结"作为解决民族问题的根本原则,把帮助少数民族发展经济文化、促进各民族共同繁荣作为我们党在民族理论和民族政策上的根本立场和最终归宿。周恩来同志说:"在民族政策上,我们社会主义国家跟封建主义、资本主义、帝国主义根本不同。我们对各民族既要平等,又要使大家繁荣。各民族繁荣是我们社会主义在民族政策上的根本立场。我们这个多民族的大家庭要建设成为一个强大的社会主义国家,必须在民族繁荣的基础上前进。"[1]

以邓小平同志为核心的党的第二代领导集体,坚持"解放思想,实事求是"的思想路线,通过拨乱反正,彻底否定了"民族问题实质是阶级问题"的错误观点,进一步发展民族之间平等、团结、互助的关系,把实现真正的民族平等作为解决民族问题的立足点。在解决民族问题的过程中,不仅是帮助少数民族在政治上享有平等地位和权利,还要采取一系列有效措施使少数民族在经济上、文化上得到改善和提高,把帮助少数民族发展经济作为实现真正的民族平等和解决民族问题的核心和关键。邓小平同志指出:"发展才是硬道理","在实现四个现代化进程中,各民族的社会主义一致性将更加发展,各民族的大团结将更加

---

[1] 刘吉昌:《论新时期各民族共同团结奋斗、共同繁荣发展》,《西南民族大学学报》(人文社会科学版)2007年第10期。

巩固", "我们要共同奋斗,实现祖国统一和民族振兴。"邓小平同志关于把民族发展与实现民族地区现代化、实现各民族共同繁荣联系起来的思想,为开创民族工作的新局面指明了正确的方向。[①]

以江泽民同志为核心的党的第三代领导集体,根据新时期民族工作的发展要求,制定了进一步加快少数民族地区经济社会的发展战略。强调"没有民族地区的稳定就没有全国的稳定,没有民族地区的小康就没有全国的小康,没有民族地区的现代化就不能说实现了全国的现代化","加快发展少数民族地区的经济文化等各项事业,促进各民族的共同繁荣,这既是少数民族地区人民群众的迫切要求,也是我们社会主义民族政策的根本原则。"[②]

新世纪新阶段,以胡锦涛总书记为核心的新一届中央领导集体,顺应时代要求,顺应少数民族的迫切要求,深刻把握党的三代领导集体关于民族问题的基本理论和基本政策,系统总结我国50余年民族工作的成就和经验,提出了"各民族共同团结奋斗,共同繁荣发展"的目标。这也是我国新时期民族工作依然坚持"共同繁荣发展"的有力说明。

从上述我国各个阶段民族工作的主题可以看出,我国自新中国成立以来,一直把"共同繁荣发展"作为民族工作的主题,而在未来的民族工作中,更要坚持这一主题,努力推进少数民族地区经济的发展,实现全面建设小康社会和最终"共同富裕"的目标。少数民族地区的反贫困,正是实现"共同繁荣发展"这一主题的有力手段,可以缩小地区间差距,推进少数民族地区经济社会的发展和现代化水平,从而实现"共同繁荣发展"这一目标。

[①] 张伟:《统筹地区发展,促进各民族共同繁荣》,《赤峰学院学报》(汉文哲学社会科学版) 2011 年第 5 期。

[②] 刘吉昌:《论新时期各民族共同团结奋斗、共同繁荣发展》,《西南民族大学学报》(人文社科版) 2007 年第 10 期。

第二节 稳固边疆，保障国家安全

我国边疆地域辽阔，面积广大；邻国众多，边境线长；民族多样，结构复杂；资源丰富，区位重要；问题复杂，矛盾交织。边疆稳固既对整个国家的发展、稳定和安全具有重要的影响，又关乎我国在地缘政治格局中的地位和地缘战略的实现。由于我国80%以上的少数民族分布于西部地区，且大多居住在几千公里长的国境线上，因此，如果西部少数民族地区发展落后，生活持续贫困，将严重影响边疆稳定。邓小平同志曾指出："少数民族问题解决得不好，国防问题就不可能解决好。"在这里，他之所以将少数民族发展问题提到战略高度上，正是因为西部民族地区的落后不仅关系到我国整体的经济发展和现代化建设进程，而且对于维护边疆地区稳定有重要的战略意义。但少数民族边疆地区存在一定的经济发展劣势，内生发展动力不足，与东部发达地区相比，其经济发展相对比较落后。近年来，国内分裂分子之所以在国际势力的支持下采取激烈的暴力恐怖手段，在西藏和新疆等地区制造民族纠纷，破坏祖国统一，除了分裂分子的主观意图之外，和边疆地区的发展落后有很大关系。因此，只有推进少数民族地区的反贫困，加快边疆地区的发展，才能改善当前边疆地区的落后状况，稳固边疆，保障国家安全。

一 边疆社会稳定局面依然不容乐观

资本主义产生后，民族主义不断发展，逐渐形成完整的思想体系。作为一种新形式的政治，民族主义"自称要为适当的人口单位作出独立地享有一个自己的政府的决定、为在国家中合法地行使权力、为国际社会中的权利组织等，提供一个标准。"[①] 它将民族的生存和发展这一

---

① 埃里·凯杜里：《民族主义》，中央编译出版社2002年版，第13页。

基本权力作为前提和基础,强调的是民族的自主、自决和独立。

民族主义分为国家民族主义和民族主权主义。前者是随着近代民族国家形成后所确立的以维护民族国家的整体性为基本价值观的政治理念,是国家主义的一种表现形式,它将区域性民族问题视为爱国或分裂的问题;后者则往往在人权和主权的旗帜下,以建立独立而具有主权的民族国家为目标,将区域性民族问题界定为国家主权问题。在现代国家建构中,民族主义经常扮演"双刃剑"的角色:既可以加速国家整合,促进现代国家的建构,也可以解构现实国家,引发现实国家中的分裂运动。具体扮演何种角色则取决于国家能否通过有效的治理来建构为各民族所认同的核心价值体系,实现和维护各民族的具体利益。

民族主义曾经是一种带动历史变革的力量,它经过"一战"和"二战"而达发展顶峰。但20世纪末以来伴随民族主义思想和运动的往往是民族冲突和分裂。冷战结束之后,先是东欧剧变,然后是苏联解体、柏林墙倒塌、南斯拉夫内战,再后是卢旺达种族屠杀、斯里兰卡战火、魁北克试图脱离加拿大的全民公决等。在一系列的变化中,社会主义国家解体,国家政治力量扩张,民族经济利益矛盾频发,各国间宗教和文化不断渗透;民族主义思潮泛滥,对传统的大一统民族国家造成猛烈冲击;民族主义"这个在两极霸权时代一度被认为是已经或趋于消失的现象,现在不仅重新回到人们的视野中,而且显然已经成为国际政治画屏中的最大的焦点之一。"[1] 在错误的民族主义思想的引导下,边疆地区尤其是西部边境地带的稳定局势不容乐观,其经济社会发展的落后成为边疆分裂分子蛊惑民众的借口之一。

这些年来,西方一些政治人物曾经不顾中国人民的感情,对中国内政特别是台湾问题、新疆问题、西藏问题乱发议论、横加指责,一度影响了我国局部边疆的稳定。如新疆乌鲁木齐"7·5"事件、西藏拉萨

---

[1] 王逸舟:《当代国际政治析论》,上海人民出版社1995年版,第87页。

"3·14"事件与这些西方要人的错乱言行是密不可分的。"三独分子"活动猖獗,极大地干扰了我国的国家认同大势。2009年7月5日晚,新疆乌鲁木齐市市区发生了打砸抢烧严重暴力事件;2008年3月14日,西藏拉萨市市区一些暴徒打砸抢烧,给当地人民群众的生命财产造成重大损失,使当地社会秩序受到严重破坏。虽然这一切掀不起大浪,阻挡不了中国大一统的前进步伐,但在一些地区、一些人中扰乱了正常视听、淡化了中国的国家观念、破坏了我国的国家认同大势。可以看出,少数民族地区尤其是边疆地区的经济社会发展程度依然相对落后,边疆地区的整体社会的稳定局面并不乐观。

二 反贫困有利于提升边疆少数民族地区自主发展动力

广大边疆少数民族地区由于自身地区的特殊性,存在经济发展的劣势。产生经济发展劣势的因素主要有如下几个方面:

第一,自然因素。我国边疆地区大多属于内陆省份,海拔较高,地形复杂,气候多变。尤其是我国西北地区海拔高,且多属高寒气候。气象学家和农业学家普遍认为,海拔每升高100米,年平均气温下降0.5℃,因此,边疆地区与同纬度的其他地区而言,气温要低得多,这种自然条件本身就不利于农业发展。同时,边疆地区可供耕地面积一般比较少,土地贫瘠。如我国西南地区多山地,西北和北部多黄土和沙漠,土壤中有机质含量低,也不利于农作物的生长。一部分地区山荒岭秃,植被稀疏,沟壑纵横,多石山峡谷、沼泽草地、沙漠戈壁。加上地处边陲,交通极为不便,边疆地区的商业化、市场化、信息化进程受到严重阻碍。

第二,经济发展状况。我国边疆地区由于自然等诸多方面的因素,生产力及其决定的生产方式与现代化应有水平存在较大差距。边疆地区的地理上的边缘化制约边疆地区自身的发展,使其社会发展仍显迟缓、滞后,传统社会特征明显,严重缺乏发展的外向性特征,除参与边境对外贸易的边境地区以外，大部分少数民族边境地区与周边地区缺少必然的经济联系，经济发展相对落后。

第三，社会发育滞后。生活在广西、云南、贵州、四川西部、西藏等地的十几个少数民族的贫困人口，在 20 世纪 50 年代以前，其社会形态还处在原始社会残余或奴隶社会、封建农奴制社会阶段。新中国成立后，这些少数民族获得了平等的公民权利和政治权利，但经济、教育、卫生的条件极为落后，现代社会所应具有的基础设施仍然一片空白。①

第四，国家战略防御上的考虑。由于边疆地区不仅是与外界沟通的门户，也是国家战略防御的屏障。因此，对于很多边疆地区，国家出于战略防御的考虑，对边疆地区的经济发展的政策指引及投入力度相对较弱，这就导致边疆地区尤其是少数民族边疆地区缺少相应的经济发展政策及资金投入，经济发展能力较弱。②

广大的边疆群众因"边疆"发展劣势所致，生存技能、市场竞争力较弱，经济来源较少且不稳定，常有衣食之忧。他们长期处于自然环境恶劣的落后边远地区，基本发展能力低弱，贫困发生率、贫困程度均高于全国平均水平。在他们中间，绝对贫困与相对贫困并存；物质贫困与精神贫困并存；贫困的长期性与复杂性并存。他们徘徊于贫困线边缘甚至处于社会贫困线之下，在经济来源、食品、衣着、健康、教育和社交等方面，突出地具有社会弱势群体的典型特征。长期以来贫富差距逐渐拉大的现实，以及现实中作为弱势群体在社会政治生活中的低影响力，使他们感到难以依靠自身的力量改变目前的处境，或者感到自己已被社会抛弃。他们对"先富"与"共富"现实矛盾的心理准备不足，对先富带后富、最终达到共同富裕过程的长期性、艰巨性估计不足，对生活前途悲观失望，在一定程度上对社会的现代化发展前景失去信心，自弃心理压力增大，形成了心理上的"边疆"定位，经济上的低收入

---

① 湛中乐、苏宇：《消除贫困与人权保障：中国的进展与反思》，《人权》2010 年第 1 期。
② 陈霖：《我国边疆问题与边疆治理探讨》，《社会主义研究》2009 年第 6 期。

性、生活质量上的低层次性、政治上的低影响力和心理上的"边境"定位，决定了他们在社会的现代化过程中具有发展的极大脆弱性，内源性动力明显不足。

边疆的政治、经济、文化和社会发展水平，不仅同边疆人民的利益直接相关，而且与整个国家的发展和稳定紧密联系。再加上当前边疆地区社会稳定局面依然存在诸多问题，边疆地区发展内在动力不足等诸多因素的整体考虑，对边疆地区的反贫困就显得尤为重要。通过反贫困促进边疆地区建设发展，是稳固边疆、保障国家安全的必要举措。

第三节 实施反贫困战略，推动人权事业进步

生存权和发展权是首要人权。贫困是对人的生活状态的描述，它关乎人权，缓解消除贫困对保障少数民族人权尤为重要。新中国成立以来，特别是改革开放以后，中国政府颁布、实施了一系列扶贫政策，使少数民族地区的贫困状况得到了一定改变，提升了少数民族及民族地区民众对人权的享有程度。但不得不说，我国实施扶贫政策至今，少数民族及民族地区的贫困问题依然存在，从人权角度来讲，我们依然需要通过对少数民族及民族地区的反贫困工作，推动少数民族及民族地区的人权事业的进步。

一 贫困本身就是对人权的否定

我们说贫困是对人权的否定、消除贫困就是维护人权，理由至少有三：

第一，贫困这种状态本身就是对人权的否定。人类保障人权的目的，就是为了享有幸福生活，而贫困是幸福生活的反面。不仅如此，绝对贫困还严重威胁人的生存权利，践踏人的尊严，威胁人权的根基。人的生存权利是基础性的人权，生存权利没有保障，其他种类的人权就无

从谈起。

第二，导致贫困的原因中往往有结构性因素或制度性因素，比如说不公正的国际经济秩序会导致对穷国的剥夺从而产生大量贫困人口，主权国家内的不公平的经济社会制度和政策也会导致特定群体的贫困。即使一种制度和体制总体上看是合理的，或者说是不得不选择的制度安排，比如说市场经济制度，也会必然有一部分人陷入贫困等不利境遇，如市场经济制度下的结构性失业人口。这些产生不公正的生产生活条件或带来不平等的结果的制度和政策设计，是对人们平等权利的侵犯，是对人权的否定。① 消除这些结构性、制度性因素或者弥补这些制度缺陷带来的负面后果，是国际社会和主权国家的政府都负有的责任。

第三，如果贫困人口相对集中在特定地区或特定群体，除制度和政策原因外，往往还有历史、自然地理等原因。有时不公平的历史带来的消极后果是造成特定人群贫困的重要因素。在当代，我们这个讲人权的时代应该为曾经不讲人权的历史的后果负起责任，而通过反贫困弱化和消除贫困，就是维护贫困地区人权的一种手段。生存权和发展权是首要人权。少数民族地区由于自身的自然因素、经济基础、政治因素和历史因素的综合，往往更容易出现贫困问题。因此在贫困人口中，少数民族贫困人口往往占比例较高，影响生存权和发展权的实现。

中国是一个多民族国家，除主体民族——汉族外，还有1.1379亿少数民族人口，占全国总人口的8.49%。在中国，少数民族贫困人口占贫困人口总数的比例较高。在不同时期，少数民族地区的贫困人口（包括生活在民族自治地方的汉族贫困人口）都占到全国贫困人口总数的一半左右。少数民族及民族地区的贫困问题突出，会严重影响少数民族生存权和发展权的实现，已经引起各界高度重视。在当前国际国内对人权问题逐步认识并重视的大背景下，改善少数民族及民族地区的经济

---

① 王平：《消除贫困与少数民族人权保障——以中国少数民族地区扶贫为例》，《人权》2010年第5期。

发展落后的状态，从而提高少数民族及民族地区人民对人权的享有程度就显得尤为重要。

二 实施反贫困战略是推进我国人权事业的重大举措

中国政府实施大规模扶贫行动30年来，坚持从中国国情出发、从实际出发，因地制宜，创造了多种多样的扶贫模式，积累了丰富的宝贵经验。如坚持开发式扶贫方针。扶贫不是单纯的生活救济，而是要引导贫困地区群众在国家必要的帮助和扶持下，以市场为导向，调整经济结构，开发当地资源，发展商品生产，改善生产条件，提高贫困农户自我积累、自我发展能力，走出一条符合实际的、有自己特色的发展道路。又如坚持综合开发、全面发展。扶贫一方面要着力改善贫困地区的基本生产生活条件，加强基本农田、基础设施、环境改造和公共服务设施建设，帮助贫困乡村通电、通路、通邮、通电话、通广播电视；另一方面要着力改善贫困地区的教育、医疗和文化生活条件，加强贫困乡村卫生院、卫生室建设和医疗卫生技术人员的培训，在贫困地区大力开展普及义务教育，提高适龄儿童入学率，促进贫困地区的全面发展。可以说，扶贫工作，就是全面促进提高贫困地区人口人权享受程度的工作。[①]

扶贫是一项长期的、巨大的任务，在世界各个国家都是如此，在发展中国家更是如此，对中国少数民族地区的扶贫工作来说也是如此。当前，我国部分少数民族地区贫困问题仍然突出，任务依然艰巨，发展经济和改善民生仍然是边疆民族地区追求生存权和发展权的基本诉求。我们应继续切实维护和促进边疆民族地区人民的生存权和发展权，提高发展的包容性，努力使发展成果惠及边疆民族地区。

---

① 肖巍：《作为人权的发展权与反贫困》，《社会科学》2005年第10期。

第二篇

少数民族地区贫困现状与分类

第三章
少数民族地区贫困现状

对于中国的贫困问题，学者们达成了这样的共识："中国的贫困问题，主要表现在少数民族地区的贫困和偏远农村地区的贫困。"在中国这样的多民族国家，少数民族占总人口的8.49%，这些占国民人口近十分之一的少数民族主要分布在祖国的边疆地区，为我国守护着边疆，为我国的经济社会发展默默地做贡献。少数民族所处地区又是贫困的高发地区，贫困不仅威胁着少数民族人民自身的生存与发展，也威胁着祖国的安全与昌盛。因此，我们研究少数民族地区的贫困问题尤为重要。那么，什么是贫困呢？

第一节 贫困的定义

贫困的定义是不断发展变化的，具有很强的历史性和地域性，从时间和空间的角度来看是不确定的，但是对于一个特定的时期和特定的地区来看它又是确定的；贫困又是多维度的，食不果腹、衣不蔽体是贫困，不能求学、就医也是贫困。尽管很早就有专家学者研究贫困问题，现在的研究也越来越深入，但仍然没有一个统一、明确的定义，没有哪一个定义能够说服所有的人。

一 贫困的概念

《韩非子·奸劫弑臣》:"夫施与贫困者,此世之所谓仁义;哀怜百姓,不忍诛罚者,此世之所谓惠爱也。"汉刘向《新序·杂事二》;"馀衍之蓄聚於府库者,境内多贫困之民。"宋范仲淹《答手诏条陈十事》:"今百姓贫困,冗官至多,授任既轻,政事不举。"艾青《双尖山》诗:"一个世界两条道路,一条走向愚昧贫困,一条走向繁荣富强。"从这里可以看到贫困的基本词意,为"因为贫穷而生活窘困"。贫困是一种社会物质生活贫乏的现象,是一种社会物质生活和精神生活的综合现象,其主要根源是物质生活条件缺乏与精神生活没有或缺乏出路。

随着经济社会的发展,贫困的含义也越来越广,有些学者认为贫困是伴随人类社会发生、发展的社会经济现象,是人类由于不能合法地获得基本的物质生活条件和参与基本的社会活动的机会,以至于不能维持一种个人生理和社会文化可以接受的生活水准的状态。在这里,贫困不仅仅表现为收入低下,还体现为人们缺少发展的机会,缺少应对变化的能力,甚至是指对人类基本能力和权利的剥夺,从而使之无法获取社会公认的、一般社会成员都能享受到的饮食、生活条件、舒适和参加某些活动的机会。概括起来,贫困是指没有权利、没有发言权、脆弱性和恐惧感而导致的较低福祉或者生活质量。

经济学家关于贫困问题的研究可以追溯到亚当·斯密、马尔萨斯等人的著述中,但是在他们的著作中没有关于贫困的确切定义。直到19世纪末朗特里(S. Rowntree)才给出了贫困的定义,朗特里(1899)认为如果一个家庭的总收入不足以维持家庭人口最基本的生存活动要求,那么,这个家庭就基本上陷入了贫困之中。

随后,汤森(Townsend)从资源的角度提出,那些缺乏获得各种食物、参加社会活动和最起码的生活和社交条件的资源的个人、家庭和群体就是所谓的贫困的;西奥多·W. 舒尔茨从社会公平的角度提出,贫困是作为某一特定社会中特定家庭的特征的一个复杂的社会经济状态，现在仍然存在的绝大部分贫穷是大量的经济不平等的结果；阿马蒂亚·森（1981）从能力的角度提出，贫困不仅仅是贫困人口收入低的问题，还意味着贫困人口缺少获取和享有正常生活的能力，或者说贫困的真正含义是贫困人口创造收入的能力和机会的贫困。

除了学者们以外，世界经济机构也对贫困问题进行了研究，《2000/2001世界发展报告》中认为：贫困不仅仅指收入低微和人力发展不足，它还包括人对外部冲击的脆弱性，包括缺少发言权、权力和被社会排斥在外；联合国开发计划署在《人类发展报告》和《贫困报告》中有关贫困和发展的定义更具广泛性和多元性，认为人类贫困指的是缺乏人类发展最基本的机会和选择——长寿、健康、体面的生活、自由、社会地位、自尊和他人的尊重。

与此同时，国内的专家、学者、政府部门与机构也结合我国国情对贫困问题进行了理论上和实践上的研究。

童星、林闽钢（1993）认为贫困是经济、社会、文化、落后的总称，是由低收入造成的缺乏生活必需品的基本物质和服务，以及没有发展机会和手段的这样一种生活状况。

国家统计局认为，贫困一般是指物质生活困难，即一个人或一个家庭的生活水平达不到一种社会可接受的最低标准。他们缺乏某种必要的生活资料和服务，生活处于困难境地。

康晓光在《中国贫困与反贫困理论》一书中给出的概念是：贫困是人的一种生存状态，在这种生存状态中，人由于不能合法地获得基本的物质生活条件和参与基本的社会活动的机会，以至于不能维持一种个人生理和社会文化可以接受的生活标准。

叶普万（2004）从造成贫困的原因的角度给出了贫困的定义，认为贫困是指由于制度因素和非制度因素所造成的使个人或家庭不能获得维持正常的物质生活和精神生活需要的一种生存状态。

根据以上的分析，要准确地理解贫困概念需要把握以下几个方面：一是要从历史的角度去考察贫困问题，贫困概念本身就像贫困现象一样，是一个不断变化着的概念。二是如同贫困问题本身是一个复杂的社会问题一样，贫困概念也是一个模糊概念。它涉及哲学、政治学、经济学、社会学等诸多领域，概念本身很难具备确定性。三是贫困问题是一个地区或一个国家经济发展和社会进步过程的一部分，它随时间、空间以及人们的思想观念的变化而变化。四是要从贫困的表象、导致贫困的原因、贫困人群的区域特征、贫困给不同人群带来的不同影响等方面，去观察、分析、研究贫困和贫困问题。绝对贫困和相对贫困、农村贫困和城市贫困、收入贫困和人类贫困等，都是由贫困概念派生出来的概念范畴。

二 贫困的特征

尽管贫困是一个非常复杂的社会经济现象，具有多种表现形式，但是综合以上国内外专家学者和有关权威机构给出的贫困的定义，我们也可以得出贫困的一些共性。

第一，贫困具有社会性、多元性。贫困一般被定义成低于最低的或基本的生活标准的一种生活状态，而生活标准是根据整个社会，而不是某些特定人群的生活水平来确定。生活标准是多元化的，不仅涉及经济层面，还涉及社会、文化层面。贫困不仅是低收入，缺衣少食，还包括不能享受基本的教育等社会服务。不过，经济决定上层建筑，且经济是一个人、一个家庭生存的基础，所以，我们主要从经济层面来把握贫困。

第二，贫困与缺乏直接相关。其表象为低收入和缺乏物质与服务，而实质是缺乏生存和生活的手段、能力以及机会。所以，贫困问题可以视为缺乏问题，反贫困的重要任务是改变缺乏的状况和程度。

第三，贫困具有层次性、动态性。根据马斯洛的需求理论，人的需求是可以划分层次的，根据人的需求层次，贫困也可以划分层次。第一层次的贫困是满足人们生理需要的食物的短缺,其贫困状态已经影响到人们身体的正常需求,甚至损及健康。第二层次从食物的短缺,扩展到其他一些生活必需品,甚至到精神文化需求的缺乏。随着时间的推移及经济社会的发展,原来不是生活必需品的物质资料、服务等逐渐变成必需品。这样贫困的内涵扩大了,由绝对贫困发展到相对贫困,由单纯的物质贫困发展到精神贫困,由客观贫困发展到主观贫困。

第四,贫困的确定性。虽然人们对贫困有不同的理解,给出的定义也不同,但是在一定时间、空间内,贫困的内核是确定的。在一个确定的时空里,人们对贫困的理解是基本一致的,能够形成统一认识。所以贫困虽然有主观性,但本质上它是一个客观的现象。

第五,贫困与不平等紧密相连。贫困与不平等有很多相通的方面,如它们都包括一些权利的缺乏等。但是这两者有着很大的差异,不能等同。不平等不仅包括经济贫困,还包括其他许多方面的内容;贫困也不全是由不平等造成的,有些是由个人或家庭本身的原因造成的,如身体的残疾、自然条件的恶劣等。

三 贫困的测量

1. 贫困的测量指标

(1) 采用货币收入与消费额来确定和测量贫困

这种方法以家庭收入和支出调查为基础,目前已成为对贫困进行定量分析和政策论述的主要手段。它采用了在全国具有代表性的调查样本,可以据此推断全国的贫困状况和贫困的变化。这种家庭调查还收集了货币收入消费额之外的信息,所以能够显示更多的关于福利和贫困状况的信息,从而可以研究各种贫困方面之间的关系,也能验证关于政策干预对贫困所可能产生影响的假设。但是,根据收入或消费额测算贫困状态也是有局限性的。随着国别和时间的不同,调查的设计方案会有所不同,因而对不同的调查所得出的信息难以进行比较。如果要将收集来的收入或消费额数据转换成测量福利的指标，还需要设定许多假定条件，这些问题的处理方式不同，将会导致贫困估计值出现较大的差异。此外，以家庭为单位收集的收入或消费额数据无法显示家庭成员内的不平等，因而可能低估总体的不平等和贫困状况。

（2）采用健康与教育来确定和测量贫困

古典经济学家马尔萨斯、李嘉图以及马克思等都曾经使用这种方法来测算贫困。英国行为科学先驱朗特里主要以收入来测算贫困，他认为，死亡率是衡量人们物质福利差距的最好手段。朗特里将调查对象分为从最贫困到最富裕的3个组别，他发现最贫困组别的死亡率是收入最高的工薪阶层的两倍多。在婴幼儿死亡率方面，最贫困地区的儿童1/4会在12岁前夭折。根据他的结论，死亡率既可作为反映消费贫困的指标，也可作为反映广义贫困的指标。通过健康和教育指标来反映贫困状况，这一传统较好地体现于国际发展目标之中。不过这些非收入指标自身也存在一定的问题。比如，婴幼儿和5岁以下儿童死亡率数据主要来自人口普查，而大多数国家只是在一定期限内才进行这种普查。一套完整的户口登记体系可能是死亡率数据的最好来源，但目前只有少数发展中国家建立了这种体系。在两次人口普查之间，一些重要比率的估算，主要是根据观察到的发展趋势和一些模型推论出来的，而人口预期寿命数据由于不是直接推算出来的，其可用性更差。教育方面的数据也有其缺陷。最常用的指标是小学总入学率，该指标在概念上存在着严重的不足，其中最大的不足在于学校入学率仅仅表示学生的实际上学状况，如果留级学生增多，小学入学率还会提高。许多研究倾向于采用小学净入学率指标，即适龄小学生入学人数与适龄儿童之比，但根据世界银行提供的资料显示，目前只有大约50个发展中国家能提供这一指标。

（3）采用脆弱性来确定和测量贫困

从收入和健康的角度看，脆弱性是指一个家庭和一个人在一段时间内将要经受的收入和健康贫困的风险。脆弱性还意味着面临许多风险

(暴力、犯罪、自然灾害和被迫失学等)的可能性。脆弱性是一个动态的概念,不可能仅通过一次家庭调查就得出结论,因此测量脆弱性的难度非常大。只有获得了家庭的若干数据,才能收集并量化对穷人家庭而言非常重要的波动性和脆弱性这些基本信息。此外,陷入和脱离贫困线人数的多少,也能说明穷人的脆弱性。这些年来,人们已经提出多种反映脆弱性的指标,不过人们现在越来越一致地认为,任何单项的脆弱性指标都不大可能较为理想地反映穷人面临的所有脆弱性。

在上文,我们介绍了3个衡量贫困的指标,除此之外还有其他很多本书并未涉及的指标。但是由于数据的可得性,本书在衡量贫困时,主要采用经济指标。

2. 测量贫困程度的方法

(1) 贫困发生率 (head count ratio)

贫困发生率,指的是低于贫困线的人口占全部人口的比例。该方法首先由朗特里(Seebohm Rowntree) 于1901年提出,其公式为:

$$H = q/n \tag{3.1}$$

其中,H 为贫困发生率,q 为贫困人口数,n 为全部人口数。

(2) 贫困距指数 (poverty-gap index) 和收入差距比率 (income-gap ratio)

贫困距 (poverty-gap) 是指贫困人口收入与贫困线之间的差距的总和。该方法是由 Batchelder 于1971年提出的。其表达式为:

$$I_G = \sum_{i=1}^{q} (z - y_i) \tag{3.2}$$

贫困距 (poverty-gap) 经过适当的修正和标准化后,即为贫困人口与贫困线差距的百分比,称作收入差距比率 (income-gap ratio),通常用 I 表示。

假设有 n 个收入分别为 y_1, y_2, …, y_n,并且按照收入大小给予升序排列;z 表示贫困线;q 表示贫困人口数量;g_i 表示贫困距(即 $g_i = z - y_i$),所以得到:

$$I = \frac{1}{qz}\sum_{i \leq q} = \frac{1}{q}\sum_{i \leq q}\left(\frac{g_i}{z}\right) = \frac{1}{q}\sum_{i \leq q}\left(\frac{z-y_i}{z}\right) \tag{3.3}$$

如果以 m 表示穷人的平均收入的话,则有:

$$I = \frac{z-m}{z} \tag{3.4}$$

(3) 收入不平等指数贫困发生率反映了贫困人口的比例,但是没有反映贫困的程度(即贫困人口收入水平与贫困线的差距);收入差别比例虽然解决了这一问题,但是仍然没有说明收入在贫困人口中是如何分配的。这就需要建立一种贫困指数来反映贫困人口收入分配的不平等。基于这个考虑,洛伦兹(Lorenz)和基尼(Gini)相继提出了收入不平等指数,其表达式为:

$$G = \frac{1}{2q^2 m}\sum_{i=1}^{q}\sum_{j=1}^{q}|y_i - y_j| \tag{3.5}$$

通过式(2.1)到式(2.5)我们可以看出,H、I、G 分别说明了贫困人口数、贫困人口的平均收入与贫困线的差距和贫困人口的收入不平等状况,即阐明了贫困的广度(extent of poverty)、贫困的强度(severity of poverty)和贫困人口的收入分配(distribution or incidence of poverty)。

以上三种是测量贫困程度的最简便的三种方法,但是由于第二种方法和第三种方法需要微观数据,只有第一种方法使用的是宏观数据,因此主要使用第一种方法。

四 贫困的分类

贫困可以分为绝对贫困与相对贫困。

绝对贫困又称生存贫困,通常是从人的基本需求角度界定的,是指在特定的社会生产方式和生活方式下,个人或家庭依靠劳动所得或其他合法收入不能满足最基本的生存需要,生命的延续因此受到威胁。它表现为个人或家庭所支配的收入,不能维持本人或者该家庭的基本生存所需要的福利和消费的状况。从生产方面看,劳动者缺乏再生产的物质条件，难以维持自身的简单再生产，只能进行萎缩再生产；从消费方面看，人们无法满足衣、食、住等人类生活基本需要的最低条件，即人们常说的"食不果腹，衣不遮体，房不避风寒"的状况。这种从人的基本需求出发定义贫困的办法一直到现在仍有不少学者采用。一些国际组织如世界银行、国际劳工组织等，在其对发展中国家进行社会经济评估时使用的也基本上是基本需求方法。根据人的基本需求定义贫困存在的主要问题是：（1）以最低食品费用作为建立贫困线的基础，要求穷人具有很高的家庭管理技能，而穷人往往缺少这种技能；（2）按照最低费用选择的食品清单，通常是非常单调乏味的，无法较为全面地满足人体的生存所需；（3）正常生存所需的非食品需要通常很难确定，在实际操作中也不易平衡地区间的差异，如不同温度和生活习惯的影响不易被考虑进去；（4）按食品收入比率定义贫困线有时非常武断。在某种程度上，用这种方法定义的贫困不是完整意义上的绝对贫困。世界银行用人均生活费每天1美元的标准定义绝对贫困，就很难适应各个国家的具体情况。如在中国，如果用人均每天1美元的生活费标准去界定贫困人口的话，目前中国农村的绝对贫困人口应该是3亿人以上，而不仅仅是2900万人。在中国，确定绝对贫困的主要标准是农民人均纯收入和人均占有粮食指标，不但这些指标本身很难客观反映贫困的真实情况，而且统计资料本身也很成问题，因为农民人均纯收入和人均占有粮食这一平均数掩盖了贫困程度上的差别。当然，在理解绝对贫困的概念时，还需要注意绝对贫困的相对性。因为不同地区、不同社区、不同家庭，甚至同一个家庭中的不同成员对"温饱"的理解本身就存在差异，更不要说收入水平无法反映绝对贫困的非物质方面，如教育、健康和一些基本的公民权问题。

相对贫困可以从两个角度解释。一是指由于社会经济的发展，贫困线不断提高而产生的贫困；二是指同一时期，由于不同地区之间、各个社会阶层之间和各阶层内部不同成员之间的收入差别而产生的贫困。因此，相对贫困主要表现的是不平等现象。许多调查机构和学者主张将收入最低的 10% 或 20% 的人口或者家庭的收入与其他人口或者家庭的收入进行比较，并采取一定的方法进行测量。根据相对贫困的定义确定的贫困，通常用一个国家在一定时期内全部居民平均收入的一定百分比来表示。

绝对贫困比相对贫困在贫困程度上更深、问题更严重，解决绝对贫困问题是解决相对贫困问题的基础，所以目前我国社会各界主要关心的还是绝对贫困问题。但过大的收入差距以及庞大的低收入阶层的存在，也会对社会的稳定造成很大的负面影响。因此在致力于消除绝对贫困的同时，也应该高度重视相对贫困问题。接下来，本章将介绍少数民族地区的贫困到底处于哪种情况、哪种程度，以便于解释少数民族扶贫工作的必要性和紧迫性。

第二节 少数民族地区贫困状况

在了解了贫困的概念的基础上，为了更好地解决少数民族地区的贫困问题，首先应该弄清楚少数民族地区贫困的状况。为此，本节将从贫困程度、贫困分布以及反贫困难度三个方面来介绍少数民族地区的贫困状况。

一 少数民族地区贫困程度

少数民族地区绝对贫困人口多，贫困发生率高，既存在绝对贫困，又存在相对贫困，贫困程度深。

1. 少数民族地区绝对贫困人口多、贫困发生率高

贫困线与贫困标准都是衡量与确定贫困人口的重要指标。贫困线主要是依据收入或者支出来测定贫困的，因此多是可以货币化或者是定量化的指标。贫困标准则不仅包括可以货币化或定量化的贫困线标准，而

且包括一些不能或者很难用货币计算的指标，如入学率、识字率、婴幼儿死亡率，甚至很难定量化的指标，如权利被剥夺的程度以及贫困者参与扶贫项目的情况等。贫困标准和贫困线产生区别的主要原因有二，一是贫困概念的拓展；二是扶贫实践对一些特殊贫困人群如残疾贫困人口、女性贫困人口、艾滋病贫困人口等的关注。不过，从实践的角度讲，中国在很长时期都是以农民人均纯收入和人均占有粮食水平作为测量贫困的主要标准。在这种情况下，贫困标准实际上等同于贫困线。在贫困线的基础上，就可以确定贫困的标准了。21世纪初的扶贫战略已经增加了其他一些反映贫困者的指标，如"茅草房、土坯房的农户的比重"、"人畜饮水条件"、"通电率"、"通路率"、"女性长期患病率"、"中小学女生辍学率"等。

"贫困线"的概念和"贫困"的概念同时存在，并且都在不断完善之中。为了反映一个国家的经济和社会环境，以及国家为缓解贫困可能的投入水平，需要确定适用于特定国家的贫困线。同样，如果商品价格、市场销售渠道和服务不同，那么一个国家国内不同地区的贫困线也需要进行调整。与此同时，也需要有国际通用的贫困线及其标准。因为通过这条贫困线可以测算出全球范围内的贫困人口，了解各个国家的贫困人口规模，并进行国际比较。确定贫困线最常用、最简单的方法应首先估计满足最低营养要求的食物费用，然后估算一个贫困家庭食物费用约占其收入的比重，最后将食物费用除以这个比重即得到所谓的贫困线。福斯特等人则在贫困线的基础上创立了一个测量贫困的公式。利用这个公式，不仅可以计算贫困人口的规模，还能计算贫困人口的平均贫困程度以及与贫困人口的收入差距相关联的贫困程度。

在我国，国家统计局依据上述原理和方法对贫困线作出了如下定义：在一定的时间、空间和社会发展条件下，维持人们的基本生存所必须消费的物品和服务的最低费用。根据贫困线的定义以及全国农村住户调查资料，我国选择农民人均纯收入作为标示贫困线的指标。我国根据以上原理和程序计算的农村贫困线，不是国际标准，也不是相对贫困标准，而是从中国实际出发确定的最低生活标准。2011年年底，根据《中国农村扶贫开发纲要（2011—2020）》提出的"两不愁、三保障"的扶贫目标，中央扶贫开发工作会议决定，将扶贫标准线从2010年的农民人均纯收入1274元升至2300元，比2009年1196元的标准提高了92%。新的国家扶贫标准是2300元（2010年不变价）。根据农村居民生活消费价格指数推算，2010年不变价的农民人均纯收入2300元相当于2011年的2536元。

现阶段，我国的贫困人口主要分布在广西、云南、贵州、西藏、青海、宁夏、新疆、内蒙古8个少数民族人口较多的西部的民族地区。2010年年底，按照原国家扶贫标准，民族八省区贫困人口为1304.4万人，占全国的38.5%，贫困发生率为7%，比全国农村平均水平高出4.2个百分点[1]，贫困发生率非常高，且绝对贫困人口多。

贫困标准是测量贫困深度和强度所参照的具体指标或者指标体系。我国目前适用的贫困标准有两个：一是国家扶贫开发工作重点县的（简称国定贫困县）标准，二是贫困人口的标准。1985年，以县为单位，将1985年年人均收入低于150元的县列入贫困县，对少数民族自治县标准有所放宽。1994年以后，基本上延续了这个标准，将低于400元的县，全部纳入国家级贫困县。1995年开始，国务院扶贫办第一次正式提出标准，要求1992年年人均纯收入超过700元的一律退出国家级贫困县。2002年开始，重点县数量的确定采用"631指数法"测定：贫困人口（占全国比例）占60%权重（其中绝对贫困人口与低收入人口各占80%与20%比例）；农民人均纯收入较低的县数（占全国比例）占30%权重；人均GDP低的县数、人均财政收入低的县数占10%权重。其中：人均低收入以1300元为标准，革命老区、少数民族边疆地

---

[1] 国家扶贫办。

区为 1500 元；人均 GDP 以 2700 元为标准；人均财政收入以 120 元为标准。根据以上原则和方法，在全国中西部 21 个省区市确定了 592 个县（旗、市）为国家扶贫开发工作重点县。它们集中在少数民族地区、革命老区、边境地区和特困地区，其中老、少、边县的比例分别由"八七"计划的 18%、43%、6% 上升到 31%、45%、9%。据初步测算，重点县覆盖的贫困人口（625 元）占全国的 54%，低收入人口（865元）占 57%。

表 3-1　　　　　　　2012 年国家扶贫开发工作重点县名单

河北（39）	行唐县、灵寿县、赞皇县、平山县、青龙县、大名县、魏县、临城县、巨鹿县、新河县、广宗县、平乡县、威县、阜平县、唐县、涞源县、顺平县、张北县、康保县、沽源县、尚义县、蔚县、阳原县、怀安县、万全县、赤城县、崇礼县、平泉县、滦平县、隆化县、丰宁县、围场县、海兴县、盐山县、南皮县、武邑县、武强县、饶阳县、阜城县（涿鹿县赵家蓬区）
山西（35）	娄烦县、阳高县、天镇县、广灵县、灵丘县、浑源县、平顺县、壶关县、武乡县、右玉县、左权县、和顺县、平陆县、五台县、代县、繁峙县、宁武县、静乐县、神池县、五寨县、岢岚县、河曲县、保德县、偏关县、吉县、大宁县、隰县、永和县、汾西县、兴县、临县、石楼县、岚县、方山县、中阳县
内蒙古（31）	武川县、阿鲁科尔沁旗、巴林左旗、巴林右旗、林西县、翁牛特旗、喀喇沁旗、宁城县、敖汉旗、科尔沁左翼中旗、科尔沁左翼后旗、库伦旗、奈曼旗、莫力达瓦达斡尔族自治旗、鄂伦春自治旗、卓资县、化德县、商都县、兴和县、察哈尔右翼前旗、察哈尔右翼中旗、察哈尔右翼后旗、四子王旗、阿尔山市、科尔沁右翼前旗、科尔沁右翼中旗、扎赉特旗、突泉县、苏尼特右旗、太仆寺旗、正镶白旗
吉林（8）	靖宇县、镇赉县、通榆县、大安市、龙井市、和龙市、汪清县、安图县
黑龙江（14）	延寿县、泰来县、甘南县、拜泉县、绥滨县、饶河县、林甸县、桦南县、桦川县、汤原县、抚远县、同江市、兰西县、海伦市
安徽（19）	潜山县、太湖县、宿松县、岳西县、颍东区、临泉县、阜南县、颍上县、砀山县、萧县、灵璧县、泗县、裕安区、寿县、霍邱县、舒城县、金寨县、利辛县、石台县

续表

江西（21）	莲花县、修水县、赣县、上犹县、安远县、宁都县、于都县、兴国县、会昌县、寻乌县、吉安县、遂川县、万安县、永新县、井冈山市、乐安县、广昌县、上饶县、横峰县、余干县、鄱阳县
河南（31）	兰考县、栾川县、嵩县、汝阳县、宜阳县、洛宁县、鲁山县、滑县、封丘县、范县、台前县、卢氏县、南召县、淅川县、社旗县、桐柏县、民权县、睢县、宁陵县、虞城县、光山县、新县、商城县、固始县、淮滨县、沈丘县、淮阳县、上蔡县、平舆县、确山县、新蔡县
湖北（25）	阳新县、郧县、郧西县、竹山县、竹溪县、房县、丹江口市、秭归县、长阳县、孝昌县、大悟县、红安县、罗田县、英山县、蕲春县、麻城市、恩施市、利川市、建始县、巴东县、宣恩县、咸丰县、来凤县、鹤峰县、神农架林区
湖南（20）	邵阳县、隆回县、城步县、平江县、桑植县、安化县、汝城县、桂东县、新田县、江华县、沅陵县、通道县、新化县、泸溪县、凤凰县、花垣县、保靖县、古丈县、永顺县、龙山县
广西（28）	隆安县、马山县、上林县、融水县、三江县、龙胜县、田东县、德保县、靖西县、那坡县、凌云县、乐业县、田林县、西林县、隆林县、昭平县、富川县、凤山县、东兰县、罗城县、环江县、巴马县、都安县、大化县、忻城县、金秀县、龙州县、天等县
海南（5）	五指山市、临高县、白沙县、保亭县、琼中县
重庆（14）	万州区、黔江区、城口县、丰都县、武隆县、开县、云阳县、奉节县、巫山县、巫溪县、石柱县、秀山县、酉阳县、彭水县
四川（36）	叙永县、古蔺县、朝天区、旺苍县、苍溪县、马边县、嘉陵区、南部县、仪陇县、阆中市、屏山县、广安区、宣汉县、万源市、通江县、南江县、平昌县、小金县、黑水县、壤塘县、甘孜县、德格县、石渠县、色达县、理塘县、木里县、盐源县、普格县、布拖县、金阳县、昭觉县、喜德县、越西县、甘洛县、美姑县、雷波县
贵州（50）	六枝特区、水城县、盘县、正安县、道真县、务川县、习水县、普定县、镇宁县、关岭县、紫云县、江口县、石阡县、思南县、印江县、德江县、沿河县、松桃县、兴仁县、普安县、晴隆县、贞丰县、望谟县、册亨县、安龙县、大方县、织金县、纳雍县、威宁县、赫章县、黄平县、施秉县、三穗县、岑巩县、天柱县、锦屏县、剑河县、台江县、黎平县、榕江县、从江县、雷山县、麻江县、丹寨县、荔波县、独山县、平塘县、罗甸县、长顺县、三都县

续表

云南（73）	东川区、禄劝县、寻甸县、富源县、会泽县、施甸县、龙陵县、昌宁县、昭阳区、鲁甸县、巧家县、盐津县、大关县、永善县、绥江县、镇雄县、彝良县、威信县、永胜县、宁蒗县、宁洱县、墨江县、景东县、镇沅县、江城县、孟连县、澜沧县、西盟县、临翔区、凤庆县、云县、永德县、镇康县、双江县、沧源县、双柏县、南华县、姚安县、大姚县、永仁县、武定县、屏边县、泸西县、元阳县、红河县、金平县、绿春县、文山市、砚山县、西畴县、麻栗坡县、马关县、丘北县、广南县、富宁县、勐腊县、漾濞县、弥渡县、南涧县、巍山县、永平县、云龙县、洱源县、剑川县、鹤庆县、梁河县、泸水县、福贡县、贡山县、兰坪县、香格里拉县、德钦县、维西县
陕西（50）	印台区、耀州区、宜君县、陇县、麟游县、太白县、永寿县、长武县、旬邑县、淳化县、合阳县、澄城县、蒲城县、白水县、富平县、延长县、延川县、宜川县、洋县、西乡县、勉县、宁强县、略阳县、镇巴县、留坝县、佛坪县、横山县、定边县、绥德县、米脂县、佳县、吴堡县、清涧县、子洲县、汉滨区、汉阴县、石泉县、宁陕县、紫阳县、岚皋县、镇坪县、旬阳县、白河县、商州区、洛南县、丹凤县、商南县、山阳县、镇安县、柞水县
甘肃（43）	榆中县、会宁县、麦积区、清水县、秦安县、甘谷县、武山县、张家川县、古浪县、天祝县、庄浪县、静宁县、环县、华池县、合水县、宁县、镇原县、安定区、通渭县、陇西县、渭源县、临洮县、漳县、岷县、武都区、文县、宕昌县、康县、西和县、礼县、两当县、临夏县、康乐县、永靖县、广河县、和政县、东乡县、积石山县、合作市、临潭县、卓尼县、舟曲县、夏河县
青海（15）	大通县、湟中县、平安县、民和县、乐都县、化隆县、循化县、泽库县、甘德县、达日县、玛多县、杂多县、治多县、囊谦县、曲麻莱县
宁夏（8）	盐池县、同心县、原州区、西吉县、隆德县、泾源县、彭阳县、海原县
新疆（27）	巴里坤哈萨克自治县、乌什县、柯坪县、阿图什市、阿克陶县、阿合奇县、乌恰县、疏附县、疏勒县、英吉沙县、莎车县、叶城县、岳普湖县、伽师县、塔什库尔干塔吉克自治县、和田县、墨玉县、皮山县、洛浦县、策勒县、于田县、民丰县、察布查尔锡伯自治县、尼勒克县、托里县、青河县、吉木乃县

资料来源：国家扶贫办。

从上表可以看出，云南省、贵州省分别有73个、50个贫困县，分别排第一和第二。有很多省虽不在民族8省区之内，但其贫困县却是少数民族地区，比如，吉林省的和龙市（县）、海南省的五指山市。这个表也反映出了民族地区相对于非民族地区来说，贫困人口多，贫困发生率高。

2. 少数民族地区既存在绝对贫困，又存在相对贫困

首先，少数民族地区与非少数民族地区之间存在着相对贫困。

表3-2　　　　　　农村居民家庭纯收入　　　　　　单位：元

排名	指标	农村居民家庭人均纯收入	排名	指标	农村居民家庭人均纯收入
1	上海市	16053.8	17	湖南省	6567.1
2	北京市	14735.7	18	重庆市	6480.4
3	浙江省	13070.7	19	海南省	6446
4	天津市	12321.2	20	安徽省	6232.2
5	江苏省	10805	21	四川省	6128.6
6	广东省	9371.7	22	山西省	5601.4
7	福建省	8778.6	23	新疆维吾尔自治区	5442.2
8	山东省	8342.1	24	宁夏回族自治区	5410
9	辽宁省	8296.5	25	广西壮族自治区	5231.3
10	黑龙江省	7590.7	26	陕西省	5027.9
11	吉林省	7510	27	西藏自治区	4904.3
12	河北省	7119.7	28	云南省	4722
13	湖北省	6897.9	29	青海省	4608.5
14	江西省	6891.6	30	贵州省	4145.4
15	内蒙古自治区	6641.5	31	甘肃省	3909.4
16	河南省	6604			

资料来源：国家统计局。

从这个表中可以看出，西部少数民族地区除内蒙古以外，农民纯收入都排在最后，而上海市的人均纯收入几乎是贵州省、甘肃省的4倍左右。这说明，我国地区间的差距非常大，相对于东部地区，西部少数民

族地区仍然是贫困的。

其次,少数民族地区之间也存在着相对贫困。

以贵州省为例,贵州省设有黔南州、黔西南州、黔东南州3个民族自治州。2001年,全国和民族八省区贫困人口分别为9064.37万人和2710.84万人,3州地区贫困人口所占比例分别为3.2%和10.7%。到2008年年底,全国和民族八省区贫困人口为4011.76万人和1586.04万人,3州地区所占比例为5.1%和12.9%,分别提高了1.9个和2.2个百分点。2009年,3州的农村贫困人口占全省贫困人口的比重为34.97%,比2000年高出2.1个百分点。与全国、民族八省区（内蒙古自治区、广西壮族自治区、贵州省、云南省、西藏自治区、青海省、宁夏回族自治区、新疆维吾尔自治区）相比,3州地区贫困人口总数和贫困发生率均居全国首位。

最后,少数民族地区内部也存在着相对贫困。

以广西壮族自治区崇左市龙州县为例,崇左市贫困村有207个,龙州县有33个,占全县127个行政村的25.9%。距边境0—3公里范围内有17个贫困村,占全县贫困村的51.5%。按照国家最新公布的2300元扶贫标准测算,2011年龙州县农村贫困人口11.33万人,占农村户籍人口的51.9%,占总人口的43.6%。

2010年,龙州县贫困村农民人均收入仅有2060元,比全国贫困县农民人均纯收入3273元少1213元,比广西贫困县农民人均纯收入3454元少1394元,比龙州全县农民人均纯收入4093元少2033元。在11.33万人的贫困人口中,有3.27万人的人均纯收入低于1274元,占贫困人口数的28.9%,有1.70万人的人均纯收入在1274元至1500元,有3.97万人的人均纯收入在1500元至2000元,有2.40万人的人均纯收入在2000元至2300元。

从这个例子可以看出,即使是在广西内部,也存在贫困的差距,在扶贫工作中,这些相对的贫困,是不可忽略的。

3. 少数民族地区的贫困程度深

贫困无非是不能满足基本的物质上与精神上的需求。但是，民族地区的贫困程度之高，对于没有亲眼见到的人来说，是无法想象的。

本书调研组于 2011 年 7 月赴广西壮族自治区崇左市龙州县武德乡群合村陇马屯进行实地调研，当地的农某家生活条件非常简陋，缺乏生活用品。农某家是木制房，是下面住农畜，上面住人的原始结构，一共十来平方米，是一个通间。由于房屋是由木板搭制的，通过木板缝可以看到下层的农畜，一到夏天气味非常难闻。农某家没有任何家电，一个炒锅、一个水桶、一个盆、一个简易的床便是他的全部家当。农某以种植甘蔗为生，两个儿子虽在广州打工，却无法补贴家用。龙马屯坐落于众山之间，刚通车不久，通车之前这个屯子几乎成为了无人知晓的封闭之地。由于耕地面积少，远离城市，且道路崎岖，这个屯子的村民生活水平都比较低，跟农某差不多。

在中国的少数民族地区，这样的村、这样的屯绝不是只有一个，还有一些并未通车的地区。这些地区的人民在基本的物质需求上都得不到满足，更无法谈精神需求了！

通过上述分析可知，少数民族贫困程度具有三个特点，即绝对贫困人口多，贫困发生率高；绝对贫困和相对贫困并存；贫困程度深。只有了解这个特点，才能因地制宜，更好地展开扶贫工作，使扶贫工作更加有效。

二 少数民族地区贫困分布

要了解少数民族地区贫困的分布，不仅要了解其地区上的分布，还要了解其内部贫困人口的主要分布。

1. 少数民族地区贫困分布广，且呈集中连片的特点

少数民族自治区、自治州和自治县是我国典型的少数民族聚居的地方（见图 3-1 及表 3-3）。民族区域自治制度是中国政府结合中国实际情况采取的一项基本政策，也是中国的一项重要政治制度。

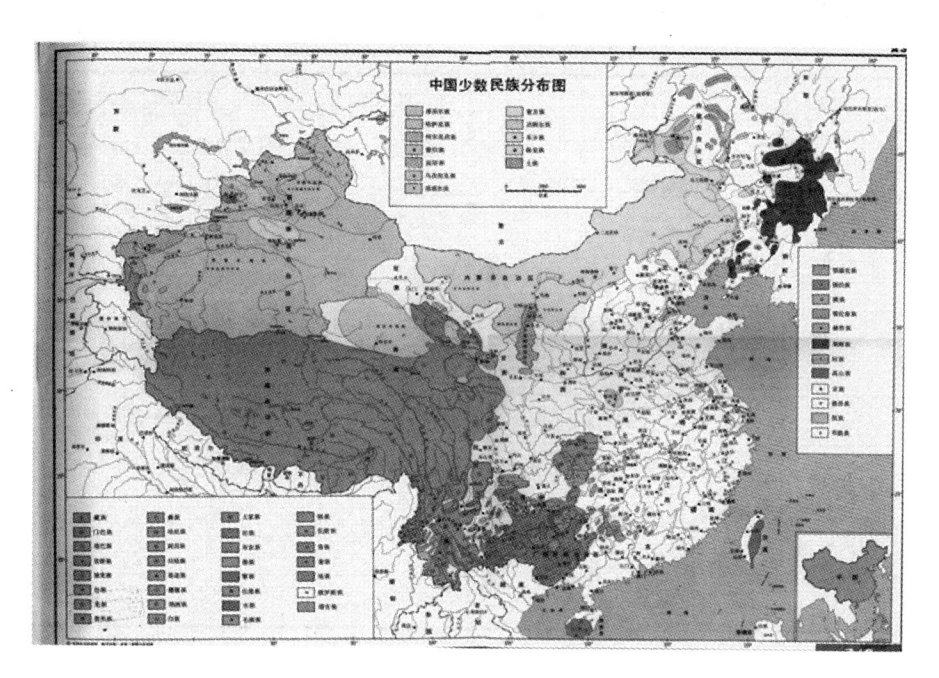

图 3-1　少数民族分布图

表 3-3　　　　　　　　　　少数民族自治州行政分布

省、自治区	自治州	省、自治区	自治州
吉林省	延边朝鲜族自治州	四川省	阿坝藏族羌族自治州
湖北省	恩施土家族苗族自治州		凉山彝族自治州
湖南省	湘西土家族苗族自治州		甘孜藏族自治州
贵州省	黔东南苗族侗族自治州	甘肃省	临夏回族自治州
	黔南布依族苗族自治州		甘南藏族自治州
	黔西南布依族苗族自治州		

续表

省、自治区	自治州	省、自治区	自治州
青海省	海北藏族自治州 黄南藏族自治州 海南藏族自治州 果洛藏族自治州 玉树藏族自治州 海西蒙古族藏族自治州	云南省	西双版纳傣族自治州 文山壮族苗族自治州 红河哈尼族彝族自治州 德宏傣族景颇族自治州 怒江傈僳族自治州 迪庆藏族自治州
新疆维吾尔自治区	昌吉回族自治州 巴音郭楞蒙古族自治州 克孜勒苏柯尔克孜族自治州 博尔塔拉蒙古族自治州 伊犁哈萨克族自治州		大理白族自治州 楚雄彝族自治州

虽然并不是所有的少数民族地区都是贫困地区，但是少数民族地区内部或多或少地存在着贫困的地区。将表3-3与之前贫困县的表（表3-1）相比较，我们就可以看出西部少数民族地区几乎都为贫困地区，其他少数民族地区中贫困地区也比较多。少数民族地区贫困不仅分布在西部主要的少数民族地区，还有中部的武陵山地区，南部的海南省少数民族地区和东北的延边朝鲜族自治地区。因此，从贫困人口的分布来看，少数民族地区贫困具有分布广的特点。同时，六盘山区、秦巴山区、武陵山区、乌蒙山区、滇桂黔石漠化区、滇西边境山区、大兴安岭南麓山区、燕山—太行山区、吕梁山区、大别山区、罗霄山区等区域已经成为了连片特困地区，因此集中连片也是少数民族地区贫困的分布特点。

2. 少数民族地区的贫困主要分布在农村

不仅全国的贫困人口主要分布在农村，少数民族地区贫困人口也主要分布在农村，少数民族农村地区是贫困发生率最高的地区。贵州省设有黔南州、黔西南州、黔东南州3个民族自治州。3州的农村贫困人口从 2001 年年底的 290.06 万人下降到 2008 年年底的 204.6 万人，贫困发生率从 29.53% 下降到 19.88%，但占全省的比例却呈上升趋势。2000 年、2001 年、2003 年、2005 年和 2007 年 3 州地区农村贫困人口占全省贫困人口的比重依次为 32.87%、32.94%、34.59%、34.42% 和 34.95%。2009 年 3 州地区农村贫困人口占全省贫困人口的比重为 34.97%，比 2000 年高出 2.1 个百分点。

无独有偶，按照国家最新公布的 2300 元扶贫标准测算，2011 年，广西壮族自治区龙州县农村贫困人口 11.33 万人，占农村户籍人口的 51.9%，占总人口的 43.6%。贫困人口绝大多数集中聚居在大石山区、边境地区等落后地区，脱贫致富难度大。全县人均耕地面积仅为 2.3 亩，其中 33 个贫困村耕地面积 87095 亩，人均仅 1.56 亩。在所辖 12 个乡镇中，八角乡的人均耕地最少，只有 1.17 亩。上降乡的人均耕地次之，为 1.26 亩。

其实少数民族地区贫困问题也是少数民族地区农村贫困问题。少数民族地区农村的交通不便、基础设施差、耕地面积少、劳动力不足等诸多原因互相交错，单独或者共同影响着少数民族地区的贫困问题。

3. 少数民族地区贫困更分布在自然条件差、交通不便和边境地区

（1）少数民族地区贫困分布在自然条件差的地区

民族地区存在各种各样的自然地域，自然环境不平衡。民族地区的自然地域类型按地貌、气候及其时间和空间变化等要素，可分为山区型贫困区、高原型贫困区、内陆干旱型贫困型、过渡带型贫困区四种。这些地区都是贫困问题的高发地区。

西南喀斯特地区、秦岭大巴山区、横断山区以及东部地区的丘陵低山都是山地型贫困区的代表。山区是少数民族地区的主体。我国的少数民族大部分生活在山区。例如，云南省国土面积中 84% 属于山区，10% 属于高原，坝区面积仅约占 6%；少数民族人口中约 70% 生活在山区。海南省的少数民族主要聚居在五指山区，广东省的少数民族主要聚

居在粤北山区，湖南、湖北的少数民族主要聚居在武陵山区，广西的少数民族也主要聚居在桂西北山区等。山地海拔高，地形起伏剧烈，相应的水分、热量、土壤等环境要素的空间梯度大，呈现不稳定状态；山地的生态容量小，植被稀疏，土层瘠薄，抗干扰能力和调节能力弱，这些都给山地的土地利用带来困难和风险。加上山体阻碍交通和对外联络，先进的生产技术和生产方式不能及时为人们所采用，山区的生产能力较低。

高原是海拔在500米以上的比较完整的大片高地。黄土高原贫困区是由于黄土高原在抬升过程中，疏松的土质受到水的冲刷和切割，形成破碎的地表形态。由于受到东南季风和西风带天气系统的共同作用，气候系统不稳定，高原气候以多风和干旱为主要特征，年降水400毫米左右，而且时空分布极不均衡。这种地貌和气候特点，使黄土高原水土流失极为严重，耕地质量差。我国民族地区的高原有青藏高原、内蒙古高原和云贵高原。青藏高原包括西藏和青海的全部，甘肃、四川和新疆三省区的一部分，面积约230万平方公里，约占全国面积的1/4。

内陆干旱型贫困区包括内蒙古自治区的西部、甘肃的河西走廊和新疆维吾尔自治区。水分条件恶劣是此类地区经济发展的制约因素。荒漠化的发展又引进耕地资源的损失，昔日的绿洲由于沙漠的扩展，正在萎缩甚至消失。

过渡带型贫困区包括北方农牧交错带贫困区和滨海平原低洼地贫困区。该贫困区生态系统及农业生产不稳定，抗干扰能力差，是过渡带型贫困区的主要自然环境问题。北方农牧交错带贫困区是指经大兴安岭西麓向西南延伸，直到内蒙古的鄂尔多斯。这里是东南季风的尾闾区，是我国北方生产方式最不稳定的地带，干旱、霜冻和风水活动威胁该地区的农牧业。近年来，严重的土地沙漠化使农牧业收成丰歉更替更加频繁[1]。

---

[1] 厉以宁：《区域发展新思路——中国发展不平衡对现代化进程的影响对策》，经济日报出版社2002年版。

广西 28 个贫困县市土地总面积中，山地面积占 87.87%，台地面积仅占 10.49%，水面面积占 1.64%，可谓"九山半水半分田"，耕地面积只占总面积的 7.84%，且多是分散的，土质较差，红壤石灰土居多，其中红壤占 48.8%，石灰土占 39.6%。又由于历史上几次毁林开荒，森林被乱砍滥伐，生态环境日益恶化，水土流失严重，水土流失造成土地肥力流失，每年通过河流流失土壤 7000 万吨，有机质 105 万吨，氮、磷、钾 109.9 万吨。

龙州属于广西贫困县中的典型代表，多山少地的自然条件导致龙州耕地面积匮乏，人均耕地面积极少，有些家庭甚至不足 1 亩，根本没有办法维持生计。龙州多山的地形严重地制约了公路、铁路等基础交通设施的建设，全县 80% 以上都是山地，虽然现在基本已经达到了村村通的标准，但复杂的山形不仅严重影响道路修建的质量，在雨季还会受到泥石流等自然灾害的侵袭，严重影响农民的生产生活。

龙州特殊的气候条件导致其自然灾害频发。主要气候灾害有冬春季低温冷害、干旱、暴雨、热带气旋等。龙州县的 1 月有时会出现长时间的低温寒冷天气过程；春播期（2—4 月）出现多次低温阴雨天气过程，低温阴雨总日数偏多，结束期偏迟，出现了较严重的"倒春寒"天气，导致未收获的甘蔗、冬种蔬菜、马铃薯、油菜等农作物严重受灾，农业生产受到严重影响。

（2）少数民族地区的贫困分布在交通设施落后的地区

基础设施特别是交通对经济发展的影响非常明显。Cazzavillan（1993）收集了 1957—1987 年 12 个欧洲国家的面板数据建立了固定效应模型。他发现，基础设施投资对经济增长的产出弹性达到 0.25[①]。Demurger（2001）运用两阶段最小二乘估计方法验证基础设施（包括运输基础设施）对经济增长的作用，并得出运输基础设施对经济增长具

[①] Cazzavillan G. Public Spending, EndogenousGrowth and Endogenous Fluctuations. Working Paper, University of Venice, 1993.

有重要作用的结论①。一个地区的基础设施发展的情况足以反映该地区经济发展所处阶段与发展后劲。

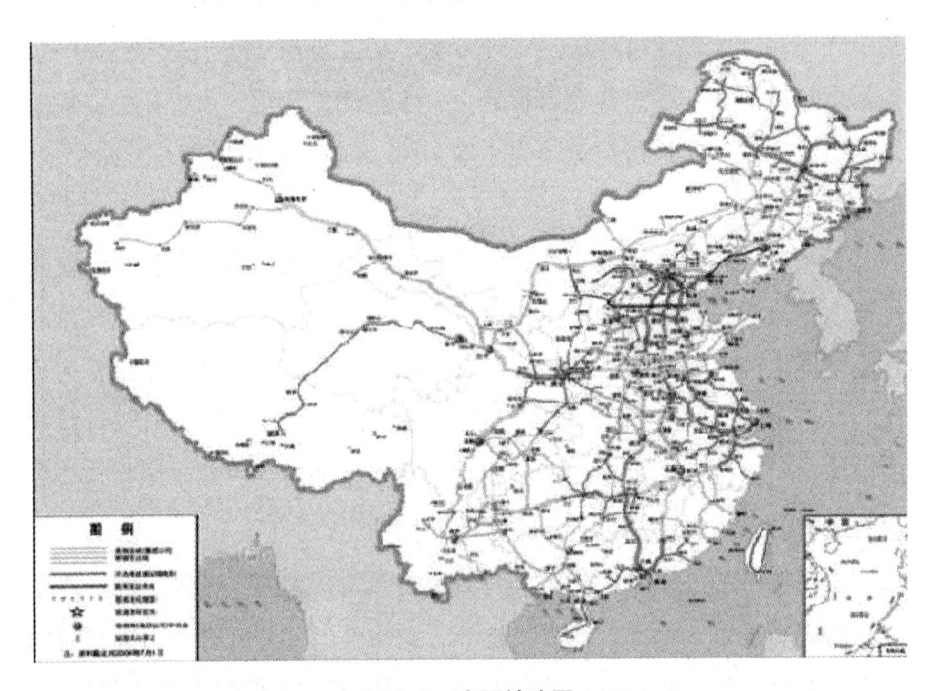

图 3-2 中国铁路图

资料来源：百度地图②。

上图（图 3-2）是我国的铁路图。对于陆路交通来说，铁路的承载量最大，铁路线越密集的地方，发展水平越高，且发展潜力也比较大；反之，铁路线越稀疏的地方，发展水平较低，发展潜力也较小。截至

---

① Demurger S. Economic Opening and Growth in China．Paris：Development Centre of the Organization for Economic Co-operation and Development, 2000.

② 百度地图．Http：//image. baidu. com/i？ct＝503316480&z＝&tn＝baiduimagedetail&word＝%D6%D0%B9%FA%CC%FA%C2%B7%CD%BC&in＝25128&cl＝2&lm＝-1&st＝&pn＝8&rn＝1&di＝393820516950&ln＝1999&fr＝ala0&fm＝ala0&fmq＝1338647111041_R&ic＝&s＝&se＝&sme＝0&tab＝&width＝&height＝&face＝&is＝&istype＝#pn12&-1&di203273933100&objURLhttp%3A%2F%2Fwww.tranbbs.com%2Frailway%2Fimages%2Ftieluju.jpg&fromURLhttp%3A%2F%2Fwww.tranbbs.com%2Frail。

2012年，我国少数民族地区铁路总营业里程为2.12万公里，占全国铁路营业里程9.12万公里的23%。但是，从图中可以明显看出，与东部地区相比，西部少数民族地区铁路线分布的就非常稀疏。从货运的角度来看，铁路线稀疏的少数民族地区，所需资源无法大量运进来，富裕资源无法大量运出去，进而造成了"农民们丰收年，反而更加贫困"的现象。例如，2011年，广西的崇左市龙州县的农民种植的木瓜价格低廉却因交通不畅而卖不出去。同样，这种交通落后的情况，也阻碍了人才的流动。对于很多少数民族地区来说，根本没有直达北京的火车，如大理白族自治州的大理市等；对于拥有知名景点的少数民族地区有直达北京的火车，但车次偏少、耗时较长，如延边朝鲜族自治州首府延吉到北京的只有一个车次K216，耗时23小时34分钟，土家族的聚居地区张家界开往北京有两个车次，各耗时约22个小时和27个小时。

以贵州省为例，2000年全省有48个贫困县，绝大部分集中在交通不便、自然条件恶劣的武陵山、乌蒙山、九万山等山区。至2009年，全省88个县（市、区）有扶贫开发任务的有83个，占总县数的94.3%，而国家扶贫重点县占总县数的56.8%。另外，插花型贫困人口也存在，贫困程度严重，贫困发生率高。那些被群山包围着，且现代交通都难到达的少数民族地区，成为无人问津之地。少数民族地区当地居民走不出来，外边的人又走不进去或不愿走进去，这样，人才引不进来，剩余劳动力转移不出去，阻碍了经济社会的发展，导致贫困问题的产生。

（3）少数民族地区的贫困还分布在边境地区

少数民族地区有很大一部分都在祖国的边境地区。这些离边境比较近的地区，大多离大城市比较远，又由于历史原因、战略原因，往往被忽视，经济发展落后，百姓们生活困难，贫困问题频频发生。比如，在广西壮族自治区的崇左市，贫困村有207个，龙州县有33个，占全县

127个行政村的25.9%，距边境0—3公里范围内有17个贫困村，占全县贫困村的51.5%。同样，地处东北的和龙市也是边境地区，同样是我国重点扶植的贫困县之一。因此，对少数民族地区的扶贫也应该是对边境地区的扶贫，只有认识到这一点，才能更好地制定扶贫政策，定向对点，进而实现固边安疆的作用。

三 少数民族地区反贫困难度

因为贫困面大、贫困程度深、生存条件差，少数民族地区反贫困的难度比较大。同时，少数民族地区的自然条件、基础设施、经济发展水平以及社会事业发展情况，也增加了反贫困的难度。

1. 自然条件差是反贫困的最大难点

少数民族地区的贫困主要分布在自然条件差的地方。这些地方有的在高原地区，有的在喀斯特地貌地区，不适合农作物的生长。自然灾害的频发，使得农民的收入得不到保障。交通的不发达不仅不利于农产品的交易，更增加了贫困地区受教育、医疗的难度。自然条件是人类很难改变的，对于处在自然条件恶劣的少数民族贫困地区来说，耕地的面积、土地的肥沃程度、自然灾害和交通都成为了脱贫的难题。与此同时，自然灾害的不可避免性也使因灾致贫的地区反贫困更加艰难。

2. 本地区财政支持能力差

我国少数民族地区生产总值1995年为4901亿元，2000年为7486亿元，2005年为15706亿元，2009年为27940亿元。2010年，我国少数民族地区生产总值为38989亿元，占全国生产总值的9.7%。中国少数民族地区人口1995年为16044万人，其中少数民族人口为7232万；2000年为16818万，其中少数民族人口为7767万；2005年为17499万，其中少数民族人口为8238万；2009年为18318万，其中少数民族人口为8714万。2010年，我国少数民族地区人口为18494万，占全国人口的13.8%，其中少数民族人口为8852万，占全国人口的6.6%。2010

年，我国少数民族地区人均生产总值为 22061 元，低于全国人均生产总值 29992 元。

2010 年，少数民族地区全社会固定资产投资总额为 29876 亿元，占全国总投资额的 10.7%；少数民族地区财政收入为 3257 亿元，而其财政支出为 10512 亿元。

2010 年少数民族地区进出口总额为 533 亿美元，占全地区进出口总额 29740 亿美元的 1.8%，拥有较长边界线的少数民族地区还没有完全发挥其区位上的优势。

总体来说，少数民族地区本地区的经济发展不足以拉动贫困地区的脱贫致富，更多的是依靠国家的财政转移，这就使民族地区在脱贫致富中的自主性比较差，依赖性比较强，脱贫工作困难巨大。

3. 教育、文化与卫生

社会发展决定教育，但这种制约是通过经济、政治、文化三个方面来实现的。首先，教育的规模和速度，归根结底并不取决于社会的制度和人类的愿望，而是取决于生产力发展的水平。经济的发展既给教育发展提供了物质资源和保障，又对教育发展提出新的需求。其次，政治主要体现为通过国家政权，制定教育制度、教育目的，颁布教育方针政策，规定教育内容和方法等，并以监督执行等手段控制教育的领导权。最后，思想教育和教育观念的形成和发展受文化的影响。另外，教育对社会各因素具有能动作用，是反映社会发展水平的一个指标，表现在对经济发展的促进和推动、对政治制度的维护和巩固、对文化的传播与创新。2009 年国家财政性教育支出如表 3-4 所示：

表 3-4　　　　　各地区财政性教育支出总额　　　　　单位：亿元

地区	经费	地区	经费
广　东	801	广　西	265
江　苏	648	黑龙江	265

续表

地区	经费	地区	经费
山　东	575	山　西	257
浙　江	517	贵　州	230
河　南	498	江　西	222
四　川	489	内蒙古	219
河　北	417	新　疆	213
北　京	383	吉　林	211
辽　宁	367	甘　肃	196
上　海	367	重　庆	181
湖　南	344	天　津	149
安　徽	318	海　南	69
云　南	282	宁　夏	58
湖　北	281	青　海	55
福　建	276	西　藏	48
陕　西	266		

资料来源：国家统计局。

教育条件差、教育资源的不足、教育财政投入的匮乏，使得少数民族贫困地区的孩子们很难接受正规的教育，这就意味着在相对于土地而过剩的劳动力无法顺利地转移，无法彻底解决贫困的问题。

医疗条件差、医疗资源少、医疗费用高，直接增加了因病致贫、因病返贫的案例。在调查过程中，我们发现，一些农户因为家里有人生病，因为没有钱而无法治疗，只能长期服用药物再加上家庭主要劳动力的丧失，该家庭温饱困难的问题难以解决。

除此之外，就如上文所分析的那样，贫困程度深、贫困分布广，也造成了少数民族地区反贫困困难，要彻底全面地解决贫困问题并不是一朝一夕的事情，需要我们做好长期反贫困的准备。

第四章
少数民族地区贫困特征

新时期少数民族贫困地区的贫困特征突出表现在贫困程度深、政治敏感性强、人文因素影响显著等几个方面。

第一节 少数民族地区贫困程度深

《中国农村贫困监测报告（2009）》数据以及国家民委发布的2009年民族自治地方农村贫困监测结果显示，2006—2009年民族自治地方贫困人口占全国贫困人口的比例逐年增加，凸显了民族地区贫困程度深，少数民族贫困问题在全国扶贫开发工作中的地位已十分突出。

表4-1　　　　　　　　民族自治地方贫困人口调查

指标名称	2006年	2007年	2008年	2009年
全国贫困人口（万人）	5698	4320	4007	3597
民族自治地方贫困人口（万人）	2535	2255	2102	1955
民族自治地方贫困人口占全国比重（%）	44.5	52.2	52.5	54.3
全国贫困发生率（%）	6	4.6	4.2	3.8
民族自治地方贫困发生率（%）	18.9	18.6	17.6	16.4

资料来源：摘编自《中国农村贫困监测报告（2010）》。

从贫困人口和贫困发生率变化情况可以看出，少数民族贫困总人口占全国贫困总人口比重逐渐增加，民族地区贫困发生率也远远高于同期全国贫困发生率。新时期民族自治地方贫困面临贫困面较大、贫困程度深的难题，使得少数民族贫困问题成为我国扶贫开发工作的重点和难点。

一　西部少数民族地区贫困程度深、发生率高

中国西部地区，是我国少数民族人口分布最多的地区，全国55个少数民族人口（1105万）中，有50个集中分布在西部地区，少数民族人口占全国少数民族人口的72%。西部也是贫困人口分布最多、贫困程度最深的地区，少数民族贫困人口占到全国乡村贫困人口的40%以上。全国将近有一半的贫困县为少数民族比较集中居住的地区。例如，中国1986年公布的国家级贫困县中，有141个少数民族贫困县，其中连片的有102个县，近90%分布在西部；在国家扶持的205个贫困县中，有126个是少数民族贫困县，占61.46%；1994年颁布的《国家八七扶贫攻坚计划》中的国定贫困县有592个，贫困人口约8000万，其中，西部民族地区贫困县366个，占61.82%；贫困人口5408余万，占68%。经过20多年的努力，中国已经有2亿多农村住户摆脱了贫困，但截至2003年年底，中国仍有2900万人（2003年年底数据）未解决温饱问题，其中少数民族地区有1304万人，占少数民族地区总人口的45%，占少数民族人口的12%。新疆、青海、甘肃三省区少数民族聚居地贫困人口分别约为83.75万、27.8万和37万，分别占本省区少数民族人口的7.6%、12.93%和15.88%。目前中国还有约20个民族的390万群众所在的77个少数民族贫困县，属于特殊贫困少数民族地区。与一般贫困地区相比，这些特困少数民族地区贫困面大，77个县共有扶贫攻坚重点特困村8240个，大多呈整体贫困状态，贫困发生率高达23.9%，远高于同期全国3.1%和592个国家扶贫工作重点县8.8%的

绝对贫困发生率；贫困程度深，77个特困县390万特困人口中普遍存在缺钱、缺粮、缺衣被、缺水和住房难问题。由于经济发展的各类制约因素太强，脱贫的难度非常大，这些地区的经济一直不能从根本上摆脱落后和贫困的状态，致使这些地区成为我国接受政府救济和扶贫最早、实现温饱和脱贫最迟的地区，成为扶贫攻坚的"硬骨头"。

以武陵山少数民族地区为例：

首先是贫困面积广。2008年，恩施州、湘西州、张家界市、怀化市、铜仁地区、黔江区人均GDP为8020元，仅相当于全国平均水平（22856元）的35.09%；城镇居民人均可支配收入为9911元，相当于全国平均水平（12973元）的76.40%；农村居民人均纯收入为2586元，相当于全国平均水平（4761元）的54.32%。根据联合国粮农组织的界定，恩格尔系数在59%以上为贫困，50%—59%为温饱，40%—50%为小康，30%—40%为富裕，低于30%为最富裕，2007年，恩施州、湘西州、张家界市、黔江区农村居民恩格尔系数分别为51.9、48.3、51.9、49.2、51.5，由此可见，整个武陵山少数民族地区的经济发展水平尚处于温饱的边缘。调研表明，武陵山少数民族地区的贫困人口多分布在自然条件恶劣地区，其中一少部分还处于赤贫状态。

其次是贫困程度深。以湖南省桑植县为例，桑植县2006—2008年3年10村的农户贫困监测数据显示，进入扶贫开发新阶段以来，桑植县贫困发生率明显下降，如果贫困线按年人均958元计，贫困发生率从2006年的23.93%下降到2007年的5.78%，进一步下降到2008年的2.53%，3年时间下降了89.43%；同样，贫困线按年人均1067元或1196元计，贫困发生率下降也是十分明显的。然而，总体上看，该地区贫困深度指数、贫困强度指数3年间的下降比例并没有贫困发生率下降得那么明显，甚至在一些年份还出现了反弹。贫困线按年人均958元计，贫困深度指数、贫困强度指数在2006—2008年3年间分别下降

47.13%、63.89%，分别低于贫困发生率下降的42.30个百分点、25.54个百分点；贫困深度指数、贫困强度指数在2006—2007年间出现反弹，其中，贫困深度指数由2006年的0.0314提高到2007年的0.0531，提高了69.11%，贫困强度指数由2006年的0.0072提高到2007年的0.0137，提高了90.28%。这就说明进入扶贫开发新阶段以来，桑植县贫困人口虽然下降了，但贫困人口的内部收入差距并没有缩小，反而在一些年份加剧了，以桑植县为代表的武陵山少数民族地区贫困程度仍然较深。

二 人口较少民族贫困问题突出

人口较少民族是指人口在10万人以内的少数民族，其在我国共有22个，人口共63万。由于历史和现实的原因，人口较少民族面临着社会发展总体水平比较落后、贫困问题较为突出、经济社会发展困难较多的问题。

1. 人口较少民族概况

22个人口较少民族分别是：高山族、布朗族、撒拉族、毛南族、阿昌族、普米族、塔吉克族、怒族、乌孜别克族、俄罗斯族、鄂温克族、德昂族、保安族、裕固族、京族、塔塔尔族、独龙族、鄂伦春族、赫哲族、门巴族、珞巴族、基诺族。

人口较少民族在大陆主要分布于内蒙古、黑龙江、福建、广西、贵州、云南、西藏、甘肃、青海、新疆10个省（区）。其中，内蒙古有俄罗斯族、鄂温克族和鄂伦春族；黑龙江有俄罗斯族、鄂温克族、鄂伦春族和赫哲族；福建有高山族；广西有毛南族、京族；贵州有毛南族；云南有布朗族、阿昌族、普米族、怒族、德昂族、独龙族和基诺族；西藏有门巴族、珞巴族；甘肃有撒拉族、保安族和裕固族；青海有撒拉族；新疆有塔吉克族、乌孜别克族、俄罗斯族和塔塔尔族。

除福建省外，其余9个省（区）的人口较少民族相对聚居在西部和边疆地区的86个县（旗、市）、238个乡（镇）、640个行政村。86个县（旗、市）中，属于西部大开发范围的县（旗、市）69个，占80.2%；少数民族自治县有20个，占23.3%；国家扶贫开发工作重点县有34个，占39.5%；陆地边境县（旗、市）有40个，占46.5%。在86个县（旗、市）的238个乡（镇）中，民族乡有66个，占27.7%。

22个民族的共同特点是：人口较少，最少的只有几千人，大多地处边境地区和偏远地区，大多数聚居在以乡、行政村为单位的农村社区；经济和社会发展总体水平相对落后，生产生活还存在诸多困难，贫困问题仍较突出。

中国政府高度重视22个人口较少民族的发展问题。2005年5月，国务院常务会议审议通过了国家民委、国家发展改革委、财政部、中国人民银行和国务院扶贫办联合编制的《扶持人口较少民族发展规划（2005—2010年）》。《规划》提出通过5年左右的努力，使人口较少民族聚居的行政村基础设施得到明显改善，群众生产生活存在的突出问题得到有效解决，基本解决现有贫困人口的温饱问题，经济社会发展基本达到当地中等或以上水平；再经过一段时间的努力，使人口较少民族达到全面建设小康社会的要求。

2. 人口较少民族面临的问题

新中国成立以来，22个人口较少民族在政治上得到翻身，经济社会有较快发展。但是，由于历史、自然条件等方面的原因，这些民族主要面临的问题是：基础设施落后，生产生活条件差；生产力水平低，贫困问题突出；社会发育程度低，社会事业发展滞后，发展面临诸多困难，是少数民族中应特别予以关注的群体。具体表现在以下几个方面：

一是贫困问题突出，发展差距仍然较大。到2009年年底，2119个聚居村有贫困人口89.1万人，贫困发生率32.7%，高于全国（3.8%）28.9个百分点，高于民族自治地方（16.4%）16.3个百分点。特别是云南的独龙族、怒族、景颇族，西藏的珞巴族，新疆的塔吉克族、柯尔克孜族等，所在的地区自然条件相对恶劣，脱贫难度大。

二是基础设施不完善，"瓶颈"制约仍然存在。2009年年底，在2119个聚居村中，不通公路的村占42.2%，不通电的村占11.0%，没有安全饮用水的村占35.2%。通村公路标准较低，晴通雨阻。农牧业基础薄弱，抵御自然灾害能力弱。

三是缺乏特色产业支撑，群众收入仍然较低。人口较少民族聚居区农业产业化程度低，第二、第三产业发展滞后，特色产业规模小，农民增收渠道狭窄。2009年，2119个聚居村农牧民人均纯收入为2591元，相当于民族地区平均水平（3369元）的3/4、全国平均水平（5153元）的1/2。

四是社会事业发展滞后，民生问题仍然突出。人口较少民族聚居区学前教育普及率普遍较低，义务教育学校标准化率低，寄宿制学校规模小，职业教育薄弱，双语教育发展滞后。2009年，16个人口较少民族的自治县农牧民平均受教育年限仅为5.8年，有的民族青壮年文盲率较高。在2119个聚居村中，没有卫生室的村占30.7%，有的村虽有卫生室但缺医少药，还有43.8%的村没有合格医生。居住简易住房的户数有14.7万户，占总户数的22.2%；有28.7万户农户没有解决饮水安全问题，占43.3%。一些基本保障制度覆盖面窄，保障水平不高。

五是公共文化服务体系不完善，民族传统文化面临的形势仍然相当严峻。文化基础设施条件薄弱，文化艺术专业人才缺乏，文化艺术产品和服务供给能力不强等。2009年年底，在2119个聚居村中，没有文化活动室的村占39.8%。群众读书看报难、收听收看广播影视难、开展文化活动难等问题仍较普遍。特别是一些人口较少民族优秀传统文化流失、失传等现象比较严重，直接影响着中华文化的多样性。

六是基层组织建设较为薄弱，自我发展能力仍然不强。一些地方农村党的基层组织较为薄弱，群众组织和社会组织发展滞后。社会管理能力和服务水平较低，使社会和谐稳定存在不少隐患。2009年，71个民族乡参加专业经济合作组织的农民仅占1.8%。受地理条件和社会发展程度制约，群众当家理财、应用科技和自我发展能力较弱。

三 少数民族地区返贫率高

返贫是指原来已经脱贫的人口重新陷入贫困，即通常所说的"饱而复饥"、"暖而复寒"的现象（张俊飐，2002；丁军、陈标平，2010）。导致脱贫人口返贫的因素很多，主要包括返贫人口自身因素和返贫人口所处的外部环境因素。返贫人口自身因素主要有返贫人口自身素质的低层次性（凌国顺，1999，2000；夏静，1999）；人口增长导致生态失衡、人口分布不合理、人口素质偏低、人口产业结构落后、社会保障制度不健全（刘玲琪，2003）；人力资本投资状况、经济收入状况等，这两者都与贫困人口的经济脆弱性密切相关（董春宇、谢彪，2008）。返贫人口外部环境因素主要包括自然环境、经济环境、社会环境、制度环境等。董春宇、染敬东、谢彪（2008）认为贫困地区的生态环境和基础设施状况等与贫困人口脱贫后返贫密切相关。陈全功、李忠斌（2009）认为少数民族农户发生持续性贫困的普遍原因是自然条件恶劣、人力资本不足和制度不完善。张国安（2000）认为返贫的主要原因是农产品市场价格波动、人口快速增长、环境恶化。杨清震和周晓燕（2001）认为民族地区反贫困、实现经济可持续发展的制约因素是农业基础脆弱、生态环境失衡，人口数量增长快、人力资本低，经济发展水平低，基础设施落后、社会发育程度低，投入不足、资金供求矛盾突出，非正式制度的约束等原因。

对于少数民族地区而言，返贫的最重要一个因素就是因灾返贫。根据国家贫困监测抽样调查显示，在2007年2341个调查村中，遭遇严重自然灾害的村占45.1%，其中旱灾是最主要的自然灾害，在旱灾、水灾、病虫害、冷冻灾害、干热风灾等各类自然灾害中占61.4%，水灾为其次，占18.7%。2008年，在2318个调查村中，遭受严重自然灾害的村占36%，在旱灾、水灾、病虫害、冷冻灾害、干热风灾、动物疫情、泥石流或山体滑坡、地震等各类自然灾害中，旱灾和冷冻灾害分别占38.6%、23.3%。

表4-2　　　　　　民族自治地方农村自然灾害发生与返贫情况

民族自治地方返贫情况	2006年	2007年	2008年
遭受严重自然灾害发生率（%）	47.0	45.1	36.0
返贫人口（万人）	159.7	184.8	226.9
返贫率（%）	6.3	8.2	10.8

资料来源：《2009年中国农村贫困监测报告》。

表4-2的数据显示，由于自然灾害的发生，2006年到2008年三年期间，我国民族贫困地区返贫人口从2006年159.7万人增加到了2008年226.9万人，返贫率也从2006年的6.3%上升到2008年的10.8%。2009年以来由于地震、干旱、泥石流、雨雪、洪涝等自然灾害频发，导致民族地区返贫人口也在不断增加，如玉树地震共造成6.7万户22.3万人受灾，受灾人口占玉树藏族自治州总人口的62.5%。

第二节　少数民族地区贫困政治敏感性高

我国是一个统一的多民族国家，在长期的发展过程中形成了统一的政治文化，即整个政治体系的政治文化。与此同时，我国的各个少数民族作为相对独立和稳定的人群共同体，由于历史上的生产方式、社会组织形式、政治制度与汉族存在差别，因而在政治文化的许多方面同汉族政治文化有较大差异，从而形成了亚政治文化形态，它同整个政治体系的政治文化既一致又有差异。少数民族的政治文化对其民族及民众的政治行为、政治过程产生着极为深刻的影响。

首先，民族关系的复杂性和宗教问题的特殊性等造成了一些少数民族传统的政治心理具有较强的排他性和狭隘性，缺少政治信仰和政治宽容；再加上受其他民族的压迫和统治阶级有意挑拨民族关系，他们经受了太多的消极体验，民族隔阂很深，统治民族与被压迫民族之间、掌权集团与不掌权集团之间矛盾多于协调，戒备多于信任。新中国成立以后，少数民族地区持续开展了大规模的社会主义政治建设，极大地推进了少数民族地区的社会进步，使各民族的整体素质也都得到了一定程度的提高。但是，旧社会长期形成的民族隔阂不可能在短时间内消除，再加上少数民族在政治上的低度参与活动的区域限制，少数民族的政治信仰度较低，政治合作的成效往往较低。在少数民族推进现代化过程中，各族群众对现代化的期望值迅速增长，对本民族利益高度关注，民族意识日趋增强，这样，民族间原有利益分配格局被后来民族间发展的非均衡性打破，一些民族人士就会将在追求利益过程中产生的民族间的摩擦和矛盾扩大化，容易产生偏执的政治情感。新时期我国为逐渐消除地区和民族间的发展差距而实施的西部大开发和全面建设小康社会的战略，从一定程度上也激发、强化了少数民族地区的民族意识，而当这种狭隘和偏激的民族意识发展为极端的民族保护主义和分离主义的倾向时，必将助长非制度化甚至破坏性的参与，激起政治情感的偏执，进而引起社会的动荡，破坏和谐的民族关系，影响少数民族地区的政治稳定，对少数民族地区的现代化建设造成极大的负面影响。

其次，当前少数民族地区社会政治经济迅速发展，而指导现行民族政策制定的政治意识却与实际相脱节。现行政策的制定依据主要是与革命、夺取政权相联系，把民族问题与革命问题联系起来看待和处理，这是革命政党的立场，从这样的基点出发，相应地就形成了同情、关怀和照顾弱小民族的情感基础和价值理念，甚至会情不自禁地生发出某种负疚感和赎罪感。这种价值取向是一种有别于"国家主义"和"民族主义"的价值取向。这在历史上是正确的，但在社会物质生活全然发生了变化，各民族的政治地位、经济地位、社会地位全然平等的条件下，这种"民族主义"政治意识已与整个社会现实不符，使得民族政策不能很好地解决少数民族地区开发和发展过程中凸显出来的全局性问题，无法实施全面的社会协调和社会控制，无法有效地提升社会结构和社会运行质量。在这种"民族主义"体制下，少数民族地区的地方政府在审时度势、自谋发展的政治思想观念上比较落后，过于强调少数民族地区的特殊性和民族性，将发展的希望寄托在国家的政策倾斜和资金注入方面。因而，他们在突破传统体制的限制、采取切合实际和灵活多样的政策、推动当地经济和社会发展方面普遍地力不从心，"等、靠、要"的政治思想较为突出。

最后，长期以来少数民族地区在各类社会经济问题的处理上习惯于借助传统的习俗和方式来解决，而不习惯于通过现有的政治法律方式来解决问题。少数民族传统文化中的等级观念和特权意识的渗透，也使得现实生活中"权大于法"、"情大于法"、"重言轻法"的政治认知普遍存在。一方面，一些地方政府依法行政没有很好地落实，在执政中随意性和摇摆性大，对于依法行政更多地停留在宣传方面，从而使得政府管理越位、错位以及政治决策盲目等比较突出。另一方面，宗法观念严重，人身依附突出，少数民族在宗教信仰过程中常常会产生和形成宗教职业者和一定的宗教组织。随着宗教的兴旺发展，宗教组织也日益发展和完善，其利用信教群众对宗教的信仰和崇拜而获得的民族影响力，直接干预民族的社会生活和政治生活，传播宗教组织所主张和支持的政治价值观念，甚至从宗教观念出发对世俗的政治结构和政治过程直接发表评论，从而直接或间接地影响整个民族对现行政治体系特别是国家政治体系的情感和评价。

一　社会稳定有赖于贫困问题的妥善解决

以云南地区为例，云南位于中国的西南边疆，与中南半岛的越南、老挝、缅甸直接接壤，并邻近泰国和柬埔寨。云南境内的国境线长达 4060 公里。在漫长的国境线两侧分别居住着壮族、傣族、苗族、瑶族、彝族、景颇族、布依族、哈尼族、傈僳族、拉祜族、阿昌族、独龙族、怒族、佤族、布朗族、德昂族 16 个跨界民族。随着云南边境地区的全方位开放，冷战时期被严格控制或限制的跨界民族交往变得十分频繁。由于跨界民族语言的共通性，他们在双向流动时更加容易，这就给各种犯罪分子进行跨界犯罪提供了可乘之机。有的跨界犯罪是跨界民族所为，有的是非跨界民族所为，但所有犯罪分子都以跨界民族的特殊身份为掩护，从事跨界犯罪、毒品走私和武器走私等。这也成为近年来国内外犯罪分子纷纷聚集到云南边境地区，从事各种跨界犯罪活动的首选，成为了扰乱中国西南边疆社会稳定的一大毒瘤。这种跨界犯罪的发生一方面缘于与云南接壤的越、老、缅的北部地区，是这三个国家经济最贫困、民族关系最为复杂、民族武装众多的地区；另一方面也与中国西南边疆贫穷的经济状况有关，不少边境少数民族同胞由于语言和文化上的便利，很容易接触境外的犯罪分子，加之贫困的诱因，往往会为了经济利益不惜铤而走险，进行毒品走私等不法行为，扰乱民族地区的社会稳定。

马克思说：不是人们的意识决定人们的存在；相反，是人们的社会存在决定人们的意识。只有大力发展少数民族地区的经济，解决少数民族地区贫困问题，才能为少数民族地区的社会稳定提供必要的物质生活前提。当前，市场经济是民主政治文化赖以生存和发展的经济根基，也是民主政治文化得以生存的最原始动力，它可以促进人们政治观念的转变，如平等观念、民主观念、法制观念等都是在发展社会主义市场经济的过程中逐步形成的。因此，在少数民族地区加快发展社会主义市场经济，不仅有利于促进生活方式的改变，而且能够以其广泛和深刻的渗透力，影响少数民族地区的政治文化，孕育少数民族的民主政治意识和民主政治观念，巩固少数民族地区的社会稳定。

二　边疆少数民族地区贫困影响地缘安全

在我国2.2万多公里的陆地边境线上，几乎都居住着少数民族，135个边境县（旗、市、市辖区）中，属于民族自治地方的就有107个，民族自治区的80%、自治州的1/3，自治县的13%均在边疆地区，边疆地区2000多万人口中近半数为少数民族人口。边疆地区不仅少数民族较集中，且与十多个国家接壤，34个民族跨境而居。巩固边疆少数民族地区的稳定与发展，是保障国家统一与安全的需要，也是边疆民族地区与整个国家繁荣昌盛的需要，更是维护世界和平与发展的需要。

制约边疆稳定发展的一个关键性因素是边疆民族地区的贫困问题。目前根据《中国农村扶贫开发纲要（2001—2010年）》中期评估报告，在全国135个边境县中有41个国家扶贫重点县，占边境县总数的30.37%，占全国扶贫重点县的6.9%，生活着2100万各族人民，绝大多数为少数民族。其中贫困人口有68.2万人，贫困发生率为11.5%；低收入发生率28.5%，总的来看，135个县的总体经济社会结构落后于全国发展水平。其中西藏的全部边境县为国家贫困县，新疆32个边境县中的14个为国家级贫困县，云南25个边境县中的16个为国家级贫困县，广西6个边境县中的3个为国家级贫困县。西北和西南边境地带都是贫困人口的集中分布地带，这些地区多数资源匮乏、交通不便，社会经济发展落后，人民生活十分困难，民族问题、宗教问题、毒品问题乃至恐怖主义等因素错综复杂，尤其是在我国边境地区同一民族跨国界相居的敏感地带，贫困造成的负面影响表现得更为突出。作为中国国防安全前沿阵地，边境地带人民长期处于贫困状态，对于国家的地缘安全、国家形象、民族团结、边疆稳定极为不利，严重危及整个国家的安全和国际形象（赵曦，2004）。

现阶段，中国边疆问题最为突出的两个地方就是西南边境问题和西北边境问题。以西北边境为例，西北边境地区位于我国大陆腹地，与东部海岸线距离遥远，长久以来形成了其封闭的地理环境特点。该地区不仅受干旱少雨的自然环境的影响，还因为远离东部沿海经济发达区和市场交易中心，严重制约了经济社会发展。根据2000年国家统计局农村社会经济调查总队提供的资料，以1978年农村居民家庭人均纯收入最高的华南地区与最低的西北地区绝对差距达到1774元，扣除物价上涨的因素，也达到492.8元，比1978年的221元还高271.8元，相对差距两者比值达到2.15：1，比1978年高出47个百分点。另外在全国将近6000万贫困人口中，西北边疆地区贫困人口的比例很高，贫困面积大且贫困程度严重。在全国592个贫困县中，有71个县在西北边疆地区，占全国贫困县的12%，占西部省区307个贫困县的23.13%。

西北边疆地区贫穷落后，既有其历史的原因，也有其自身的原因，这将在较长时间内影响西北边疆地区的社会发展。新中国成立前，西北边疆地区几乎没有现代工业，传统的农牧业很落后。新中国成立后，党和国家十分重视少数民族地区的经济发展，采取了一系列措施，帮助和支持西北边疆民族地区的经济发展，并取得了明显的成效。但是十一届三中全会以来，国家在经济发展战略安排上采取了非均衡策略，让一部分地区先富起来，通过先富带动后富，直至最终实现共同富裕。这一战略具有其历史和现实的合理性，随之而来的是，国家在政策上、资金上开始大力向东部沿海一带倾斜。如在"六五"、"七五"两个计划期间，西北边疆地区在国家投资中的份额逐步降至历史最低点。"六五"时期，西北边疆地区在国家投资中的份额只占8.65%，到"七五"期间则降至8.07%。西北边疆地区的经济发展的落后，势必影响我国西北边疆地区乃至国家的安全的有效维护。毛泽东同志说："我们说中国地大物博，人口众多，实际上是汉族'人口众多'，少数民族'地大物博'，至少地下资源很可能是少数民族'物博'。"西北边疆地区民族众多，经济发展的不平衡性不利于民族间的安定团结，甚至给"民族分裂分子"的"汉族剥削少数民族"、"汉族掠夺少数民族的资源"等谬论的宣传蛊惑提供借口，助长其分裂活动，严重时会导致社会政治动乱，从而导致西北边疆地区经济社会发展的恶性循环，危及边疆安全及国家安全。

目前在我国西北边疆地区内部各种问题和矛盾中，新疆问题最为严重。境内外的领导的"基地""东突"恐怖势力作为危害国家安全的一股逆流，他们到处搞破坏，扰乱社会秩序，进行爆炸、抢劫活动，胁迫群众聚众闹事，冲砸政府机关等。2004年境外"东突"势力在德国召开"第四次东突民族代表大会"，明确提出了"东突"分裂势力的纲领和行动要则。他们公然叫嚣"新疆独立"，一方面不断制造恐怖袭击等暴力事件；另一方面，不断与国际恐怖组织联系，寻求西方国家和穆斯林世界的同情与支持。该地区的民族分裂分子的活动将成为我国国家统一与安全的重大隐患。

第三节 人文因素影响显著

如果说自然环境和经济社会发展水平等揭示了贫困的成因，将贫困的责任归结为自然、社会和政府，那么人文因素则解释了难以脱贫的原因。就少数民族地区的贫困人口来说，难以摆脱贫困的人文因素主要有四个方面：

一 脱贫致富愿望的缺乏

传统的生活方式和价值观念，使人们比较普遍地缺乏脱贫致富的迫切愿望。

由于少数民族地区地貌复杂、交通不便，再加上语言交流的障碍，使得人们与外界的联系较少，眼界受到限制。同时，这些生活在偏僻山区和荒漠边缘的人们，已经适应了祖辈们世代沿袭下来的生活方式，对于外界的生活既不了解也不羡慕，而且不同地区的少数民族自有一套对幸福的理解。例如，一些少数民族的价值观念体系中不提倡对财富和山林土地等资源的无节制占有，一方面，这有利于环境的保护和可持续发展；另一方面，这些价值观念限制了人们对物质财富的欲望，使其安于现状，听天由命。从某种程度上说，对物质财富的欲望，是改变贫困状态的出发点和动力。有了这种动力，贫困人口才有可能为获得这些财富付出努力，并进而改变贫困面貌。然而少数民族贫困人口的这种生活方式和价值观念，严重削弱了其获得财富的欲望。即便有了愿望，少数民族地区的人们主要以农耕或游牧的生活方式为主也使人们不愿意受到时间和工作的约束，容易养成安逸自由的习惯。

二　安土重迁，不愿承担风险

安土重迁是少数民族的一个共同特征。由于大多数少数民族都有自己独特的语言文字和宗教，内部环境的相对独立又大大加剧了本地文化与其他文化的隔膜。这种状况严重地限制了少数民族地区的人们与外界的交流，包括一些比较传统的传媒工具如广播、电视、报纸等，都很少有人利用。因此，民族文化心理不同，人们不愿直面外界的挑战，宁愿在家里受穷，也没有勇气出去竞争和冒险。不少人对外界异民族的生活，往往有一种惧怕和推拒的心理，心理承受力也显得十分脆弱。

三　人力资本的欠缺，使他们缺乏改变贫困状态的能力，信心不足

由于九年义务教育在少数民族地区开始较晚，不少地区至今仍然缺乏必要的民族语言教材和师资，素质教育的目标难以在短期内达到。同时，我国现行的教育体制中缺乏针对农牧区尤其是针对少数民族农牧区的必要劳动技能的培训，即便人们已经有了比较强烈的获得财富的欲望，也往往因为缺乏技术或能力而无力竞争。同时，业余生活的极度贫乏，致富信息渠道的不畅，遏制了人们的知情选择能力。这也导致人们在参与脱贫项目以及资助脱贫方面缺乏信心和勇气，畏手畏脚。

以武陵山少数民族地区为例。在武陵山少数民族地区，贫困使得教育难以普及，而教育不普及又造就了更深的贫困，形成了教育与贫困之间的恶性循环。同时，在这些地区，人口的快速增长与人力资本水平低下的现象共存，过剩的人口加大了资源和环境的压力，抵消了经济增长的成果，而人力资本的不足又使得过剩的劳动力无法实现有效的转移，双重问题的作用加剧了武陵山少数民族地区农村贫困的深度和广度。具体表现在以下几个方面：

首先是儿童在校率低。武陵山少数民族地区人口素质低下的原因之一是儿童在校率低。数据显示，尽管国家在2006年对农村和部分试点城市贫困人口实行了义务教育"两免一补"特殊政策，湖南省桑植县、湖北省利川市本年度的小学学生在校率达到了100%的水平，高出全国0.8个百分点，但是，2006年两县（市）儿童在校率特别是初中学生的在校率明显低于全国平均水平，尤其是桑植县，2006年初中学生在校率只有66.7%，仅占全国平均水平的2/3稍强。

其次是劳动力文化程度低。数据显示，2006年全国农村劳动力的文化水平主要是初中程度，占比超过一半，而以湖南省桑植县、永顺县为代表的武陵山少数民族地区农村劳动力的文化水平主要是小学和初中程度，其中，小学程度者接近总数的一半，分别达到44.9%、46.5%；桑植、永顺大专及以上文化程度者明显低于全国平均水平，特别是永顺县，从监测的100户农村家庭来看，2006年度没有一人具有大专及以上文化程度，劳动力文化水平之低下可见一斑。

最后是思想观念保守陈旧。贫困经常是历史积淀下来的产物。这里面包含了传统的生产方式，也包含了历史形成的观念和意识形态，在相当程度上支配着贫困地区居民的生产和生活，并成为经济发展的桎梏。武陵山少数民族地区处于"老、少、边、山、穷"地带，人口的低素质除表现为文化水平和生产技能普遍低外，还表现在劳动者的愚昧落后的传统文化观念、保守陈旧的思维定式和胆小怕事的落后社会偏见等。

例如，在一些地方，有的人安贫乐困、抱残守拙，小农经济意识根深蒂固，竞争意识极度缺乏；有的人畏惧困难、"等、靠、要"思想甚为严重，对新理念、新事物难以迅速接受；受交通的极其不便和家乡情节思想的共同作用本想外出务工的村民仍停留在家中，甚至一些村民根本就没有出去打工赚钱改善生活的念头。这些落后的观念，严重阻碍了生产力的发展，即使国家在这些落后地区投入了大量的人力、物力和财力，也仍难以取得预期的效果。这种积淀性贫困是扶贫工作中的一大难题。

第四节 少数民族地区贫困特征成因

一 少数民族地区恶劣的生态环境

少数民族地区恶劣的自然条件和相对封闭的地理环境，对当地人的影响是远远超乎想象的。众所周知，少数民族地区生态环境极其脆弱，或高寒缺氧，草原植被覆盖率低；或干旱少雨，荒漠化问题突出；或被滥垦乱伐，水土流失严重；加之其他不合理开发和某些人为破坏，生态形势十分严峻。虽然，地理环境未必能决定人们能否富裕起来，但贫困地区几乎无一例外地分布在生态恶劣的地区。例如，中国的贫困地区，总是与严重的水土流失，或干旱缺水和土地荒漠化，或高寒气温低，或土地贫瘠等恶劣生态环境和环境退化联系在一起。正如托尔斯泰所说："富裕的人们可有各种不同的环境，而贫困人口所处环境特点都很相似。"以广西为例，广西是少数民族聚居省区，也是经济欠发达和自然灾害频发地区，主要自然灾害有洪涝、干旱、台风、冰雹和各种地质灾害等，平均每年自然灾害造成的直接经济损失占GDP的2%以上，重灾年份超过5%。广西每年平均受灾人口超2000万人，占总人口的40%，每年因灾导致倒损房屋和生活困难需要政府救助的人口超500万人，这些人口又主要集中在生态环境脆弱的边远地区或大石山区，自然灾害导致困难群众贫困加剧,有些地方刚刚靠政府救助摆脱贫困,一场大灾过后,可能重新返贫。

二 人口自身特点,导致贫困发生率高

少数民族人口本身具有规模小(只占全国总人口8.4%)(2000年第五次全国人口普查数据)、增长快与人力资本欠缺的三方面特点。由于少数民族人口基数小,少数民族人口中贫困人口所占的比重相对就比较大,贫困发生率较高也就不足为奇了。此外,少数民族地区的出生率偏高,据2001年统计资料,中国西部8个民族地区的出生率为18.24‰,比全国人口的出生率14.03‰高4.21个千分点。其中民族地区的少数民族人口出生率为21.30‰,比全国少数民族人口出生率17.63‰高3.67个千分点。贫困地区的出生率更高,例如新疆的国家贫困县在2002年出生率普遍在15‰以上,有些地区高达25‰,远远高于少数民族总的出生率。这导致了作为分子的少数民族贫困人口的增长速度要快于作为分母的少数民族总人口的增长,并助长了"越生越穷,越穷越生"的恶性循环,而少数民族新增贫困人口比重的增大也使得少数民族人口比重和贫困发生率二者进一步重合。

另外,少数民族地区人力资本水平很低。有学者认为,贫困的根本原因在于人力资本积累不足,在于智力结构的低层次性,并由此引出种种贫困现象,因此贫困可以定义为:人力资本短缺到不足以让人持续地从外部环境中获取维持基本生存的收入的一种状态(杨云,2007)。少数民族地区的人力资本欠缺,尤其表现在总体教育水平不高、人口中文盲半文盲比例高。尽管国家对于少数民族地区的教育投入比较大,但是近年来,受过一定教育、具有一定文化知识的新一代,能跳出"农门"的跳出了"农门",不能跳出"农门"的也外出打工,基本未改变少数民族地区劳动者的文化素质结构(吕宁、曾锐,2009)。另外,由于少

数民族贫困地区自然环境恶劣、医疗卫生条件较差,并常处于地方病高发区,也导致了人口身体素质不高。

三 经济发展水平低,基础薄弱

贫困的范围首先取决于一个地区的经济发展水平。在其他条件不变的情况下,一个地区的发展水平越低,贫困的范围就越大。由于内在和外在因素的长期综合作用,我国少数民族地区经济发展水平低,一方面人均收入水平不仅远低于东部发达地区,而且低于全国平均水平,发展速度也长期低于全国平均水平。另一方面,大部分少数民族地区经济结构单一,产业结构不合理,传统农业经济比重大,非农经济不发达,基本上还是单一的农业经济。此外,基础设施供应不足是民族地区普遍存在的劣势之一。据调查,西部民族贫困地区,单位面积的铁路里程、公路里程和邮局数量不到全国平均水平的10%,交通通信的相对落后状况在进一步拉大。贫困地区人均市场数量和单位面积的市场数量分别是全国平均水平的72%和18%。由于交通通达性差,交易费用高,贫困人口与外界的交易机会少,甚至没有交易机会,结果限制了市场范围的扩展,限制了分工,致使这些地区的比较优势难以发挥,形成所谓的"富饶的贫困"(郑长德,2003)。

附:22个人口较少民族分布简况

高山族

高山族主要分布在台湾地区本岛的山地、东部沿海纵谷平原以及岛屿上。祖国大陆的高山族总人口为4461人,主要分布在福建等沿海省区。高山族有自己的语言,属南岛语系印度尼西亚语族,没有文字,通用汉文。高山族的生计方式主要以稻作农耕经济为主,以渔猎生产为辅。

布朗族

布朗族总人口为 91882 人,主要分布在云南省西双版纳傣族自治州勐海县的布朗山、西定、巴达山区一带。布朗族有自己的语言,布朗语属南亚语系孟高棉语族佤德昂语支,无本民族文字,部分人会汉文、傣文。布朗族主要从事山地农业,以种植旱稻和水稻为主,善种茶。布朗族地区是驰名中外的"普洱茶"的产地。

撒拉族

撒拉族总人口为 104503 人,主要聚居在青海省东部的循化撒拉族自治县和化隆回族自治县黄河谷地,以及甘肃省积石山保安族东乡族撒拉族自治县。撒拉族有自己的语言,属阿尔泰语系突厥语族西匈语支,无本民族文字,历史上曾使用过以阿拉伯字母为基础的撒拉文,本民族称之为"土尔克文",现通用汉文。主要经营农业、畜牧业和园林业。撒拉族民间流传着许多以说、唱为主的口头文学,包括神话传说、故事、寓言、谚语和撒拉曲、宴席曲、"花儿"等多种形式。民间乐器以"口细"最具特色。

毛南族

毛南族总人口为 107166 人,主要聚居在广西环江毛南族自治县,其余分布在贵州省的黔南州各县市。毛南族有自己的语言,属汉藏语系壮侗语族侗水语支,没有文字,通用汉文。毛南族主要从事农业生产和畜牧业。

阿昌族

阿昌族总人口为 33936 人,是云南最早的世居民族之一,主要分布在云南省德宏傣族自治州的陇川县户撒和梁河县九保、囊宋三个阿昌族乡,少数分布在盈江、潞西、瑞丽、保山市的龙陵、腾冲等县。阿昌族有自己的语言,属汉藏语系藏缅语族缅语支,无本民族文字。由于长期与汉族、傣族杂居,大多数阿昌族人兼通汉语和傣语。阿昌族主要从事以水稻为主的农业生产。阿昌族的手工业发达,尤其擅长刀具的锻打制造，阿昌刀又称"户撒刀"，闻名遐迩。

普米族

普米族总人口为33600人，主要聚居在云南滇西北横断山脉中部山原地带，分布在云南省兰坪、丽江、永胜、维西等县和宁蒗彝族自治县，少数散居在四川省木里藏族自治县和盐源县。普米族自称"普英米"、"普米"或"培米"（白人之意）。普米族有自己的语言，普米语属汉藏语系藏缅语族。现在大多使用汉文。普米族主要从事农业和畜牧业。

塔吉克族

塔吉克族总人口为41028人，主要分布在新疆南部的塔什库尔干塔吉克族自治县，少数分布在莎车、泽普、叶城、皮山等地。塔吉克族有自己的语言，属印欧语系伊朗语族帕米尔语支，无本民族文字，普遍使用维吾尔文。塔吉克族主要从事畜牧业兼营农业。

怒族

怒族总人口为28759人，主要分布在云南省怒江傈僳族自治州和迪庆藏族自治州。怒族还有"怒苏"、"阿龙"等自称，后统称为怒族。怒族有自己的语言，怒语属汉藏语系藏缅语族，但各地方言差异很大，几乎不能通话，怒族无文字。怒族人很早就经营农业。近几十年来，由于现代农业技术在农耕中的普遍使用，怒族农业才摆脱了刀耕火种的状况。现在怒族主要从事农业生产。每年农历三月十八日是怒族盛大的传统节日——鲜花节（又称仙花节）。

乌孜别克族

乌孜别克族总人口为12370人，主要分布在新疆乌鲁木齐，北疆的伊宁、木垒、奇台、塔城和南疆的莎车、叶城等县（市）。早在14世纪，乌孜别克族开始从中亚细亚迁至新疆。乌孜别克族的名称，来源于14世纪的金帐汗国（蒙古帝国四大汗国之一）的乌孜别克汗。乌孜别克的意思是"自己的领袖"。乌孜别克族有自己的语言，属阿尔泰语系突厥语族,无本民族文字。由于长期与维吾尔族、哈萨克族杂居,所以大部分乌孜别克族人都使用维吾尔文或哈萨克文。绝大多数人从事商业、手工业。由于经商需要,乌孜别克族大多居住在城镇。

俄罗斯族

中国境内的俄罗斯族总人口为15609人,主要分布在新疆、内蒙古和黑龙江等地。中国俄罗斯族是自18世纪起陆续从俄罗斯迁入新疆等地的,那时,他们居住的村庄被称为"归化村",居民被称为"归化人",1949年后,他们被正式命名为俄罗斯族。俄罗斯族有自己的语言文字,语言属印欧语系斯拉夫语族,文字为俄文。俄罗斯族主要从事农业和工业,擅长手工业和各种修理业。

鄂温克族

鄂温克族总人口为30505人,主要聚居在内蒙古呼伦贝尔市的鄂温克族自治旗。其他散居在陈巴尔虎旗、根河市、莫力达瓦达斡尔族自治旗、阿荣旗、扎兰屯市和黑龙江省讷河市等地。鄂温克是民族自称,意为"住在大山中的人"。历史上鄂温克族曾被称为"索伦"、"通古斯"、"雅库特"等,后统称鄂温克族。鄂温克族有自己的语言,鄂温克语属阿尔泰语系满—通古斯语族,分为海拉尔、陈巴尔虎和敖鲁古雅三种方言,无本民族文字,牧区通用蒙古文,农区和山区通用汉文。由于居住地不同,鄂温克族人生产、生活方式也有较大的差异,有的从事畜牧业,有的从事农业,还有的从事狩猎和饲养驯鹿。

德昂族

德昂族总人口为17935人,德昂族是云南特有的少数民族之一,主要居住在云南省潞西市、镇康县,少数散居于盈江、瑞丽、陇川、保山、梁河、耿马等地。德昂族旧称"崩龙族",1985年改为德昂族。德昂族有自己的语言,德昂语属南亚语系孟高棉语族佤德昂语支,无本民族文字。部分人通傣语、汉语和景颇语。德昂族人以农业生产为主,善于种茶,还擅长编织竹器。

保安族

保安族总人口为16505人，主要聚居在甘肃省积石山保安族东乡族撒拉族自治县，还有少数散居在兰州、临夏及青海、西藏、新疆等地。保安族自称"保安人"，有自己的语言，属阿尔泰语系蒙古语族，无本民族文字，通用汉文。保安族主要从事农业生产，兼营牧业，还从事手工制品的生产，其中以"保安腰刀"最为著名。

裕固族

裕固族总人口为13719人，主要分布在甘肃省肃南裕固族自治县和酒泉市的黄泥堡裕固族乡，其余散居在青海省祁连县和新疆哈密、昌吉等地。裕固族自称"尧呼儿"。裕固族有自己的语言，分西部裕固语（属阿尔泰语系突厥语族）和东部裕固语（属阿尔泰语系蒙古语族），无本民族文字，通用汉文。裕固族主要从事畜牧业。

京族

京族总人口为22517人，主要聚居在广西东兴市江平镇的巫头、万尾、山心三个海岛上，俗称"京族三岛"。其他一小部分京族人散居在北部湾沿岸。京族与越南的主体民族——越族属同一个民族。京族过去曾被称为"越族"，1958年正式定名为"京族"。京族有自己的民族语言——京语，现暂归汉藏语系，语族未定，通用汉文。京族主要从事渔业和种植业。

塔塔尔族

塔塔尔族总人口为4890人，主要分布在新疆的伊宁、塔城、乌鲁木齐，其他散居在阿勒泰、奇台、吉木萨尔和南疆市等各主要城市。塔塔尔族有自己的语言文字，属阿尔泰语系突厥语族，文字是以阿拉伯字母为基础的拼音文字。由于长期与维吾尔族、哈萨克族共处，现已通用维吾尔文和哈萨克文。塔塔尔族主要从事畜牧业。

独龙族

独龙族总人口为7426人，主要聚居在云南省怒江傈僳族自治州贡山独龙族怒族自治县独龙江流域的河谷地带。生活在被称为"神秘河谷"的独龙江两岸的独龙族人民,受江水滋润,以江为名,于是称为独龙族。独龙族有自己的语言,独龙族语属汉藏语系藏缅语族,与贡山怒语基本相通,无本民族文字。独龙族以从事农业为主,但保留渔猎的传统。

鄂伦春族

鄂伦春族总人口为8196人,主要分布在内蒙古自治区的鄂伦春族自治旗和扎兰屯市,散居于其他七个盟市、旗县,以及黑龙江省的呼玛县、塔河县、逊克县、嘉荫县和黑河市等。"鄂伦春"意为"山岭上的人"。鄂伦春族有自己的语言,属阿尔泰语系满—通古斯语族,无传统文字,使用汉字。鄂伦春族是狩猎民族,自古以来一直从事狩猎生产。新中国成立后,鄂伦春族实现了定居,近年来在政府扶持下弃猎从耕,发展多种经营。

赫哲族

赫哲族总人口为4640人,大部分居住在黑龙江省同江、抚远、饶河等市、县,其余分布在佳木斯、富锦、集贤、桦川、依兰等县。赫哲族有本民族语言,赫哲语属阿尔泰语系满—通古斯语族,没有本民族文字,大多通用汉文。赫哲族是中国北方唯一的以捕鱼为生,用狗拉雪橇的民族。在1995年到1997年之间,赫哲族的经济结构得到了调整,实现了定居转产。除了传统的渔业,赫哲人开始发展农业、畜牧业和其他行业。

门巴族

门巴族总人口为8923人,门巴族聚居于世界屋脊喜马拉雅山东南,主要分布在西藏自治区东南部的门隅地区以及墨脱、措那、隆子等县。门巴,原是藏族人对居住在喜马拉雅山南麓门隅一带人的称呼,意为"住在门隅的人",后成为门巴族的自称。门巴族有自己的语言,属汉藏语系藏缅语族藏语支,无本民族文字,通用藏文。门巴族主要从事农业，种植水稻，也兼营畜牧业和狩猎，擅长竹藤器的编织和制作各种木碗。

珞巴族

珞巴族总人口为 2965 人，主要分布在西藏东南部的珞渝地区，少数散居在米林、墨脱、隆子、朗县一带。珞渝地处喜马拉雅山南麓的高山峡谷地带。"珞巴"原是藏族对西藏东南部珞渝地区居民的习惯称呼，意思是"南方人"。珞巴族因居住地不同而有多种称谓，如"博嘎尔"、"崩尼"、"崩如"等。珞巴族有自己的语言，珞巴语属汉藏语系藏缅语族，无本民族文字，部分人使用藏语文。珞巴族主要从事农业生产，特别是高地大麦、小麦和玉米的种植。采集和打猎在生产生活中也占相当比重。珞巴族在长期的狩猎、采集和农业生产活动中，创造了具有鲜明地域特征的历法——物候历。

基诺族

基诺族总人口为 20899 人，基诺族主要居住在云南省西双版纳傣族自治州景洪市基诺山基诺族乡，其余住在基诺山四邻的山区。基诺族有自己的语言，基诺语属汉藏语系藏缅语族彝语支，无本民族文字，过去多靠刻木记事。基诺族主要从事农业生产，善种茶。

第五章
少数民族地区贫困分类

第一节 按环境特点划分的少数民族地区贫困类型

一 我国贫困地区环境贫困类型

我国贫困人口的分布按环境的相似性和地带性可以分为三大类型：中部山地高原环境脆弱贫困带、西部沙漠高寒环境恶劣贫困带和东部平原山丘环境危急及革命根据地孤岛型贫困带。

1. 中部山地高原环境脆弱贫困带

这一贫困带从中国东北延伸到大西南边陲，即沿胡焕良所画的爱辉—腾冲线两侧，呈带状分布，是中国地形第一阶梯向第二阶梯的过渡，也是历史上汉族与少数民族频繁交往的区域。秦岭以北区域的年降水量通常不超过500毫米，属半湿润区向半干旱和干旱的过渡带，历史上是农耕经济与游牧经济的交错地带，中轴线以南为农耕区，中轴线以北为畜牧区。秦岭以南，除四川盆地、汉中盆地，皆为山地、高原区。依其环境的差异性，此贫困带又可分为5个亚区。

（1）蒙古高原东南边缘风蚀沙化贫困区

此区包括大兴安岭东南部、阴山—燕山山区及部分蒙古高原面,涉及辽、吉、黑三省西部,内蒙古中东部以及河北北部,共计有近60个贫困县。属暖温带和中温带,由半湿润向半干旱、干旱的过渡区。由于垦殖、过度放牧,此区草原退化,土地沙化问题突出,生态环境脆弱,自然灾害频发,且以干旱、风沙灾害最为突出。另外,土地利用得不合理,农牧矛盾突出,加上粗放型的经营管理,农作物产量低且不稳定。20世纪50年代以来,在"以粮为纲"的政策下,三次大面积开垦草原,广种薄收,土地在干旱及强烈风蚀下,逐渐沙化。而牧场又单纯追求牲畜存栏头数,延长生产周期,超载放牧,草场退化严重。不合理的农耕与放牧,加上政策上的偏颇,是导致贫困的关键性因素。

(2) 黄土高原沟壑水土严重流失贫困区

包括秦岭—伏牛山以北,黄河河套及阴山以南,太行山以西,日月山以东的广大黄土高原区域,涉及山西大部、陕北、内蒙古鄂尔多斯、宁夏南部、陇东及河西部分地区和青海省东部约130多个贫困县。这一区是世界上最大的黄土高原区,黄土发育完整而系统,山、原、坪、峁、台、梁、沟、谷齐全,由于地形破碎,土质疏松,气候干旱,水源短缺,降水集中,暴雨强度大,导致水土流失严重,沟壑纵横,成为黄河泥沙的主要产出区。黄土高原是中华民族重要的发祥地之一,开垦历史久。土地利用不合理,肥力减退,经济结构单一,种植业比重大,有效灌溉面积小,生产水平低,地方病发病率高,居民自我发展能力弱,加上陕甘宁边区是重要的革命根据地,使这一区域长期处于贫困状态。

(3) 秦巴山地生态恶化贫困区

秦岭是中国的重要地理界线,它和淮河共同构成南、北景观的分界线。秦岭、大巴山耸峙在陕、豫、川三省交界处,有50多个贫困县。这一贫困区的特点是山高、谷深、坡陡、交通不便,且大巴山区有较大面积的石灰岩分布。原来这一区森林覆盖面积较大,野生珍稀动物较多,后因受地形条件制约,垦殖过度,经营粗放,山林遭到破坏,生态环境逐步恶化，水土流失严重。20 世纪 60 年代以来，这一区域被作为国家战略后方基地，兴建一批军工企业和几座大型水电站，库区移民又进一步增加了周边地区的环境压力。由于"三线"建设中部分地区选厂失误，给一些企业生产、生活带来不少困难，一批军工企业不得不归并或撤迁，有的面临军转民问题。

(4) 喀斯特高原丘陵环境贫困区

包括以贵州为中心的滇、桂、川、鄂、汀接壤地区，这是世界上最大的喀斯特高原，贫困县多达 130 多个。由于石灰岩广布，喀斯特化程度高，山多地少，耕地零散，土地贫瘠，植被破坏严重，石漠化严重。虽然这一区域地处亚热带和南亚热带，水热资源丰富，但土层浅薄，岩石裸露，保水力差，既不耐旱又不耐涝，成为水土并缺的地区。另外，这里居住着 20 多个少数民族，因地处偏僻，社会发育程度低，生产技术水平落后，脱贫难度大。

(5) 横断山脉高山峡谷封闭型贫困区

包括雅砻江—元江一线以西的川滇两省横断山脉地区，处在边远的怒江、澜沧江及金沙江上游的三江并流带高山峡谷封闭环境之中，交通闭塞、信息不灵，有 20 多个少数民族居住在这里，社会发育程度低，有的还保留着刀耕火种等粗放耕作方式和简陋的生活方式。目前有 40 多个贫困县集中于此。因山高坡陡、耕地不足，过度在陡坡以上地段垦种，加之降水量大、岩石疏松、构造复杂，滑坡泥石流灾害突出，有的连县城城址也受到严重威胁。怒江、澜沧江有些地段，人口增长率高、土地资源紧缺，环境容量严重超载，成为环境脆弱带的严重危急区。

2. 西部沙漠高寒山原环境恶劣贫困带

包括新疆沙漠干旱贫困区及青藏高原高寒区。全区共有 36 个贫困县，尤以塔克拉玛干西部贫困县为最集中，其余分布在北疆、东疆的沿边地带和青藏高原的河源区。位置偏远，交通困难，地势高，气候干冷，或水源匮乏，或生长期极短，属于生态环境恶劣区。塔克拉玛干沙漠边缘地带水源严重短缺,沙漠不断扩大,丝绸之路上许多著名古城已湮没在风沙之中。

3. 东部平原山丘环境危急及老革命根据地孤岛型贫困带

东部是中国经济的密集带,但仍有少量贫困县分布,其类型有三:东北沿边贫困区、平原低洼盐碱贫困区和岛状山丘老革命根据地贫困区。平原低洼地则集中在冀鲁豫皖的黑龙港流域、鲁北冀东滨海重盐区及淮河中上游。冀鲁地区干旱严重,供水困难,地下水严重超采,出现大量地下水渗漏和水环境污染问题,甚至引发海水倒灌,危及良田。淮、海两河中上游及合肥以西地区,人口稠密,土地承载能力有限,水旱灾害频繁,水质污染突出,经济结构单一。此外,沂蒙山、大别山、井冈山、闽赣接壤山区和海南琼中地区,皆为老革命根据地,长期战争破坏,大量人口劳动力流失,基础设施落后而导致贫困。东部地带贫困区面积不大,周围经济实力较雄厚,不少贫困县已率先脱贫。

二 少数民族地区环境贫困类型

少数民族地区的贫困与环境具有很高的相关性。受自然环境的限制以及由各种因素导致的自然灾害常常是影响少数民族地区反贫困的最大因素。这一部分以南方喀斯特山地地区为例,介绍我国少数民族地区环境贫困类型。南方喀斯特山地地区是我国五大典型脆弱生态区和最贫困的地区之一,其脆弱的喀斯特环境与贫困之间存在着一定的相关性。地处世界三大连片喀斯特发育区之一的东亚片区中心的贵州省,是世界上喀斯特相对面积最大、形态最典型、发育最复杂、景观类型最多样的地区。喀斯特环境是一种脆弱的环境系统,整个生态环境系统显示出稳定性差、变异敏感度高、抗干扰能力弱、异质性强、系统功能低下等特点,对生产、生活产生了很大的负面效应,明显制约了区域经济发展。在喀斯特地区,环境问题有加剧贫困和阻碍稳定脱贫的双重影响,甚至导致新的贫困。由于喀斯特地区的自然生态环境、社会经济发展类型和水平的地域差异，其贫困类型也不同。

1. 喀斯特石漠化贫困型

喀斯特石漠化是在喀斯特脆弱生态环境下，人类不合理的社会经济活动造成人地矛盾突出、植被破坏、水土流失、岩石逐渐裸露、土地生产力衰退甚至丧失，地表在视觉上呈现类似于荒漠化景观的演变过程，这可以说是人地关系严重恶化的结果。在贵州省，广泛分布的喀斯特地貌成为引发石漠化的自然基础，潜在石漠化面积占国土面积的 19.31%，占喀斯特面积的 31.19%；石漠化面积占国土面积的 21.34%，占喀斯特面积的 34.47%。同时，据贵州省水土流失公告称，贵州也是全国水土流失最严重的省区之一，全省水土流失面积占国土总面积的 41.5%，大量的水土流失是导致当地石漠化的主要原因之一。加上人类不合理的开发利用，喀斯特环境严重恶化。通过相关分析，喀斯特石漠化与贫困有着密切关系。全省 50 个国家级贫困县中，有 42 个是石漠化重点防治县。

2. 水资源缺乏贫困型

在喀斯特地区，季节性缺水和工程性缺水严重，尤其是农村人畜饮水及饮水安全问题严峻，这已成为制约该地区摆脱贫困的突出问题。水资源的缺乏使农业生产靠天吃饭，粮食产量、畜牧业等均受到严重影响。同时，干旱季节，大量劳动力耗费在挑水上，占用了有限的劳动时间。2011 年贵州全省 9 个市（州、地）84 个县（市、区）不同程度遭受旱灾，共有受灾人口 1453.82 万人，其中 215.26 万人饮水困难；农作物受灾面积 105 万公顷，其中成灾面积 66 万公顷，绝收近 20 万公顷。干旱灾害还造成 76 万头大牲畜饮水困难。这种现象主要归因于特殊的喀斯特地貌，即不易蓄水，地表水利用难度大，地下水深埋，使水资源利用和人畜饮水相当困难；此外，人地矛盾也使生态环境遭到严重破坏，植被退化，甚至岩石裸露，土壤涵养水源功能下降；水源建设的投入不足还导致了工程性缺水，日趋突出的环境污染又造成水质性缺水，这就使喀斯特地区成为综合性缺水十分突出的地区。

3. 自然保护与生存冲突型

拯救性地建立自然保护区和采取相关的保护措施，是我国政府生物多样性保护的具体表现，特别是对喀斯特环境这种脆弱的生态系统尤为重要。目前，国家对生态保护的措施主要包括建立不同类型的保护地、退耕还林、天然林保护工程等，这些保护区已经形成了一定的规模。在贵州省，其保护地占全省总面积的12.6%，加上退耕还林和天然林保护地区，保护面积还远远大于这个数据。7个国家级自然保护区中，有4个位于喀斯特地区，其区域全部或部分处于贫困县。社区人口压力与资源的利用方式特别是严重依赖土地的利用方式，形成了保护区与当地社区的主要矛盾，导致生存与环境保护的冲突，在承载力较低的喀斯特地区，这种冲突更为尖锐。首先，人口膨胀产生人地之争，使得生态环境资源受到冲击；其次，生态环境保护需要一定的空间，对于生计严重依赖自然资源的农民而言，当资源受到保护后，将大大减少其生计来源；同时，贫困家庭没有其他的生活出路，只能强化其他类型的资源利用，如开垦坡地等，从而引发更多的资源破坏。这些现象在实行保护措施的区域均有出现，其后果是引发新贫困或加深贫困。

4. 环境污染贫困型

日趋严重的环境污染已成为喀斯特地区致贫的另一因素。由于工业"三废"、乡镇企业布局不当、资源不合理的开发和治理不够，造成大气、水、土壤的污染，导致企业周围耕地减产或绝收，也加剧了区域水土流失和石漠化，给生态环境带来了相当严重的破坏。另外，因受污染的地区耕地资源紧缺、当地居民环保知识的贫乏或无奈，不少农民仍继续在被污染的土地上耕作和消费受污染的农产品，导致各种疾病时有发生；加上贫困地区医疗卫生事业落后，农民因病致贫、因病返贫问题突出。而喀斯特环境的脆弱性，致使环境自我修复能力不高；加上其特殊的水文系统的双层结构，增大了污染面和治理难度，加快了污染传播的速度。据贵州省环境保护厅统计，贵州省酸雨控制区城市包括贵阳市、遵义市、仁怀市、赤水市、安顺市、凯里市、都匀市和兴义市。2011年这8个酸雨控制区城市降水年均pH值范围在5.64—6.73。其中，兴义和赤水两城市降水年均pH值均大于5.6且未出现酸雨；而贵阳和都匀两个城市年均降水pH值虽大于5.6，但酸雨率仍大于20%，仍存在一定程度的环境影响。环境污染致贫已成为不可忽视的因素。

5. 自然灾害频繁贫困型

喀斯特地区是一个自然灾害多发的地区。频繁的自然灾害给农业生产和人民生命财产造成了很大损失，进一步加剧了喀斯特生态环境的恶化效应，已成为影响喀斯特地区社会经济发展和人民生活水平提高的重大环境问题之一。在贵州省，自然灾害的发生呈现"每年均有灾，无处不受灾"的特点，旱灾、洪涝、地质灾害最为频繁。如2001—2006年间，平均每年因自然灾害造成的直接经济损失就达49.55亿元。特别是在喀斯特地区，由于土壤涵养水分能力差，在丰水期和枯水期发生涝灾和旱灾的概率高于非喀斯特地区。此外，还有一些特有的灾害，如喀斯特洼地涝灾。而不同的生态环境和群体对自然灾害的抵御能力也不同，据测算，喀斯特地区受灾强度和成灾强度分别为非喀斯特地区的2.75倍和3.2倍。

第二节 按致贫原因划分的少数民族地区贫困类型

一 我国贫困地区致贫原因的类型

我国贫困地区按致贫原因可划分为四种类型，分别为资源性贫困、生产性贫困、主体性贫困和政策性贫困。

1. 资源性贫困

资源性贫困是指一区域由于自然资源匮乏或不能开发利用，导致人类赖以生存的基本生产要素缺乏而产生的贫困，其主要有以下两方面：

第一，自然资源、生产要素缺乏，生态环境脆弱，导致资源约束性贫困。如六盘山区，尤其是包括原州、西吉等国家级扶贫开发工作重点县的西海固地区，曾被联合国世界粮食计划署列为"最不适宜人类生存"的地区之一，十年九旱，生态环境脆弱，自然灾害频发。六盘山区年降雨量300毫米，蒸发量2000毫米，基本不具备生产条件。因此，该地区"贫瘠甲天下"。滇桂黔石漠化片区，集老、少、边、穷于一体，贫困问题与石漠化问题交织，生态环境十分脆弱。2012年2月23日，中央领导同志在正式启动乌蒙山片区区域发展与扶贫攻坚会议上指出，滇桂黔石漠化片区是新一轮扶贫攻坚的"硬骨头"。此外，青藏高原、沙漠化区、黄土高原和西南大石山区等自然条件特别恶劣的地区，也是受自然资源约束的特困地区。

第二，自然资源充足，但没有可持续开发利用，自然资源没有转化为自然资本，所以也没办法转化为财富，导致资源富足性贫困，也可称之为"捧着金饭碗受穷"。如秦巴山区的汉川平原和安康盆地，土地肥沃，气候温和，河流纵横，阡陌交错，是陕南的主要产粮区。秦巴山区是长江上游地区一个重要的生态屏障，这里的水、热、林、草资源及土特产品、矿藏等自然资源极为丰富。陕南的水能资源储量丰富，分布合理，为工农业生产的发展提供极为有利的条件。因此，秦巴山区具有巨大潜在优势。武陵山区也是如此，其森林资源、野生动植物资源具有极大优势，生物物种多样，素有"华中动植物基因库"之称。草地资源有很大优势，武陵山区饲草饲料丰富，是发展畜牧业的良好场所。水能资源丰富，湖南的三大水系"资水、沅水、澧水"均发源于武陵山区，适宜开发水电产业。但这些自然资源丰富的地区却因为地处山区，交通不便，自然灾害频发，社会事业发展滞后，基础工程不足，经济发展落后，成为典型的贫困地区。

2. 生产性贫困

生产性贫困是指一地区物质生产实践活动效率低下，生产投入的刚性支出与收入差较小，从而产生了生产性贫困。在我国贫困地区，产生生产性贫困的主因是贫困地区普遍呈现产业结构单一的情况。调查统计表明，在扶贫重点县，第一产业是主导产业，占地方生产总值的份额接近30%，远高于全国平均水平，第二产业所占份额不到40%，第三产业占30%，产业结构依然处于全国10年以前的水平。农业作业仍是贫困地区的基础性、主导性产业，其中尤以传统种植业为主。这种单一的传统农业发展模式，生产方式落后，生产效率低下，科技含量不高，农业生产的规模化、产业化、集约化水平较低。所以，农户的产出效益与投入成本相减几乎为零。湖南省20个国家扶贫开发工作重点县，武陵山区占了14个。这里，农民在狭窄的坡地上种瓜点豆，犁地时，三五步便到了头；这里，不少农民过着"三间土坯房，一锅包谷粥"的生活，不通公路、饮水困难等现象在许多村寨不同程度存在。这种传统单一的产业结构，直接造成了连片特困地区的贫困落后。按2007—2009年三年平均计算，贫困地区县域人均国内生产总值6650元、县域人均财政一般预算收入262元、县域农民人均纯收入2667元，分别相当于西部平均水平的49.1%、43.7%和73.2%，可见其贫困程度相当深。

3. 主体性贫困

主体性贫困是指贫困地区的劳动主体由于自身的贫困而产生的贫困，主要是劳动主体的文化知识素养不高，发展能力不强，体力和智力水平低下，人的健康、知识、能力等成为制约自身发展的因素，进而影响到劳动主体从事的生产实践活动，如利用自然资源的能力不强，从事农业生产的方式单一、传统，思想趋于保守落后。主体性贫困主要体现在三方面：

第一，主体缺位。农村尤其是贫困农村的青壮年劳动力大量外流，现存农村人口存量出现"贫困"，老妇幼居多，造成了"人口劳力荒"，导致了贫困地区现有农田撂荒严重，"谁来种地"、"谁来发展现代大农业"成为社会热点话题。

第二，主体贫困。贫困地区人口的素质低下，在从事农业生产或非农工作的过程中实现再生产、获取效益的能力较差，而且人口老龄化、家庭空巢化现象严重，制约了贫困地区的发展。此外，居民思想观念保守，习惯于沿袭旧的生产方式，也是造成贫困的主要原因。

第三，主体失衡。现存农村的劳动主体由于在外务工人员增多，虽然"农一代"懂得基本的农业生产技能，但农民工二代、三代等，缺乏从事农业生产的基本能力，加之在现行条件下进城难、就业难、融入城市难等，出现了"进不去"又"回不来"的社会问题。贫困地区的一些农村不稳定因素增多，影响到了社会安定团结大局。

4. 政策性贫困

政策性贫困是指由于政府部门为推进某一领域发展而制定的政策带有一定的倾向性，使得该领域得到政策性支持而实现了较快发展，同时使没有政策支持的另一领域处于自然或无序发展的状态，甚至是为政府制定的倾向性政策付出更多的代价，形成了"排斥性政策—能力剥夺—脆弱性—进一步排斥性政策—进一步能力剥夺—进一步脆弱性（包括代际的传递）的恶性循环，这种循环机制与其他致贫因素综合，最终使长期贫困形成"。其表现主要有三个方面：

第一，历史中的政策缺位。人为政策使不同领域有了孰重孰轻的角色身份。新中国成立以来，我国长期的"二元经济"形态盛行，在优先发展工业的政策环境下，农业领域为国家工业领域发展付出了更多的代价，农民为我国工业化、城镇化作出了突出贡献。但广大农村尤其是贫困地区的农村，由于政策缺位，日益被边缘化，长期处于贫困的状态。如"通过工农产品价格'剪刀差'为工业化提供资本积累和降低成本、为非农产业提供充裕而廉价的劳动力和土地资源。粗略估算，新中国成立后农民仅通过这三种方式为国家建设积累资金至少1713万亿元。"

第二，发展中的政策盲点。一些贫困地区属生态重要区，资源富集区。按主体功能划分，这些地区被限制开发或禁止开发。但是，相应的生态补偿机制、可持续开发机制还没有建立健全，离开自然资源的扶贫开发根本无从谈起。如武陵山片区，按规划属生态安全保护区、地貌多样性保护区、动植物保护区、水源涵养保护区，却因生态补偿的政策盲点而无法发展。这些地区要得到发展，就需建立健全相应的政策机制。

第三，现实中的政策失衡。近年来，国家连续下发了多个文件，强调农业在国家经济社会发展中具有重要的地位。党中央、国务院也十分重视扶贫开发工作，启动了连片特困地区区域发展与扶贫攻坚战略。但也应当看到，这些好的政策在少数贫困地区有些"变调走样"，如扶贫开发的转移支付资金没有真正落实到老百姓手里，而是挪作他用；本应用于农村基础设施建设的资金，却通过种种渠道流入他用。政策产生的经济利益大部分流向了非贫困人口，这实际上就是对贫困人口的一种经济层面的社会排斥。

综上所述，我国贫困地区致贫原因的四种类型中，资源性贫困是一种原始贫困；主体性贫困是一种人力贫困；生产性贫困是一种产出贫困；政策性贫困是一种制度贫困。这四种类型的贫困并不是孤立、毫无关联的个体，而是一个联系紧密的整体。物质生产实践活动离不开主体人，也需要自然资源做基础，还需要科学技术、先进的实践工具做支撑，更需要相关政策做保障。因此，连片特困地区要实现发展，摆脱贫困的困扰，必须在解决好这四类贫困上做更多的努力。

二　少数民族地区贫困类型

这一部分将按致贫原因，以新疆为例，阐述少数民族地区贫困类型的划分。总结已有的关于新疆贫困的研究成果便可以发现，新疆作为贫困地区，上述我国贫困地区四种致贫原因兼而有之，即资源性贫困、生产性贫困、主体性贫困和政策性贫困综合作用，导致了新疆的贫困；新疆作为少数民族地区，又具有少数民族地区所特有的致贫原因，即地域性贫困和民族性贫困。下面，将具体对新疆的这几种贫困类型进行详细分析。

新疆有30个贫困县，其中自治区扶贫开发重点县3个，国家级贫困县27个，重点乡（镇）276个，重点村3607个；新疆国家级贫困县的数量占新疆县（市）总数的29.67%，其中17个是边境贫困县，所占比例为62.96%。新疆国家级贫困县分布范围较广，涉及地域较大，情况既不均匀也不平衡，南疆三地州喀什地区、和田地区和克孜勒苏州的国家级贫困县个数明显较多，占新疆国家级贫困县总数的70%以上。

1. 新疆资源性贫困现状

新疆国家级贫困县都位于生态环境极度脆弱和恶劣的地区，27个国家级贫困县有21个位于南疆塔里木盆地西南缘，呈现出集中连片的分布态势。南疆19个贫困县，有的紧靠塔克拉玛干大沙漠，有的位于帕米尔高原，全都是新疆生态环境最为恶劣的地区。北疆和东疆有6个国家级贫困县呈点状分布在阿勒泰、塔城、伊犁和哈密地区，都处在天山、阿尔泰山脉的高寒山区，海拔高、冬季寒冷期长，生态环境十分脆弱，自然灾害频繁，春旱、夏洪、地震、风灾、雪灾、沙尘暴灾害交替发生，如疏勒县和伽师县耕地盐碱面积分别达89.50%和91.20%，并且盐碱化程度在加剧；英吉沙县土壤贫瘠，风沙、盐碱危害严重，春旱、干热风、霜冻、冰雹、沙尘暴等各种灾害连年发生贫困与生态环境退化的恶性循环是造成贫困地区经济社会非持续发展的重要原因，致使贫困地区生态保护与经济协调发展之间的矛盾更为尖锐。

表 5-1　　　　　　　　新疆国家级贫困县分布状况

分布地州	重点县（个）	县（市）
喀什	10	塔什库尔干、岳普湖、疏附、疏勒、叶城、英吉沙、伽师、莎车、柯坪、乌什
阿克苏	2	柯坪、乌什
和田	7	和田、洛浦、墨玉、皮山、策勒、于田、民丰

续表

分布地州	重点县（个）	县（市）
哈密	1	巴里坤
克孜勒苏	4	阿合奇、乌恰、阿克陶、阿图什
伊犁	2	尼勒克、察布查尔
塔城	1	托里
阿勒泰	2	青河、吉木乃
合计	29	

资料来源：《新疆统计年鉴（2011）》。

2. 新疆生产性贫困现状

新疆国家级贫困县经济最明显的特征是以农业为主的单一产业结构，在大农业中又偏重于种植业，种植业中又以某一种农产品为主；非农业产业发展很不充分，劳动力价格低廉且大量闲置，致使农业生产效率的提高、生产规模的扩大和农业技术的推广与应用面临较大阻力，农业生产条件相对落后。产业结构的单一性一方面是产业结构不适应市场，发展不均衡，原料型产品居多，大量农副产品不能实现加工增值，资源优势没能转变成经济优势；另一方面产业结构的单一性，致使贫困地区人口的收入结构趋于单一，其基本收入主要来自于第一产业。产业结构单一也导致了结构层次低，农业产业结构调整周期长，见效缓慢，经济效益低下，这是导致贫困地区人均收入增长缓慢的一个重要原因。2009年新疆国家级贫困县三次产业占GDP的比重分别为37.78%、21.32%和40.90%，与新疆的总体情况以及乌鲁木齐、伊犁州、巴州、克拉玛依市和昌吉州等地区相比，第一产业所占比重偏高，第二产业比重明显偏低。从收入方面看，2009年全国农民人均纯收入5153元，新疆农民人均纯收入3883元，而新疆国家级贫困县的农民人均纯收入只有2810.07元，重点县农民人均纯收入仅分别相当于全国平均水平和新疆平均水平的54.53%和72.37%；新疆国家级贫困县中农民人均纯收入最低的三个县分别是阿合奇县、阿克陶县和乌恰县,农民人均纯收入分别只有 1482 元、1615 元和 1630 元。

3. 新疆主体性贫困现状

主体性贫困在新疆地区表现得非常明显。新疆国家级贫困县文盲率高于全疆平均水平,并且往往是科盲、文盲、法盲集中之地。2008 年,新疆国家级贫困县的劳动力平均受教育年限仅有 7.29 年,文盲半文盲所占比例为 7.90%,小学文化程度者占比 43.90%,初中文化程度者占比 38.90%,高中及以上文化程度者所占比例只有 9.30%;2009 年,新疆国家级贫困县的劳动力仅有 40.90% 受过教育培训,用于学校及技术培训的费用在当年使用的 5961.60 万元扶贫资金总额中仅占 2.56%。劳动力资源的教育贫困既成为影响他们掌握农业技术、应对市场风险、提高生产技术含量的主要制约因素,又成为影响其向非农产业和城市转移的主要障碍,反而形成"低水平教育—贫困—低水平教育"这一贫困代际传递的恶性循环。同时,长期的物质贫困和文化教育落后容易导致精神贫困,主要表现为文化匮乏、因循守旧、安土重迁、懒散怠惰、自甘落后、乐于贫穷,不仅严重阻碍了劳动力的流动和就业空间的选择,还阻碍了文明乡风的形成。

4. 新疆政策性贫困现状

在我国,城乡分置的二元体制造成农民政治权利、经济权利和社会保障权利的缺失,很难公平地享受到与城市居民大体一致的公共服务;农民在面临因自然灾害、疾病、市场风险等突发事件时,由于权利与机会匮乏,缺乏必要的经济和社会保障,经常陷入贫困之中,主要表现为因灾致贫、病残致贫和因学致贫。2009 年,新疆国家级贫困县 24.30%的村遭遇严重自然灾害,农牧民因灾害致贫、返贫问题十分突出;2009年新疆国家级贫困县未能及时就医的人中 91.80% 是缘于经济困难,南疆三地州 19 个国家级贫困县这一比例高达 95.60%;国家级贫困县村有卫生室比重 63.70%,村有合格乡村医生、卫生员比重 65.70%,村有合格接生员比重64.70%。灾害致贫根源于农业保险制度的缺失与不完善，病残致贫体现出农村基本医疗保险体系与大病救助等保障制度的不完善，因学致贫与现行的财政体制、教育体制、转移支付等制度息息相关。

5. 新疆民族性贫困与地域性贫困现状

新疆少数民族的分布与贫困人口的分布在地域特征上的吻合程度较高，国家级贫困县多为少数民族人口集中地区。2009年，新疆27个国家级贫困县中少数民族人口536.15万人，占新疆国家级贫困县总人口577.69万人的92.81%，特别是和田、皮山、洛浦、策勒、于田、疏附、英吉沙、伽师8个国家级贫困县的少数民族人口比重都超过了98%。新疆的国家级贫困县大多处于偏远地带，远离大中城市，如南疆地处888.50km边境线的塔什库尔干自治县，距首府乌鲁木齐达1765km；由于自然地理环境的复杂和封闭性的影响，交通不便、信息交流不畅、基础设施落后，制约了人口的适度集中，使市场信息、资金、技术、人才等现代要素很难辐射到此，造成经济活动成本偏高，经济发展明显滞后，扶贫开发成本高、难度大。自然条件、地理区位和基础设施的恶劣状况，成为影响贫困地区脱贫致富的直接因素，并最终制约了新疆贫困地区的经济发展，形成整体地域性贫困状态并加剧了这种贫困的自我维系。

第三节　按贫困程度划分的少数民族地区贫困类型

一　按贫困程度划分的贫困类型

1. 绝对贫困和相对贫困

所谓绝对贫困，也称生存贫困，是指缺乏维持生存所必需的最低生活标准的能力，这些维持生存所需的基本条件包括食品、住房和衣着消费等。

英国学者朗特里（1901）首先提出了"绝对贫困"的概念，他认为一定数量的货物和服务对于个人和家庭的生存和福利来说是必需的，如果缺乏就会陷入贫困境地。阿尔柯克（1993）从贫困线的角度来解释绝对贫困，在他看来，当某人或某个家庭的状况低于某个贫困线时，就会产生绝对贫困。绝对贫困线是根据最低消费标准制定的，一般不会随时间变化而变化。中国国家统计局（1990）认为绝对贫困是指在一定的社会生产方式和生活方式下，个人和家庭依靠劳动所得和其他合法收入不能维持其基本的生存需要，不能满足温饱，劳动力的再生产难以维持，这样的个人（或家庭）称之为贫困人口（或家庭）。童军、林闽钢（1993）认为绝对贫困泛指基本生活没有保证，温饱没有解决，简单再生产不能维持或难以维持。由此可以得出绝对贫困主要是缺乏基本的物质需求，反贫困在很大程度上就是要消除绝对贫困。

"相对贫困"由马尔科姆·吉利斯提出。"相对贫困"是关于生活质量的相对差距，这种差距是通过和社会平均收入相比较而产生的。阿尔柯克（1993）在论述绝对贫困的同时也给出了相对贫困的解释。他认为，相对贫困是一个比较主观的标准，是在将穷人的生活水平与其他社会成员进行对比的基础上得到的；雷诺兹（1996）的定义较为简单，认为相对贫困是年收入相对低于全国全部家庭的平均数。世界银行（1996）对贫困的定义是某人或家庭的收入与本国平均收入的比值，由此得出的相对贫困线会随着平均收入的变化而变化。童军、林闽（1996）认为温饱基本解决，简单再生产能够维持后，才会产生相对贫困，这种贫困状况一般高于绝对贫困但低于社会公认的基本生活水平，扩大再生产的能力较为缺乏或很弱。中国国家统计局（1990）认为相对贫困是指在同一时期，由于各地区之间、各社会阶层之间、各阶层内部不同成员之间的收入差别而产生的个人或家庭所拥有的资源，虽然可以满足其基本的生活需要，但是不足以使其达到一个社会的平均生活水平，通常只能维持远远低于平均生活水平的状况。

相对贫困，是一个较为主观的标准。相对贫困建立在将穷人的生活水平与其他较为贫困的社会成员的生活水平相比较的基础上，包括对作为研究对象的社会的总体平均水平的测度。相对贫困是指收入虽然达到或超过维持生存和基本发展的需要，但与一定时期内社会经济发展水平相比较仍然处于较低的生活水平。

可以看出绝对贫困较为客观，它是一种最低标准的生活状态；相对贫困有主观判断的成分，是通过对比他人或社会的一般状态而得出的结论。我们可以采取一些措施彻底解决绝对贫困，但是却不可能彻底解决相对贫困。阿马蒂亚·森曾经指出，贫困概念中存在着一个不可缩减的绝对贫困的内核，即把饥饿、营养不良以及其他可以看得见的贫困，统统转换成关于贫困的判断，而不必事先确认收入分配的相对性。因此，相对贫困的分析方法只能是对绝对贫困的分析方法的补充而不是替代。

2. 生存型、温饱型和发展型贫困

谭贤楚等[1]根据人们在现实生活中的生活状况，把贫困理解为"不能获得被社会所认同的维持基本生活需要的一种生存状态"，并以此为基本依据和思路，将恩施州的农村贫困分为以下三种基本类型：生存型贫困、温饱型贫困、发展型贫困。通常情况下，生存型贫困对应于一般所说的绝对贫困，温饱型贫困、发展型贫困对应于平常所说的相对贫困。

生存型贫困是指生活资料匮乏，满足不了基本需要，解决食物和衣物成了主要的奋斗目标；基本生活没有保障，生存受到威胁。温饱型贫困是指在正常条件下，食物和衣物能够得到供给，但经济发展还很困难，生活水平还很低，抵御灾害的能力还很弱，食物和衣物的供给还缺乏可靠的基础，收入水平制约着进一步的发展，实现小康的道路还很漫

---

[1] 谭贤楚、朱力：《贫困类型与政策含义：西部民族山区农村的贫困人口——基于恩施州的实证研究》，《未来与发展》2012年第1期。

长。发展型贫困是指在解决吃饭、穿衣等基本生存问题之后进一步发展过程中的相对贫困。这种对贫困类型的划分侧重于贫困地区的发展，有利于我们从发展的角度来看待贫困问题；而不仅仅满足于人口的基本生存问题。

二 少数民族地区贫困程度类型

依据上文生存型贫困、温饱型贫困和发展型贫困的内涵，谭贤楚对恩施州进行了实证研究，根据调查对恩施州的贫困人口进行了贫困类型的划分。基于相对的"好中差"原则，选取3个县市，在每个县市内选取3个乡镇，再在每个乡镇选择3个自然贫困村，最后在每个贫困村随机取10个贫困户或贫困人口，回收有效调查问卷280份。

1. 恩施生存型贫困现状

通常情况下，生存型贫困是指贫困者基于某种原因导致其基本生活资料的匮乏而形成的一种低于社会认可的正常社会生活水平很多的生存状态。在这种生活状态下，贫困者无法满足其最基本的需要，基本生活没有保障，基本的生存受到威胁，因而，他们常常为基本的衣食问题而到处劳累奔波，能够谋求基本生计是这种贫困者的最大愿望。调查结果表明，在恩施州农村地区的贫困人口中也有一些贫困者是属于生存型贫困的，这些贫困人口的基本生活状况大致可以概括为：一年的劳动所得满足不了基本的衣食，如有13户（含老年贫困家庭）说年底没有钱过年，更不用说添置新衣服了，一般都是借钱过年，来年再还；有的农户有时甚至会出现在青黄不接时无粮可吃的生活状况，吃的油盐一般都是用鸡蛋换来的，生活是靠亲朋好友和女儿接济的，生活极其艰难；有25个贫困户反映自己的居住条件十分简陋，或者是危险房屋，或者是房屋太小，有的还反映其房屋一到下大雨都是漏子，无处可以避雨，难以满足基本的居住需要；有的被调查村民反映其"生产资料缺乏、没有钱买化学肥料"，种田基本上都使用农家肥料，农作物收成不好，每年都"入不敷出",欠债比较严重;大约有 36 个贫困户反映有病时,因缺少钱无法及时就医,其基本的医疗得不到保障,一般都有一定程度的借债。据统计,这类贫困人口约占调查贫困人口总数的 25%。可见,生存型贫困作为一种客观的社会贫困现象,需要从战略的高度来加以科学认识和把握,这是有效治理民族地区农村贫困问题的重要前提和基础。

2. 恩施温饱型贫困现状

实践已经并将继续证明:在现代社会,人们的基本生活不仅仅局限在基本的衣食上,其文化、经济等方面的发展也是其基本社会生活的重要内容。基于这种考虑,温饱型贫困或许可以定义为"在食物和衣物能够得到供给的正常条件下,贫困者在其文化、经济等发展方面还比较困难而没有获得当时社会认可的一种社会生活状态"。处在温饱型贫困的贫困者,虽然解决了生存问题,但其抵御自然灾害和一些社会风险的能力还很弱,没有更好的可靠的获取生活所需衣物的基础和条件,其整体综合生活水平还比较低下,因而其收入水平一定程度上制约着其生活水平的进一步发展和提高。通过这次对恩施州农村贫困问题的调查,发现恩施州农村的贫困人口主要属于温饱型贫困。调查结果显示:有近 50 余户农村贫困家庭缺乏承担子女上中学、大学的费用,有的家庭是靠亲朋好友的借款来供子女上学的,若一家有两个孩子同时上学,则只能辍学一个在家务农或外出打工,以减轻家里的负担;有的农村贫困户反映,即使省吃俭用也无钱给子女攒足结婚的相关费用,有的农户则借钱给孩子结婚,而自己的生活则往往比较拮据和清苦,这类贫困户约为 40 户;还有村民反映,由于缺乏抵御自然灾害和社会风险的能力,若遇到旱灾和风灾等自然灾害,农作物的收成则大大受损,又没有一定的积蓄,因而,其基本生活将面临威胁,这类家庭约有 45 户;据调查,还有些农村贫困家庭的农作物种植结构不合理、其种植水平也不高,农业产品价格较低或者交通不便,农业产品即使丰产,也不能卖到一个好价钱，只能填饱肚子，基本维持其家庭生活，这类贫困家庭有30余户。可见，温饱型贫困是恩施州现代转型农村贫困的主流，在被调查的贫困人口总数中，约有65%的贫困人口是属于这类贫困类型的。

3. 发展型贫困

发展型贫困是相对于前面的生存型贫困和温饱型贫困而言的一种相对贫困，其主要内涵是指"在较好地解决了吃饭、穿衣、经济、文化等基本生活问题的前提下，个体因如何谋求社会生活的进一步发展而面临的一种发展相对缓慢的生活状态"。值得注意的是，这种贫困类型又可划分为两种基本类型：一种是以贫困人口或家庭为分析单位；另一种则是侧重于贫困地区的发展。这种贫困类型的划分不仅有利于从人类社会及个体发展的角度来看待贫困问题，而且有助于对贫困问题的深入认识，即贫困问题的治理不仅仅满足于人口的基本生存问题，着眼于个体及社会的全面发展更是治理贫困问题的重要目标，这也为贫困问题的有效治理提供了理论依据。贫困调查结果显示：在被调查的贫困人口中约有10%的村民认为自己已经解决了温饱问题，目前的生活水平处于温饱与小康水平之间，对目前的生活状况比较满意，但对如何进一步谋求更好的发展感到迷茫，也没有一个切实可行的较好发展规划。恩施州农村的发展型贫困在其贫困总体中所占的比例较低。

第三篇

少数民族地区反贫困实践

第六章
少数民族和民族地区的反贫困政策演进

第一节 扶贫艰难摸索阶段（1949—1977年）

一 反贫困基本政策

新中国成立后很长一段时期内，我国政府并没有承认我国广大的农村地区存在着绝对贫困问题，也没有正式实施具体的扶贫政策。然而，这并不代表我国政府没有启动扶贫工作。1949—1977年这一阶段的反贫困工作，可以归纳为"以救济式扶贫政策为重心的起步与曲折发展阶段"。

当时我国正在集中精力建立计划经济体制，在农村实施合作化运动和人民公社化运动，通过土地等主要农业生产资料的集体所有、农产品的指令性低价收购和平均分配等制度安排，为国家的工业化建设积累资本。因此，在计划经济体制下，广义上的扶贫主要集中于促进农村生产力的发展。

1950年6月中国共产党召开了第七届中央委员会第三次全体会议，这次会议的核心就是完成土地改革，对民族地区的土地问题制定了更为灵活的政策。1952年，我国完成了土地制度改革，基本上消除了农民无地的现象，从而为后来我国政府实施农村扶贫政策奠定了一个十分有利的制度基础。此后，一系列急剧频繁的制度变革和试验，确立了农村的人民公社集体经济体制，在一种平均主义的理念之下，农村建立了对于鳏寡孤独人口提供衣食住行、医疗、教育和丧葬的"五保"救济制度，并在一段时间内建立了对农村居民具有普遍覆盖性的社区性合作医疗制度。

二 民族地区反贫困专项政策

新中国成立初期，民族地区发展程度低，并且正值我国计划经济体制建设初期，农村生产力落后、农产品供不应求是全国范围内亟待解决的问题。所以，对于民族地区贫困问题，中央初步制订了一些战略方针和原则意见，将帮助少数民族地区发展生产纳入法律体系，但没有实行其他更多的专项政策。

1949年9月29日，中国人民政治协商会议第一届全体会议召开，通过了有临时宪法作用的《中国人民政治协商会议共同纲领》，《共同纲领》第六章第53条规定："人民政府应帮助少数民族的人民大众发展其政治、经济、文化、教育的建设事业。"1952年的《中央关于少数民族地区的五年计划的若干原则性意见》中，明确帮助民族地区的经济建设与发展，重点帮助民族地区的农牧业、交通运输业、贸易行业。以此意见为基础，同年国家制定了对民族地区农业生产扶持政策，及对民族地区贸易企业自有资金、利润留成给予照顾的政策。1958年，《中华人民共和国农业税条例》第19条规定"对生产落后、生活困难的少数民族地区减征农业税"。

第二节 体制改革推动扶贫阶段（1978—1985年）

一 反贫困基本政策

1978—1985年可谓以体制改革推动扶贫政策为重心的恢复发展阶段，大规模减贫成为国民经济发展的主导方向。缓解贫困的主要途径是制度变革：首先是土地制度变革，即以家庭联产承包经营制度取代人民公社式的集体制度；其次是市场体系的完善、投资环境的宽松和土地流转政策的实施，包括农产品价格逐步放开农产品市场体系得以重建放开了工商业投资开发等。

1979年，党的第十一届四中全会通过了《中共中央关于加快农业发展若干问题的决定》，指出：针对西部与老少边远地区，国家要成立专门委员会，调动一切力量，从财政、物质、技术上给这些地区重点扶持，帮助他们发展，脱贫致富。比如：大幅提高农产品收购价格、降低农用工业品的出厂、销售价格。

在20世纪80年代中期，中央政府每年向贫困地区注入约40亿元的援助资金，用于资助这些地区的"生产性"基础设施建设和种植业、畜牧业、林果业、农产品加工和采矿业等与贫困人口关联度较高的产业发展。援助资金主要来自三个方面：一是财政部无偿提供的8亿元"支援不发达地区发展资金"和2亿元"三西农业建设专项基金"；二是中国人民银行提供10亿元优惠利率的"老少边穷地区开发贷款"和3亿元优惠利率的"县办企业贷款"；三是中国农业银行提供3亿元标准利率的"支持不发达地区发展经济贷款"、10亿元优惠利率的"扶贫专项贴息贷款"和4亿元优惠利率的"牧区扶贫专项贴息款"。

1982年，为了扶持"三西"地区，国务院专门成立了"三西"地区农业建设领导小组办公室，形成了扶贫开发政府主导的工作格局。中央财政为"三西"地区设立了农业建设资金,每年安排2亿元加强"三西"地区农业建设,比如,兴修水利、修造梯田、推广打窖集雨补灌、地膜覆盖等增产技术,一共扶持了28个县。

在1983年,"三西"建设工程开始实施,宁夏西海固扶贫是中国开发式扶贫的起源地。同年,国家对民族地区贫困县实施了移民搬迁扶贫措施。

1984年9月30日,中共中央、国务院联合印发了《关于帮助贫困地区加快改变面貌的通知》,决定采取措施帮助分布在少数民族聚居地区等尚未解决温饱问题的几千万贫困人口尽快摆脱贫困,标志着我国扶贫攻坚的大规模工作开始,包括国家通过低息贷款、专项拨款向老少边穷和经济不发达地区每年发放总额近20亿元的扶持款等。

二 民族地区反贫困专项政策

总体而言,1978—1985年,我国逐步将少数民族地区的扶贫工作放在反贫困长期规划部署的重要位置上。1981年6月,中共中央《关于建国以来党的若干历史问题的决议》强调"要切实帮助少数民族地区发展经济文化"。1983年12月,国务院召开的全国少数民族地区生产生活会议强调,力争在较短时期内基本解决部分群众的温饱问题、住房问题和饮水问题。除了在方针政策、扶贫工作指导意见方面颁布了一系列政策文件外,还实施了一些具体的扶贫专项措施。

1. 边境建设事业补助费

边境建设事业补助费是中央财政在1977年设立的,主要用于支持边境民族地区经济和社会事业的发展,当时规模为每年4000万元,以后逐年有所增加,到1983年达到1亿元。从1981年起,中央每年安排8000多万元用于边疆基本建设专项补助投资。由于边疆地区大多是少数民族聚居地区,实际上这两项专款的大部分都安排在民族地区。2001年,中央财政取消了"边境建设事业补助费"专项,把边境建设事业作为一项因素，统一纳入中央对地方的转移支付中。

2. 对口支援

对口支援是我国多年来发展和实践的一项制度创新。1979年7月，中共中央批准的全国边防工作会议的报告首次提出，组织内地发达省、市实行对口支援边境地区和少数民族地区，确定北京支援内蒙古，河北支援贵州，江苏支援广西、新疆，山东支援青海，上海支援云南、宁夏，全国支援西藏。对口支援政策1979年正式提出，第一次确定了我国内地省市对口支援边境地区和少数民族地区的具体对口安排，后被广泛应用于对边疆地区、重大项目以及各部门之间的帮扶互助。1983年1月，国务院批转了国家计委和国家民委《经济发达省、市同少数民族地区对口支援和经济技术协作工作座谈会纪要》，明确了对口支援工作的原则、重点、任务等问题。

3. 以工代赈

以工代赈计划是一项旨在改善贫困地区基础设施的扶贫计划。该计划于1984年开始实施，结算方式是：贫困地区的群众利用农闲季节投入劳动修建道路和水利工程，中央政府以库存积压较多的粮食、棉花、布匹、日用工业品等实物对劳动者进行补贴。国家在安排"以工代赈"资金时，将中、西部地区和少数民族贫困地区作为投放的重点。通过实物投入的方式，使少数民族贫困地区的基础条件得以改善，为脱贫致富创造良好的外部环境。从1996年开始，以工代赈列入中央财政预算，直接向劳动者支付货币，不再投入实物。

三 反贫困政策变化的动因

经过1949—1977年以救济式扶贫政策为重心的初步艰难摸索，农村土地改革取得了一定进展，为之后我国农村扶贫政策的推进奠定了一个十分有利的制度基础。但是受到历史条件限制，尤其是激进经济政策的实施，这个过程中也出现了不利于推进扶贫事业的体制和政策因素。

第一，由于人民公社体制的强制性，农民劳动积极性受到打击，生产缺乏效率，人均基本消费品增长缓慢，短缺甚至匮乏现象长期存在。第二，以牺牲农村发展为代价，优先城市发展的统购统销体制，大量转移了农村剩余，用于国家工业化初期积累，加剧了农村居民的生活困难程度。第三，严格的城乡二元体制，使得农村居民在迁徙、择业、交易等方面的权利退化。发展滞后和体制弊端使农民生活面临着巨大的困难，在依据政府确定的极低贫困标准划分下，1978年我国农村贫困人口仍占农村总人口30%以上。

认清这一时期民族地区反贫困政策与扶贫工作的成效与弊端后，1978—1985年我国对少数民族地区的反贫困政策及时做出了调整。针对人民公社体制造成的生产积极性不高、土地产出率低的现象，我国通过土地制度、市场制度、就业制度等体制改革来缓解贫困。土地制度变革极大地激发了农民的劳动积极性，从而极大地解放了生产力，提高了土地产出率，增加了农村居民的收入，使大批长期得不到温饱的农民摆脱了贫困；市场制度的改革使乡镇企业迅速崛起，重建了地权和土地流动制度，土地得以充分开发利用。这些变革，使得国民经济迅速发展，并通过农产品价格的提升、农业产业结构向附加值更高的产业转化以及农村劳动力在非农领域就业三个方面的渠道，将利益传递到贫困人口，使贫困农民得以脱贫致富。同时给予一些农村贫困地区发展的优惠措施，不仅推动了农村经济超常增长，而且带动了农村贫困发生率快速下降。8年里，农村人均年收入增长率明显超过城市人均收入增长水平，城乡人均收入比例从1978年的2.57下降到1985年的1.86，按我国政府贫困标准计算的农村贫困人口在8年间减少了一半，这也是借助经济增长推动扶贫进程的典型模式。

第三节 大规模开发式扶贫阶段（1986—1993年）

一 反贫困基本政策

1986—1993年，我国实施大规模开发式扶贫政策，强调贫困分布的区域性，并以区域为对象实施扶贫行动。中国政府将区域开发放在优先位置，试图通过贫困地区的经济发展从总体上解决贫困问题的政策取向。

1986年，国务院确定了331个国家重点扶持贫困县，各省区另外确定了368个省重点贫困县。11月7日，中国人民银行、中国农业银行联合发布的《中国人民银行、中国农业银行扶持贫困地区专项贴息贷款管理暂行办法》中规定，从1986年起，连续5年，每年发放10亿元专项贴息贷款，支持全国重点贫困县开发经济，发展商品生产，解决群众温饱问题。

1989年以后，政府放松了对农民地区间人口流动的行政性限制，支持农村发展劳动密集型产业，对扶贫工作也起到了积极效果。这一阶段，实施扶贫政策的重要标志是政府支出专项资金用于扶贫政策目标。这些专门措施发挥了一定效果，贫困人口从1985年的1.25亿下降到1993年的7500万。然而，由于同期农村经济增长速度放慢，加之剩余贫困人口脱贫难度增加，与前一时期相比，这一时期贫困人口下降速度有所减缓，返贫现象有所增加。依据世界银行估算，1985—1989年甚至出现农村贫困人口绝对数增长700万的贫困反弹现象。

二 民族地区反贫困专项政策

从1986年起，从中央到地方分别成立专门的扶贫工作机构，各地从当地扶贫开发工作的实际出发，制订了省、自治区扶贫开发计划。譬如，宁夏制订了"双百扶贫攻坚计划"、青海制订了"七年扶贫攻坚计划"、云南制订了"七七扶贫攻坚计划"、内蒙古制订了"三七扶贫攻坚计划"等。1989年8月，国务院批转了国家民委、国务院贫困地区经济开发领导小组《关于少数民族地区扶贫工作有关政策问题的请示》，决定将少数民族贫困地区作为扶贫主战场，出台了一系列优惠政策措施，具体扶贫专项措施如下：

1. 放宽了少数民族贫困县的扶持标准

1986年，国务院确定国家重点扶持的贫困县的标准是：一般贫困地区1985年全县农民人均纯收入150元以下，但对革命老区和民族自治地方县放宽到200元（牧区300元）以下。全国通过放宽标准而列入国家重点扶持的贫困县有62个，其中，少数民族自治地方有51个，占82%。

2. 设立扶贫专项贷款

第一，温饱基金专项贷款。1990年9月21日，国家民族事务委员会、中国人民银行发布的《少数民族贫困地区温饱基金人民银行专项贷款项目管理暂行办法》中规定：中国人民银行每年从大跨度联合开发扶贫专项贷款中，安排部分"少数民族贫困地区温饱基金"集中用于141个少数民族贫困县中的一二十个县解决群众温饱问题的项目。"温饱基金人行贷款"执行国家"老、少、边、穷地区发展经济贷款"的优惠利率。贷款期限一般为1—3年，特殊情况延长为4—5年，个别建设周期长、社会经济效益好的项目最长不超过七年。

第二，基础设施建设专项贴息贷款。为支持农村基础设施建设，1992年国家设立贫困县基本农田建设专项贴息贷款、贫困县水利工程项目专项贴息贷款，对民族贫困县给予照顾。中央政府还规定，在民族地区安排基础设施建设项目时，要适当减免地方配套资金。

第三，牧区扶贫专项贴息贷款。1987年，国务院召开"全国牧区工作会议"，制定落实了每年拨出5000万元的牧区扶贫专项贴息贷款，集中用于牧区的贫困地区，并确定了 27 个重点扶持的牧区贫困县（其中 26 个县是少数民族自治地方）。1990 年 2 月 23 日，《国务院批转国务院贫困地区经济开发领导小组〈关于九十年代进一步加强扶贫开发工作的请示〉的通知》中指出：中国人民银行"七五"期间每年安排由中国农业银行发放 5000 万元牧区扶贫专项贴息贷款和财政贴息再延长 10 年；确定了 27 个重点扶持的牧区贫困县（其中 26 个县是少数民族自治地方），将牧区的扶贫工作纳入全国扶贫工作的整体规划之中。同时，国家有关部门也积极扶持牧区建设，从 1986 年到 1993 年，中央和地方仅投放在内蒙古、新疆、青海三省区（自治区）的"防灾基地"建设资金就达 53458 万元，帮助这些地区进行以水、草、料、棚、饲料加工、牧民定居为主要内容的牧区基本条件和基础设施建设。

3. 生态环境保护方面给予政策倾斜

由于民族地区多是生态脆弱地区，长期以来，中国政府高度重视支持民族地区的生态环境保护工作。1991 年国务院第七十七次常务会议通过《大中型水利水电工程建设征地补偿和移民安置条例》、1993 年国务院第六次常务会议通过《矿产资源补偿征收管理规定》，其中有对民族地区的特殊政策的规定，对西部一些经济发展明显落后，少数民族人口较多，生态位置重要的贫困地区，巩固退耕还林成果专项资金要给予重点支持。

4. 加强边境口岸建设

20 世纪 90 年代以来，国家对民族地区实施了一系列对外开放政策，以促进其经济社会发展。这些政策主要有：1992 年，国家先后开放了内陆省会（自治区首府）城市，并实施了沿边开放战略，确立 13 个沿边开放城市和 241 个一类开放口岸，设立 14 个边境经济技术合作区。此外，为支持中越边境地区的战区恢复建设，中央财政在 1992 年设立战区恢复建设专项资金，每年补助云南战区 4000 万元。

5. 对口支援政策的稳步推动

1987 年 4 月，中共中央、国务院批转的《关于民族工作几个重要问题的报告》强调，发达地区应当继续做好对少数民族地区的对口支援。1989年9月召开的全国少数民族地区扶贫工作会议强调，"国家和发达地区以及社会各界要一如既往，进一步支持少数民族地区的扶贫工作"。

三 反贫困政策变化的动因

1978—1985年，这一阶段经济增长和贫困大量减少的原因主要有三点。第一，农业的交易条件向着自身有利的方向改变，例如，农产品收购价格的提高。第二，农村乡镇企业的初步发展使广大农村人口非农收入大量增加。第三，农村人口流动到城市获得较高人力报酬的局面开始出现。农村制度变革带来的增产效应一直持续到80年代中期，然而，农业增长面临来自市场需求和政府补贴能力的新约束，使得制度改革的能量大体释放完毕。

随着1984年城市改革序幕的拉开，农村经济和居民收入增长速度相对开始回落。不过，改革带来的观念改变，促使政府以更为务实的态度对待农村贫困问题。农村存在绝对贫困问题这一现象得到政府承认。为适应新形势下扶贫工作的需要，政府设立了专门机构——国务院贫困地区经济开发领导小组及其办公室（以下简称"扶贫办"），负责规划领导全国扶贫工作，开始了我国扶贫事业的新阶段。

民族地区反贫困思路与方式以1985年为分界点。1985年前，民族地区反贫困的方式主要在于救济，政府扶贫济困主要是通过民政部门和集体经济组织，对农村贫困群体给予救助。从1986年开始，民族地区扶贫工作则转向以政府干预为主的开发式扶贫，扶贫计划开始与区域开发计划相结合，具体行动则选择以贴息贷款为主的信贷扶贫。因此，该时期关于民族地区反贫困的思路，也主要围绕信贷扶持与地区开发项目选择。

开发式扶贫与救助式扶贫的根本区别在于前者强调要通过扶持，使有劳动能力的穷人获得发展能力，走向自尊、自重、自立、自强。20世纪90年代以来，我国积极推行参与式、开发式扶贫的理念和方式，通过民主管理和民主参与，发挥贫困群众主体作用，增强他们参与相关工作的积极性，焕发其自强自立、自我发展的热情和能力。

第四节　扶贫攻坚阶段（1994—2000年）

一　反贫困基本政策

1994—2000年是我国反贫困的攻坚阶段。

1994年政府提出《国家"八七"扶贫攻坚计划》，承诺在20世纪最后7年解决农村8000万绝对贫困人口温饱问题。在"八七"扶贫计划中，放宽标准使享受优惠政策的少数民族贫困县增加了116个。以县为单位，按1992年国家原定的贫困线，凡年人均收入高于700元的县，一律取消扶持，凡年人均收入低于400元，全部纳入扶持范围。列入这个计划的少数民族贫困县有257个，占到国家592个贫困县的43.4%，占348个少数民族县的73.9%。

1996年6月党中央召开全国脱贫工作会议，强调了减少贫困的重要性，确立了贫困比较集中的西部省份地区领导人对扶贫工作的责任制。会议还强调扶贫对象要直接瞄准贫困的贫困户和农户（"扶贫到户"），要求对扶贫工作和资金利用加以更好的监督管理，具体措施包括制度建设、年度检查审计、村级发展计划、资金直接划拨到村等。1996年9月中央扶贫工作会议又做出了《关于进一步加强扶贫开发工作的决定》，明确了当前扶贫攻坚已进入到决战阶段，到2000年年末，基本解决农村贫困人口温饱问题。

1999年9月中央再次召开扶贫工作会议，重申扶贫政策目标，强调扶贫资金利用于解决贫困人口温饱问题方面，优先利用资金领域包括饲养和养殖业、小额信贷、粮食和经济作物改良品种等，使当时仍然存在的 4200 万贫困人口中的 2000 万人在 2000 年年底脱贫。实际执行结果表明，到 2000 年年底，除大约 2600 万丧失劳动能力的残疾人和居住在不具备基本生产生活条件地区的特困人口外，绝大多数贫困人口都已实现温饱。

二 民族地区反贫困专项政策

1994—2000 年，国家除了实施《国家"八七"扶贫攻坚计划》与《关于进一步加强扶贫开发工作的决定》文件等，对少数民族贫困地区继续给予倾斜，放宽享受优惠政策的少数民族贫困县标准外，还采取了一系列特殊政策，给予少数民族贫困地区发展的政策倾斜。

1. 转移支付

长期以来，中央和地方各级政府高度重视加大对民族地区的财政转移支付力度。1994 年，中央财政对民族地区实行政策性转移支付，规定每年从地方上划中央"两税"收入的增量中拿出一部分，对内蒙古、新疆、广西、宁夏、西藏 5 个自治区和云南、贵州、青海 3 个少数民族比较集中的省，以及其他省的少数民族自治州，实行政策性转移支付。

2. 税收优惠

中央支持民族地区发展的税收政策主要涉及投资、民贸、企业等方面。一是投资税收优惠政策，1992 年至今，中央开始减免民族地区固定资产投资方向调节税。二是民贸税收优惠政策，1994 年财政部、国家税务总局发布《关于几个税收问题的通知》，对国家定点企业生产和经销单位经销专供少数民族饮用的边销茶免征增值税；从 1994 年起，国家对收购边销茶原料企业减按 10% 的税率征收农业特产税（2006 年农业特产税被取消）。三是企业税收优惠政策，1994—1997 年，国家规定"老、少、边、穷"地区新办企业减免所得税三年。

3. 在扶贫资金、物资上向少数民族贫困县倾斜

少数民族发展资金是中央财政设立的一种支持少数民族地区发展的

专项资金，建立之初被称为"新增发展资金"。它是1992年根据《国务院关于进一步贯彻落实〈民族区域自治法〉若干问题的通知》设立的，其规模为6000万元。1998年以前，其实行有偿使用，大部分用于民族地区基层的经济和社会发展。1998年，根据财政体制改革的要求改为无偿使用，同时改称"少数民族发展资金"，当年资金规模为3亿元。此外，还对少数民族贫困地区的银行贷款规模和化肥、柴油、农膜等农用生产资料的安排优先给予照顾。

4. 特色产业发展方面加快民族地区矿产资源开发

1994年国家将中央与自治区对矿产资源补偿费的分成比例调整为4∶6，其他省市为5∶5。1995年第八届全国人民代表大会常务委员会第十七次会议通过《中华人民共和国电力法》，明确国家帮助和扶持少数民族地区发展电力事业。

5. 加强边境口岸建设

1994年，中国建立了第一批"民族自治地方改革开放试验区"，包括内蒙古呼伦贝尔盟、乌海市、吉林延边朝鲜族自治州、贵州黔东南苗族侗族自治州、新疆伊犁哈萨克自治州。自1994年以来，国家开始在少数民族聚居地区设立改革开放试验点、农村改革试验区和高新技术产业开发区。1996年，国务院制定了促进边境贸易发展和对外经济合作的优惠政策。

6. 兴边富民专项政策

由于历史、自然等方面的原因，边境民族地区经济发展起步较晚，各项社会事业都相对滞后，与内地特别是沿海发达地区有很大差距。为此，1999年起，国家借势西部开发政策发起"兴边富民"行动，范围涉及黑龙江、吉林、辽宁、内蒙古、甘肃、新疆、西藏、云南、广西等9个省区，旨在加强边境基础设施建设和生态环境保护，改善边境地区生产生活条件，促进边境地区文化、教育、卫生等社会事业发展。2000年，国家民委会同财政部开展了"兴边富民"行动试点，并在全国确定了 17 个试点边境县，中央财政每年安排 5100 万元专项资金。

7. 继续实施对口支援政策

1994 年 3 月实施的《国家"八七"扶贫攻坚计划》中，要求用 7 年左右的时间基本解决当时的 8000 万贫困人口的温饱问题，到 20 世纪末基本消除绝对贫困现象，并提出了具体的措施和途径，其中一种措施就是要求京、津、沪等大、中城市，广东等沿海较发达省、市，与西部贫困省、区对口扶贫。1996 年，国务院办公厅转发国务院扶贫开发领导小组《关于组织经济较发达地区与经济欠发达地区开展扶贫协作的报告》，中央政府安排经济较发达地区与经济欠发达地区尝试开展扶贫协作，在北京与内蒙古，天津与甘肃，上海与云南，广东与广西，山东与新疆，辽宁与青海，福建与宁夏，大连、青岛、深圳、宁波与贵州之间进行。同时继续动员中央和地方各部门，结合自身优势，在技术培训、承办项目、无偿支援等方面对口帮助贫困地区脱贫致富。同年，国家民委对定点扶贫工作实行国家、自治区、地（市）、县（旗、市）四级民委负责制。在总结过去全国支援西藏经验的基础上，为加快新疆发展、维护新疆稳定，国家要求进一步加大对口支援新疆力度，确定自 2011 年起，19 个省市人才、技术、管理、资金等全方位对口援疆。

8. 实行专项贴息贷款

第一，少数民族地区乡镇企业专项贴息贷款。1992 年 3 月国务院批转了《农业部关于促进乡镇企业持续健康发展的报告》，提出进一步推进贫困地区和民族地区乡镇企业发展，各级人民政府和有关部门要在政策、资金等方面给予更多的支持，在《国务院关于同意设立少数民族地区乡镇企业专项贴息贷款的批复》中同意设立少数民族地区乡镇企业专项贴息贷款。1993 年《国务院关于印发〈九十年代中国农业发展纲要〉的通知》提出大力扶持中西部乡镇企业发展，人民银行安排用于中西部地区和民族地区的专项贷款每年应适当增加，重点支持西部粮食主产区发展乡镇企业。

第二，民族贸易和民族用品生产专项贴息贷款。1997年10月24日通过的《中国人民银行关于民族贸易和民族用品生产贷款继续实行优惠利率的通知》中规定：中国工商银行、中国农业银行对民族贸易和民族用品生产贷款实行比正常的一年期流动资金贷款利率低2.88个百分点的优惠利率政策。优惠利率贷款由贷款企业经当地民委审核后向贷款银行提出申请，由贷款银行按信贷原则的要求确定和发放。除流动资金贷款优惠利率外，还有技术改造贷款财政贴息和税收减免"三项照顾"政策。

三　反贫困政策变化的动因

随着中国农村扶贫的推进，特别是到20世纪90年代中期以后，区域开发援助政策得到调整，贫困群体作为援助对象不断突出，逐渐形成了贫困区域和贫困群体双重援助目标的中国农村开发式扶贫模式。国家成立专门机构，确立开发式扶贫方针，确定贫困标准和重点扶持区域，制定了专门针对贫困地区和贫困人口的政策措施。

首先，对于区域发展相对落后的中西部贫困地区的扶贫政策。改革开放以来，东部沿海省市充分利用国家的鼓励政策和自身优势率先发展，中部次之，西部相对落后，中国经济发展的区域特征十分明显。与此相关，中国农村贫困人口的绝大多数集中在中西部省市区，尤其是西部省份。由于历史、自然、社会等原因，发展相对滞后地区由于先天性因素劣势和长期累积的贫困，与全国平均水平尤其是东部发达地区相比，在经济、社会、文化等方面的差距逐渐扩大，农村发展不平衡问题开始凸显。因此，向西部地区重点倾斜是中国扶贫开发的基本政策。1994年国家"八七计划"明确指出：调整国家扶贫资金投放的地区结构，要求从1994年起，用1—2年时间把中央用于广东、福建、浙江、江苏、山东、辽宁6个沿海经济比较发达省的扶贫信贷资金调整出来，集中用于中西部贫困状况严重的省区。《国家"八七"扶贫攻坚计划》

实施以来，民族地区扶贫开发工作取得很大成绩，贫困地区的农牧民收入明显提高，未解决温饱的人口逐年下降，绝大多数农村凭借自身的发展优势，获得经济快速增长。

其次，对于少数民族地区的贫困群体的扶贫政策。少数民族地区的贫困问题相当突出，贫困问题有其特殊性，主要表现在：少数民族地区不仅贫困面大，而且贫困程度最为严重。少数民族贫困地区地理环境封闭，经济基础薄弱，贫困人口自我发展能力弱，抵御自然灾害、市场风险以及家庭变故风险的能力很弱，社会有效防止返贫体系又没有建立，因此一遇天灾病灾和市场波动，他们就极易返贫，扶贫攻坚任务十分艰巨。从贫困面的分布看，列入"八七计划"国家重点扶持的592个贫困县中，少数民族贫困县有257个，占43.4%。因此，为保证如期完成扶贫攻坚目标，扶贫开发的重点也发生了转移，由一般意义上的普通贫困地区转向集中连片特殊类型的困难地区，集中连片特殊困难地区逐渐成了扶贫开发的重点区域。中国政府开始实施有计划、有组织、大规模的扶贫开发工作，对少数民族贫困地区除了采取一般贫困地区的优惠政策外，还采取了特殊的扶持优惠政策，加大了对少数民族地区扶贫支持的力度。

第五节　解决和巩固温饱并重的扶贫开发新阶段（2001年至今）

一　反贫困基本政策

2001年以后，我国扶贫工作进入以彻底解决贫困问题为重心的深化发展阶段。

2001年5月25日，江泽民同志在中央扶贫开发工作会议上指出，"我国扶贫开发取得巨大成就，具有重大的经济意义和政治意义。通过扶贫开发,我们积累了使贫困地区群众摆脱贫困、走向富裕的重要经验。"会议上,江泽民同志还提出了今后10年我国扶贫开发的奋斗目标。

2001年6月,国务院出台了《中国农村扶贫开发纲要(2001—2010)》,提出的奋斗目标是:巩固温饱、加强基础设施,改善环境,改变民族地区经济文化落后状况,创造达到小康水平的条件。比如:增加财政扶贫资金、提高使用效益、增加扶贫贷款、增加小额信贷、给予利率优惠。这时,虽然仍然叫农村扶贫工作为"扶贫开发",但扶贫工作重点与瞄准对象已经做了重大调整。扶贫工作重点县开始放到西部地区;贫困村成为基本瞄准对象,扶贫资金覆盖到非重点县的贫困村;同时,注重发展贫困地区的科学技术、教育和医疗卫生事业,强调参与式扶贫,以村为单位进行综合开发和整村推进;承认城乡间人口流动是扶贫的一个重要途径,并采取新的政策举措使农村居民更容易转移到城镇地区就业。随着国力的增强,政府每年为扶贫项目提供的资金支持不断增加。

从2005年3月开始,国家对《中国农村扶贫开发纲要(2001—2010)》进行了中期评估,优先将少数民族贫困村纳入整村推进的扶贫开发规划,对贫困地区建立了劳动力转移培训网络,完成了4.51万个贫困村整村推进的扶贫开发规划,培育了一批扶贫龙头企业,带动了当地的农户增收和产业结构的调整,将150多万贫困人口转移到具备生存条件的地区。

2005年12月,国家颁发了《关于推进社会主义新农村建设的若干意见》,指出了民族地区在经济社会发展中产生的困难和问题集中表现在农村。要求建设好社会主义新农村,加快民族地区小康建设步伐,进一步做好对民族地区的扶贫政策工作。

2007年4月,胡锦涛总书记在宁夏西海固地区考察时反复强调要继续实施开发式扶贫,集中人力、财力、物力,动员社会各界力量,以基本解决温饱为目标，针对有劳动能力的贫困群体，通过扶持和自身努力摆脱贫困，有组织、有计划、大规模地开展开发式扶贫，这对缓解和消除少数民族和民族地区贫困起到了重要的推动作用，开创了扶贫工作的新局面。

2007年10月召开的中国共产党第十七次全国代表大会明确提出了到2020年"绝对贫困现象基本消除"的奋斗目标，并对进一步做好扶贫开发工作提出了提高水平、提高标准的新要求。

2009年，国家实行新的扶贫标准，扩大覆盖范围，对民族地区农村低收入人口全面实施扶贫政策。国家还将5个自治区、30个自治州、120个自治县全部纳入了西部大开发范围或者参照享受西部大开发的有关优惠政策。

2011年3月18日，中国政府门户网站发布的《国民经济和社会发展第十二个五年规划纲要》一文中，第六章第三节明确提出"加大扶贫投入，逐步提高扶贫标准"，在第十八章第五节明确提出加大对民族地区和贫困地区的扶持力度，大力支持新疆、西藏以及其他民族地区的发展，在武陵山地区、滇西边境地区、南疆地区、青藏高原东缘地区等中西部集中连片特困地区，实施扶贫开发攻坚工程，实施互助、对口支援、以工代赈以及异地搬迁等政策。

二 民族地区反贫困专项政策

进入21世纪后，对民族地区的扶贫开发是国家扶贫政策中的重点。以胡锦涛总书记为核心的新一代领导集体，非常重视、关心少数民族贫困地区的扶贫开发工作。具体反贫困专项政策措施可归纳为以下几个方面。

1. 特殊区域的扶持政策

为支持民族地区发展，国家还针对各民族省区、特别贫困的少数民族聚居区制定实施了相应的扶持政策。

一方面，针对各民族省区制定相应的扶贫政策纲领。2007年9月国务院发布了《关于进一步促进新疆经济社会发展的若干意见》，对加快新疆经济社会发展，进一步提高新疆各族人民生活水平，进行了全面的部署。2008年以来，国务院又陆续制定出台了促进西藏、宁夏、青海等省藏区、广西、内蒙古经济社会发展的意见。

另一方面，将少数民族聚居区纳入重点扶贫范围，加大扶贫力度。2001年，为民族地区增加了10个国家扶贫开发工作重点县，同时将西藏作为特殊片区整体列入重点扶持范围。2005年5月8日，国务院通过的《扶持人口较少民族发展规划（2005—2010）》明确提出，通过5年左右的努力，22个人口较少民族聚居的行政村达到当地中等以上发展水平，再经过一段时间的努力，达到全面建设小康社会的要求。2007年2月27日，国务院实施的《少数民族事业"十一五"规划》将着力解决少数民族群众特困问题作为"十一五"的一项重要任务。该规划指出，"重点扶持少数民族聚居的贫困地区，实施特困少数民族群众解困工程，加大安居温饱、异地搬迁和劳务输出力度，推动各项扶贫开发措施进乡、入村、到户。优先将少数民族聚居的贫困村全部纳入国家扶贫整村推进规划实施范围，强化对少数民族贫困人口的直接帮扶。对缺乏基本生存条件、自然灾害多发区、自然保护区、重要生态功能保护区、地方病高发区的特困少数民族群众，稳步推进生态移民和易地扶贫，建立健全社会救助体系，保障少数民族贫困人口基本生活。""在《中国农村扶贫开发纲要》框架内，为解决特困少数民族群众温饱问题，优先将尚未纳入国家扶贫开发整村推进规划的特困村，全部纳入整村推进规划实施范围，基本实现具备条件的特困村通路、通电、通电话、通广播电视，有学校、有卫生室、有安全的人畜饮用水、有安居房、有稳定解决温饱的基本农田或草场的目标。"

2. 转移支付

自2000年起，除按相关规定拨付一般性转移支付和专项转移支付外，国家还设立了民族地区转移支付。其来源一是2000年专项增加对民族地区政策性转移支付10亿元，之后每年按照上年中央分享的增值税收入增长率递增；二是对8个民族省区及非民族省区的民族自治州的增值税收入采用环比办法，将每年增值税收入比上年增长部分的80%，转移支付给民族地区，其中上划中央增值税增量的40%直接返还，另外40%按照公平、规范的原则，与中央财政安排的资金一起按照一般性转移支付在民族地区间进行分配。

3. 税收优惠

2001—2010年，国家对西部民族地区企业定期减征或免征企业所得税。2006—2008年，国家对民族贸易县内县级和县以下的民族贸易企业和供销社企业销售货物（除石油、烟草外）免征增值税。

4. 向人口较少少数民族地区投放专项扶贫资金

2001年，国务院要求有关地区和部门对人口较少民族实行特殊扶持政策，中央财政从少数民族发展资金中安排人口较少民族发展补助资金。

2004年4月13日，温家宝总理明确批示，赞成把特困少数民族地区作为扶贫重点，在政策和资金上加大支持力度。2002—2004年共安排1.17亿元。

2005年，国务院批准实施了《扶持人口较少民族发展专项建设规划（2006—2010）》，计划5年总投资14.04亿元，其中中央预算内安排9.66亿元，其他投资4.38亿元，规划项目总数4669个。该规划实施4年来，实际共投入各项扶持资金达25.06亿元，其中，中央投资15.72亿元，占63%；地方配套及其他资金9.34亿元，占37%；安排各类扶持项目8065个。

同时，为支持22个人口较少民族发展，国家民委和财政部于2002年在少数民族发展资金中专项安排3300万元，建设项目246个，人口较少民族聚居地区受益人口98.2万人，其中有人口较少民族34.5万人，占35.1%。

5. 实行专项贴息贷款

2001年3月29日，国务院下发文件规定："十五"计划期间对民贸网点和民族用品生产企业继续实行流动资金贷款优惠利率、技改贷款贴息和税收优惠等政策。在"十一五"期间，国家继续对民贸网点建设和民族特需商品定点生产企业技术改造给予支持，贴息贷款规模由"十五"期间的每年1亿元增加到每年5亿元，利息补贴由中央财政和省级财政各负担一半；继续对民族贸易和民族特需商品定点生产企业的正常流动资金贷款利率实行月息低2.4厘的优惠政策，并由财政直接安排利息补贴。

6. 生态环境保护方面继续给予政策倾斜

2003年，国务院新闻办公室发布《西藏的生态建设与环境保护》白皮书。2005年国务院出台《关于进一步加强防沙治沙工作的决定》，并于次年在新疆启动天然草原退牧还草工程，总规模达2960万亩，共投入5.07亿元国债资金。2007年国务院发布的《关于完善退耕还林政策的通知》，也有针对民族地区的特殊政策规定。此外，民族地区大都能够享受西部大开发的生态环境政策。

7. 继续"兴边富民"专项政策

2000—2005年，中央财政累计投入兴边富民行动资金3.68亿元。2004年继续推进"兴边富民行动"重点县工作，并投入少数民族发展资金1.11亿元。2007年6月9日，国务院施行的《兴边富民行动"十一五"规划》"以邓小平理论和'三个代表'重要思想为指导，以科学发展观为统领，以解决边境地区和广大边民的特殊困难和问题为切入点，因地制宜、分类指导，加大扶持力度，采取有效措施，大力改善边民生产生活条件，全面提高边境地区经济和社会事业发展水平，促进边境地区与内地的协调发展，加快边境地区社会主义新农村建设步伐和全面建设小康社会进程，努力实现富民、兴边、强国、睦邻"。实施兴边富民行动，对于边疆民族地区富民、兴边、强国、睦邻，巩固祖国的万里边疆，具有非常重要的意义。2009年，中央财政在少数民族发展资金中安排"兴边富民"行动补助资金达4.84亿元，同时将"兴边富民"行动由试点扩大到全部136个边境县和新疆生产建设兵团58个边境团场。十年间，中央财政累计投入资金15.09亿元，其中安排西部地区12.8亿元。

三　反贫困政策变化的动因

进入21世纪，我国农村的扶贫开发面临着新的困难，解决少数贫困人口温饱问题，改善贫困地区的基本生产生活条件，需要做出更大的努力。为此，在总结中国多年的反贫困成功经验时，中国政府认为关键在于坚持了开发式扶贫模式（温家宝，2001）。《中国农村扶贫开发纲要（2001—2010）》中强调中国21世纪初的农村扶贫要继续坚持开发式扶贫模式。因此，在新阶段（2001年至今），国家采取的扶贫方式仍然以开发式扶贫为主。

但是，随着经济体制的转轨以及各方面环境与条件的改变，以政府行政推动为主导的扶贫方式及实施中存在的缺陷和问题日益显露。其主要表现为，一是政府的资金供给能力有限，难以满足社会对扶贫资金的需求；二是多部门参与和部门利益的存在使政府扶贫开发易出现难以协调的矛盾，并很有可能出现相互削弱甚至抵消工作成果的情况；三是由于政府对扶贫资金的管理过于宏观，难以形成有效的监督体系，影响了扶贫资金尤其是有偿资金效益的发挥。

因而，与扶贫攻坚阶段（1994—2000年）相比，2001年之后的开发式扶贫模式进行了一些调整，新世纪扶贫开发了两大转变：一是对贫困地区的扶助从过去的瞄准扶贫县到瞄准贫困村的转变，主要方式为整村推进；二是对开发式扶贫项目进行了结构式调整，增加了有利于贫困地区和贫困人口自身能力提高的项目，如增加教育投资和外出劳动力的培训，增强贫困人口抵御贫困的能力。

第七章
少数民族地区反贫困的实践

第一节 救济式反贫困

一 救济式反贫困概述

救济式扶贫也即输血式扶贫，是运用补贴计划和社会安全保障网络，对丧失劳动力以及由于不可抗拒的自然灾害或不利的宏观经济条件的冲击而缺乏劳动力的个人和家庭进行救助的扶贫方式。救济式扶贫在我国有着悠久的历史，从传统的救济灾民开始到政府明确制定扶贫战略之前，基本上都是以这种扶贫形式为主。

1978年以前，绝对贫困人口数量庞大，国家经济实力很弱，扶贫主要是通过紧急救济计划和依托自上而下的民政救济系统。其在农村表现为政府提供的社会救济、自然灾害救济、优扶等。它是一种单纯的输血式救济扶贫，它只能使穷人暂时解决生活上的困难，难以提高贫困地区的自我发展能力，甚至从某种程度上助长了人们的依赖思想，并不能从根本上最终摆脱贫困。真正有效的扶贫政策要求在发展过程中，在帮助人们摆脱物质贫困的同时，努力采取改善人们能力的措施，帮助他们真正扩大选择与机会。

二 少数民族地区输血式反贫困的实践

1978年以前，随着我国农村反贫困的步伐加快，我国少数民族地区开展了救济式扶贫的实践。但这一阶段没有明确的少数民族地区的反贫困政策，因此，本章将这一阶段的少数民族地区反贫困实践等同于农村反贫困。

新中国成立后一直到1978年，由于受到政治环境和经济形势的限制，我国农村普遍存在着贫困现象。在此期间，中央政府虽未明确提出反贫困计划，但采取了通过经济增长来增加农民收入、辅以适当救济的反贫困战略。

这个阶段中国农村贫困人口的减少更多的是与国民经济的总体发展密切相关的，"特别需要指出的是，在农业生产发展的过程中，制度因素和技术因素交替发挥了主要作用，其中制度因素对减缓农村贫困具有决定性的作用"。

1. 解放初期的主要实践

解放初期，农村反贫困为了克服生产率低下和资源相对缺乏的约束，并保证有限的资源和产品能够尽可能地为全体公民相对平均地分享，中国政府建立了以公有制为基础的基本经济制度和对主要资源进行集中控制和分配的计划管理体制；与此同时，通过制度创新，努力增加农民获得财产使用的途径来减缓贫困。此阶段减少贫困主要采取了以下重大措施：

（1）增加和改善农民对土地（自然资源）的占有和使用权

在1949年新中国成立以前，中国农村的土地占有情况是相当不均的。据估计，1934年，占农村户数的4%的地主占有50%可耕地，而占农村户数70%的贫雇农只拥有17%的可耕地。1950年后，中国在全国范围内开展了土地改革，剥夺地主拥有的土地，分配给贫雇农。土地改革让全体农民获得了土地所有权,到1952年中国农村原来不同阶级间土地分配不均的状况基本得到解决。土改的完成,使中国农村基本消除了无地这一在其他发展中国家形成农村贫困主要因素的影响,为后来农村扶贫开发奠定了一个十分有利的制度基础。从50年代中后期开始,农民对土地的占有转变为合作社所有,后来又演变成人民公社时期的三级所有。

(2) 改善农村基础设施

从20世纪50年代到70年代中期,中国政府通过其对资源的有效控制,在全国范围内开展了大规模的农村基础设施建设,改善农村灌溉设施和交通条件。在此期间,全国公路通车里程增加了9倍,有效灌溉面积增加了125%。

(3) 通过建立全国性农村信用合作社网络,改善农村金融服务

到1978年,全国已经建立了将近6万个乡镇和县级以上营业机构以及35万个村信用站的农村金融服务网。从1952年到1978年,农村信用社为农民提供了累计1373.5亿元。

(4) 扩展对农民的技术推广服务

在此时期,全国从中央到乡镇建立了4万个农业技术推广站,农技推广网几乎覆盖了所有的乡镇。通过技术推广,一大批先进适用的技术在广大农村得到推广和应用。

(5) 改善农民的基础教育和基本医疗服务条件

在这一时期,全国的小学数量增加了1.6倍,中学数量增加了28倍。为了改善医疗服务,中国在农村建立了合作医疗保障体系,建立了5万多个乡级医院,60多万个村诊所,覆盖全国农村总数的68.8%。

2. 救济式扶贫的波动

1949—1978年,不间断的政治运动对农村反贫困的进行产生了干扰,极大地影响了国家的社会经济生活。以正确处理人民内部矛盾为主体的整风运动,逐渐转变为反右扩大化,进而在1958年提出工农业生

产"大跃进",建立"一大二公"的人民公社,给国家造成难以弥补的经济损失,也使广大农村陷入了极端贫困之中。面对"反右倾"斗争和"大跃进""人民公社"带来的错误,1960年10月,周恩来在《关于农村人民公社当前政策问题紧急指示信》中规定了12条政策,开始了农村政策的调整,主要内容是:重申三级所有、队为基础是现阶段人民公社的根本制度;彻底清理一平二调,坚决退赔;加强生产队的基本所有制,实行生产小队的所有制,允许社员经营少量自留地和小规模家庭副业;坚持按劳分配原则;恢复农村集贸市场等。1962年年初,党中央召开扩大的中央工作会议,即七千人大会,刘少奇主持起草会议报告,在农业生产的家庭承包责任制方面从下到上地进行了相当规模的大胆探索。1963—1965年的三年经济调整,使农业和农村经济得到有效恢复和发展。然而,1966年的"文化大革命"标志着10年动乱的开始,政治斗争压制了农村经济的发展,割资本主义尾巴和浮夸风再度兴起,国民经济再度遭到极大破坏,西部的反贫困工作也因此处于停滞状态。

第二节 开发式反贫困

一 开发式贫困概述

虽然历史上民族地区实行过救济式扶贫,但这种扶贫方式规模较小、组织性不突出,并非当前民族地区扶贫的主要方式。与主要是生活援助的救济式扶贫不同,开发式扶贫主要是发展援助,即以特定的贫困群体或贫困区域为对象,提供他们所缺少的资本、技术等生产要素,结合当地的资源条件,依靠贫困者的自身努力,通过发展当地的经济来提高生活水平和摆脱贫困。根据援助对象的不同,发展援助可分为贫困群体发展援助和区域开发援助。群体发展援助直接针对由某些共同的问题而陷入贫困的群体,帮助他们解决所面临的问题,增强发展能力。如泰国"乡村就业工程"就是直接针对农村中的失业者的,通过组织一些劳动密集型的公共工程,帮助因失业而致贫的贫困人口摆脱贫困。区域开发援助针对的是贫困人口相对集中的地区,通过帮助贫困地区的经济发展,从而惠及区域内集中分布的贫困人口。

中国的开发式扶贫最初是以贫困地区为主要对象的区域开发援助。在20世纪80年代中期,中央政府每年向贫困地区注入约40亿元的援助资金,用于资助这些地区的"生产性"基础设施建设和种植业、畜牧业、林果业、农产品加工和采矿业等与贫困人口关联度较高的产业发展。援助资金主要来自3个方面:一是财政部无偿提供的8亿元"支援不发达地区发展资金"和2亿元"三西农业建设专项基金";二是中国人民银行提供10亿元优惠利率的"老少边穷地区开发贷款"和3亿元优惠利率的"县办企业贷款";三是中国农业银行提供3亿元标准利率的"支持不发达地区发展经济贷款"、10亿元利率优惠利率的"扶贫专项贴息贷款"和4亿元优惠利率的"牧区扶贫专项贴息款"。与此同时,中央政府的以工代赈计划,也主要是为了缓解区域性贫困而设计的,其首要目标是改善贫困地区的基础设施社会服务,为当地的经济增长创造条件,同时也为贫困人口增加了短期就业机会。但在实际操作中,条件最差的特困村往往很难获得以工代赈项目,特贫人口也很难从中受益。而多数发展中国家的类似公共工程项目一般都把增加就业机会和低收入者的收入水平作为优先政策目标,具有针对贫困人口的明显倾向。这反映了中国政府将区域开发放在优先位置,试图通过贫困地区的经济发展从总体上解决贫困问题的政策取向。除了中央政府提供的发展援助以外,地方各级政府(特别是省级政府)也提供了大量的财政支持,帮助当地贫困地区发展。随着中国农村扶贫的推进,特别是到1990年以后,这种区域开发援助政策得到调整,贫困群体作为援助对象不断被突出,逐渐形成了贫困区域和贫困群体双重援助目标的中国农村开发式扶贫模式，并取得了反贫困的巨大成功。

总体来看，民族地区反贫困的思路与方式以1985年、1995年为分界点。1985年前，民族地区反贫困的方式主要在于救济。而从1986年开始，研究则转向以政府干预为主的开发式扶贫，扶贫计划开始与区域开发计划相结合，具体行动则选择以贴息贷款为主的信贷扶贫。因此，该时期关于民族地区反贫困的思路，也主要围绕信贷扶持与地区开发项目选择。当下，民族地区的扶贫方式具有上述开发式扶贫的一般特征，本章主要通过案例对民族地区开发式扶贫进行详细描述。

二 少数民族地区开发式反贫困的实践

1. 产业化扶贫——以新疆维吾尔自治区为例

产业化扶贫是近几年在全国贫困地区实践探索的一种新型扶贫方式，它是以市场为导向，以特色资源和产业优势为基础，以营销信息为桥梁，逐步形成"贸工农一体化、产加销一条龙"的产业化经营体系，以持续稳定地带动贫困农民脱贫增收。因地制宜，培植支柱产业，提高农牧民收入，是扶贫开发的主要内容之一，是脱贫致富方式的明智选择。大力培植支柱产业，主要是通过国家和财政通过投入大量的扶贫及信贷资金，帮助农民发展产业。

"十五"以来，新疆产业化扶贫取得了阶段性的成效，本章选择新疆产业化扶贫作为案例，对这一时期新疆的产业化扶贫的相关措施进行总结，并对其阶段性效果进行评价。

新疆地区贫困区域性集中，自然环境条件差。新疆贫困人口主要分布在以南疆三地州为重点的塔克拉玛干沙漠干旱贫困区和以北疆天山、阿尔泰山为重点的高寒农牧贫困区，其他散落在南北疆各县，97.4%的贫困人口分布在南疆三地州，其中和田、喀什两地区占85%左右。30个贫困县分布在山区、边境地区和高寒地区，在全部山区县中，贫困县占51.9%；边境县中贫困县占53.1%；牧业县中贫困县占54.5%。贫困人口多处于自然条件恶劣、土地贫瘠、生态环境脆弱的干旱地区、高寒山区，这些地区农业生产基本条件差，自然灾害极其频繁，生产技术落后，生产力水平低，商品经济不发达，教育水平低，有些地区甚至不具备基本的生存条件，成为经济发展的"极地"，脱贫致富难度加大。

产业化扶贫成功的关键在于组织模式的选择，而每一种产业化组织模式都要求有一定的社会经济环境条件，才能发挥其相应作用。因而，新疆地区区域经济的非均衡性以及产业之间的差异性，就决定了其产业化组织模式。目前，根据产业化组织形态，产业化扶贫模式可分为"公司+农户"形式、"基地+农户"形式、"公司+合作社+农户"形式，还有"专业协会（合作组织）+农户"等形式。新疆的产业化扶贫组织模式，主要是采取"公司+农户"和"专业协会（合作组织）+农户"的形式。

"公司+农户"是农业走向产业化的重要模式，也是扶贫的重要模式。这是因为，为了使农民不仅能解决温饱问题，而且还要走向富裕，就必须把农民的产品推向市场，参与商品流通。为此，必须以市场信息为依据，由龙头企业将当地的特色资源进行特色产品的生产加工以及产品销售的一系列服务。过程大致有：市场需求确定特色产品或龙头企业，调动与组织当地资源的利用与改进，农业技术投入产品生产，收购产品的包装与加工销售及相关的服务。

"公司+农户"的扶贫模式通过政府、企业和农户三者有机结合，大力发展当地的特色产品，把农村有限的技术力量用在刀刃上，瞄准农业大市场，把"触角"伸向国内外，把"龙尾"摆在千家万户，并由此形成产供销一条龙，贸工农一体化的经营组织。这种模式对贫困地区来说，可以带来几方面益处。首先，通过农业产业化经营模式，生产农产品的农民会逐步在生活方式、行为规范、价值观念上发生很大的变化。其次，可以把农户组织起来，并能为农户进入市场提供产前、产中和产后全方位的服务。只有龙头企业参与扶贫，才能解决农民进入市场社会支持系统方面的问题。在龙头企业或公司的带动下，发展特色产业，使农户成为公司没有围墙的生产基地，而公司则承担了产前、产中和产后全过程的社会化服务，从而为解决农民整体脱贫提供了保障，缩短了农民与现代文明主流社会的距离。最后，"公司+农户"的农业产业化模式，可以通过科技推广促使农户经济向产业化经济转化，最终走向富裕，全面实现小康。新疆地区已经取得的扶贫成效表明，"公司+农户"模式是解决科技扶贫支持系统、农民整体性进入市场脱贫致富较完善的组织形式，应当是完成扶贫攻坚的最佳模式之一。

另外，新疆的产业扶贫采用了"专业协会（合作组织）+农户"模式，也发挥了积极的作用：第一，农民与发展合作经济组织或行业协会联合起来，再和龙头企业联盟，不但提高了自身的主体地位，也更有利于进入现代市场。分散的无组织农户是不能直接进入市场的，往往也无法在和龙头企业合作中获得相对称的主体地位。但在农业产业化经营系统中，龙头企业和加盟农户是以共同利益为基础的特殊联合合作关系，他们之间既有市场交换关系，更有"非市场安排"运作关系。显然，合作经济组织或行业协会的介入更有利于协调他们之间的平等关系，也就是说，只有联合起来进入市场，联合起来与龙头企业联盟，才能获得相应的经营利益。第二，发展和引入农民合作经济组织，对龙头企业也是有利的。龙头企业和这些合作经济组织签订合同，变一方与多方（分散农户）为一方对几方（合作经济组织），较大程度地降低交易成本。农民合作经济组织介入后，还能对加盟农户的行为进行直接有效的监督，保证合同的正常履行。

自施行以来，新疆贫困地区在产业化扶贫方面取得了一定成效。

第一，具有区域特色的主导产业初步形成。产业化扶贫优化了新疆贫困地区的自然资源和经济资源的配置，促进了特色突出、基础较好、竞争力强的产业发展，具有区域特色的主导产业已初步形成。以林果业基地建设为例，30个重点县2006年种植杏树95811亩、核桃树24667

亩、葡萄树 19363 亩、石榴树 10360 亩，阿图什无花果、葡萄等传统特色产业以及和田薄皮核桃和玫瑰花、喀什石榴和杏等一大批产业已成为县域大农业的重要支柱产业。

第二，建设了一批带动能力较强的龙头企业。截至 2006 年年底，在贫困地区已建设了 15 个国家级及自治区级农产品加工龙头企业，辐射带动 34 万农户收入增加，"公司+基地+农户"和"公司+农民经纪人+农户"的产业化经营得到发展。如设立于 2004 年 1 月的新疆和田阳光沙漠玫瑰有限责任公司，依托和田地区玫瑰资源优势，研制开发玫瑰系列产品，2006 年带动农户 2617 户，平均每户增收 2750 元。公司玫瑰精油项目建设完成后，将年收购 16500 吨玫瑰花，带动 18000 多户花农，仅玫瑰花一项，平均每户收入就达 9200 多元。

第三，农民专业协会、合作组织发展迅速，在产业化扶贫中作用显著。截至 2006 年年底，新疆共有农民专业合作经济组织 1123 个，会员人数 41.07 万人，带动农户数 42.27 万户。如伽师县江巴孜乡杏产销协会，通过向会员提供技术、信息和市场供销服务，统一产品标准和收购装车时间及市场价格，会员则按协会的要求及时将各家鲜杏送往指定装车点。协会自 2004 年成立以来得到快速发展，目前已发展成为集产、供、销于一体的大型专业协会。2005 年以来，全乡共销售杏子 1800 吨，销售额达 180 万元，平均每户增加收入 1200 多元。

第四，产业化扶贫加快了农村劳动力转移。通过延长农业产业链条，积极发展农产品加工业，拓展了农业发展领域，2007 年吸纳从业人员 0.6 万人，新疆扶贫开发工作重点县人均工业现金收入 43.18 元，有效增加了农民就业机会和农民收入，并带动了农村二、三产业的发展，促进了富余劳动力向乡村工业、服务业转移。

不过，从新疆贫困地区的实际情况看，不仅新疆扶贫开发工作重点县市之间的经济发展存在不同程度的差异，贫困地区经济发展水平与发达地区的差异也较大,而且由于工业基础、农业商品化程度等方面都较低等因素的制约,因此,其还没有完全具备进行农业产业化发展的条件,产业化扶贫一定要根据各地的实际情况选择不同的产业化组织模式,不应"一刀切"。

第一,对有一定工业基础,农业有一定的规模,第二、第三产业较发达的贫困地区,产业化扶贫组织模式可以多选择"公司+农户"的形式,以龙头企业带动为主。目前,新疆仅有较少的县(市)如疏勒县、阿图什市、莎车县等可以推行这种模式。

第二,对农户土地经营规模较小,农业基础较好,工业基础较差,第二、第三产业不发达的贫困县(市),产业化可能牵涉农户面较广的,可以选择中介组织联动形式"专业协会(合作组织)+农户"产业化扶贫模式。新疆大多数贫困县(市)比较适用该模式。

第三,对经济发展程度极低,农业规模小、基础较差,且第二、第三产业不发达的贫困县(市),可以选择中介组织联动的初级形式能人(经纪人)带动模式,如和田地区大多数县(市)包括和田县、墨玉县、皮山县、洛浦县等可以选择这种形式。

2. 整村推进式扶贫——以宁夏回族自治区为例

整村推进是利用较大规模的资金和其他资源,在较短的时间内使被扶持的贫困村在基础和社会服务设施、生产和生活条件以及产业发展等方面有较大的改善,并使各类项目间相互配合以发挥更大的综合效益,从而使贫困人口在整体上摆脱贫困,同时提高贫困社区和贫困人口的综合生产能力和抵御风险的能力。

宁夏南部山区是我国西部最贫困的少数民族地区之一,由于自然条件等原因仍然未能全部脱贫。宁夏南部属于黄土丘陵旱作农业区,海拔较高,热量不足,历史上原为农林牧结合之地。近代人口猛增,土地超载,水土流失严重,水资源匮乏,自然灾害频繁,农业生产低而不稳,是全国最为贫困的地区之一。宁夏贫困农村主要集中在宁南山区7县1

区（即隆德、海原、西吉、泾源、彭阳、同心、盐池县及原州区），贫困发生率均超过10%，泾源县最高，达到56.9%。宁南山区最早被国务院确立为"三西"扶贫地区之一，作为国家扶贫开发工作重点县进行重点扶持。

2001年，按照贫困村的确定标准以及宁夏的实际情况，宁夏确定了1026个重点贫困村，计划用10年时间，分3期实施"千村扶贫计划"。其中，国家扶贫开发工作重点贫困县8个，贫困村990个。从2001年开始启动的第一期实施了411个村的扶贫攻坚。到2004年年底，完成了313个村的扶贫攻坚。"千村扶贫"虽然取得了一定的成效，但点多面广、时间跨度长。针对这种情况，组织者对"千村扶贫计划"进行了调整，将剩余的713个村实施整村推进计划，分3批完成，每批计划2年。第一批203个村，已于2005—2006年完成；第二批270个村，2007—2008年完成；第三批240个村，2009—2010年完成。

宁夏整村推进扶贫开发主要有以下两个阶段。

（1）2005—2006年，第一批203个村开始实施整村推进阶段

第一批共有90个乡（镇）、203个扶贫开发工作重点村、1103个自然村参与整村推进扶贫开发工作，覆盖53776户农户，共26.45万人，其中回族人口15.61万，人均纯收入在924元以下的约15万人。据不完全统计，截至2006年10月底，实际到位整村推进资金8333.9万元，占计划投入整村推进资金10964.82万元的76%。其中：固原市实际到位资金5751万元，占计划的74%；吴忠市到位资金1443.18万元，占计划的74%；中卫市到位资金139.72万元，占计划的91.5%。村均投资达到了41万元，最高村的投资超过100万元，最低村的投资不足10万元。一年来，通过实施整村推进项目建设，新修高标准基本农田6953hm^2，打井窖895眼，建集雨场144处，建人畜饮水工程21处，筑塘坝6座、涝池32处，泉水改造20处，新修乡村道路362km，架设农电线路10.59km；完成马铃薯、地膜玉米、中药材等特色种植7453hm^2，

人工种草 8667hm²；新建养殖暖棚 4057 栋，"三贮一化"池 1372 座，建沼气池 358 个，购置铡草机 4263 台，发放太阳能灶 1424 台；扶持发展养牛 1131 头、羊 2604 只、猪 1130 头、鸡 17.04 万只；危房改造 1359 户，改善人居环境 1500 余户；开展劳务培训 2.56 万人（次），农民实用技术培训 7.55 万人（次）。

通过上述项目的实施，有效地改善了整村推进重点贫困村的生产生活条件，提高了贫困人口素质，加快了剩余劳动力转移，增加了贫困人口收入，增强了贫困村自我发展和可持续发展能力。整村推进扶贫开发取得了明显成效，如人居环境、危房改造、卫生室建设等改善生活条件的扶贫项目有所增加，深受贫困村广大群众的欢迎。实施整村推进后的重点村，贫困群众收入有了较快增长，村容村貌发生了较大的变化，农户生产生活条件得到了较大改善。

（2）2007—2008 年，第二批整村推进扶贫开发开始实施

2006 年末完成第一批整村推进工作任务后，第二批 270 个整村推进扶贫开始。该批整村推进村分布在宁南山区重点贫困区域的南部山区和中部干旱带，其中包含 8 个国家扶贫开发工作重点县的 262 个村，270 个整村推进村涉及 99 个乡镇，总人口 74574 户 358815 人，劳动力 178148 人，基本农田 67933hm²，人均 0.19hm²。第二批整村推进重点实施的项目包括基础设施方面的基本农田建设、井窖、集雨节灌、人畜饮水工程、小型水利工程、泉水改造、太阳灶、沼气池等，种植业方面的特色种植马铃薯、药材、瓜果等，养殖业方面的圈棚建设、基础母牛、羊、鸡、铡草机、人工种草、三贮一化池、畜牧防疫改良点等，公益项目方面的村部建设、乡村道路、村卫生室、危房改造、扶贫电视机、入户电话、实用技术培训、中长期劳动力转移培训等。

针对第一批整村推进中存在的问题，除继续实施一些到村到户项目外，又进行了整改。主要是结合自治区 3 个"一百万亩"和扶贫移民计划，进一步加大了能使农户脱贫的长远项目的推进。如扩大马铃薯、

中药材、红枣、红葱等特色种植业的规模，继续实施集雨节灌工程，增加了秋腹膜、大小弓棚、日光温室、菌草种植和市场开发项目，共计划增加秋腹膜面积 1560hm^2，拱棚 4900 座，日光温室 725 座，菌草温棚 1067 座，马铃薯面积 14267hm^2，中药材、红葱、园枣等 3333hm^2。

在南部山区，继续坚持以基本农田为中心的基础设施建设，改善生产条件。增加了井窖和集雨场建设计划，在有小水资源的地方，发展设施农业和特色农业。特别是原州区新增的村、彭阳县新调入的村，都是在与实施秋腹膜和设施农业相结合、与小水资源和集雨节灌相结合、与发展特色产业相结合的基础上推动整村推进。原州区第二批调整后以增加农民收入为核心，把重点放在农田建设、井窖和集雨场配套、秋腹膜、马铃薯、人工种草和养殖业、沼气建设和培训项目上。

西吉县经过调整，以基本农田建设、马铃薯种植储藏、加工、草畜产业为扶持重点。隆德县调整后，重视小水资源的利用，把小型水利工程和发展设施农业结合起来，计划在整村推进村发展拱棚和日光温室 1370 座。在中部干旱带，重点实施好移民搬迁项目，将属于规划移民搬迁区域的整村推进村，全部在移民开发区安排项目。

270 个村整村推进两年共计划实施 25 个子项目，通过新建示范县、示范村、示范类综合项目，为整村推进工作探索了新路子，积累了新经验。到 2008 年，贫困山区的人均收入达到 1080 元，比 2001 年的 567 元增长了 90.4%；人均有粮达到 260kg；千元收入以下的贫困人口降至 860 人，贫困面下降到 17.5%；大家畜存栏 968 头，户均 0.9 头，羊存栏 4560 只，户均 4.2 只；通电入户率 100%；适龄儿童入学率 99.5%；电视入户率 97%；人畜饮水问题基本解决；行政村通四级砂砾公路；自然村均通有简易公路。可以说，整村推进扶贫模式取得了阶段性的成果。

通过调查得出结论，整村推进的实施可使贫困村在短期内获得大量的资金，并将其用于各类基础设施的建设和产业开发，在较短的时间使贫困村各方面的生产、生活条件得到了明显的改善，多数农民的收入也因此得到了显著的提高。典型调查表明，在整村推进进展顺利，投资量较大的贫困村，全村农民人均收入在一两年内可以提高50%以上。由于道路、通信等条件的改善，不少贫困村能够开拓新的生产门路，更好地发挥比较优势。基础设施的改善也促进了贫困村的劳务输出，从而间接地增加了贫困村农户的家庭收入。

可以看出，整村推进是对以前几个阶段我国扶贫经验的总结和提升，突出了以村为基本的瞄准单位，不失为稳定解决温饱的有效扶贫方式，是我国扶贫开发阶段应该坚持的一种扶贫战略举措。

3. 教育扶贫——以新疆克孜勒苏柯尔克孜族自治州为例

教育扶贫是贯彻开发式方针的必然选择。教育扶贫的实质就是教育贫困者、组织贫困者，倡导和鼓励贫困地区的贫困农户和地方政府发扬自力更生、艰苦奋斗、自强不息的精神，在国家必要的扶持下，逐步形成自我积累、自我发展的能力，从根本上提高贫困地区的生产力和贫困人口脱贫致富的能力。从目前的情况看，"越穷越生，越生越穷"的现象在贫困地区普遍存在，如果能通过教育扶贫有效提高贫困者素质，则贫困地区沉重的人口负担就有可能变成人力资源优势，否则，不仅会降低扶贫开发的效益，减缓扶贫开发的进程，甚至可以断言，如果仅仅靠自己的廉价劳动力，消耗自然资源，就会在国内、国际的竞争中永远处于被动、依附和弱势地位。通过教育扶贫，通过国家各级政府与全社会的大力扶持及贫困人口的积极参与，搞好贫困地区的教育，包括"普九"基础教育和各种类型的农民成人教育，就可以提高贫困者的思想道德和科学文化素质，为提高扶贫工作的效率提供智力支持。

教育扶贫是少数民族贫困地区实现可持续发展的关键因素。教育是缩小贫富差距、减少社会摩擦并促进社会进步的一种行之有效的缓冲剂。

克孜勒苏柯尔克孜族自治州北部、西部分别与吉尔吉斯斯坦和塔吉克斯坦两国接壤，边境线长达 1195 公里，有吐尔尕特口岸和伊尔克什坦木两个边境口岸，全州东西长约 500 公里、南北宽约 140 公里，占地面积 7.25 万平方公里。克孜勒苏是多民族聚居的地区，共有人口 42 万人，其中柯尔克孜族 12.4 万人，占全州人口的 29.5%，为全国柯尔克孜族的 80% 左右。境内有柯尔克孜、维吾尔、汉、塔吉克、回、满、塔塔尔、蒙古、锡伯、乌孜别克等 11 个常住民族。其是个以农牧业为主，半农半牧的人口小州、经济穷州、边防大州、战略重州。贫困人口大多散居在自然条件差、交通不便、信息闭塞的地区；因此办学条件差，教育设施落后。经济贫困带来教育的贫困、知识的贫困，而教育和知识的贫困反过来又加剧了经济贫困。

只有着力推行和实行教育扶贫模式，着力实现教育资源平衡分配，为其提供优质优量的教育资源，加大政府对基础教育投资力度，才能培养和提高受教育者的相关素质，才能解决贫困地区教育发展面临的困境，最终实现边疆的长治久安。为此，柯尔克孜族自治州政府在 2010 年援疆资金中，将一多半投入到了中小学教育事业。通过初中校舍改造工程、中小学校舍 D 级危房改造项目、学校抗震防灾工程、农村"双语"幼儿园建设工程等，共投入资金 4 亿余元，新建、扩建、维修教学楼、学生住宿楼等 419715.1 平方米，全州中小学基础设施得到了显著改善。他们着力实施"小手牵着大手，走出大山、摆脱贫困"的教育扶贫模式，一举撤消了全州边远农牧区所有教学点，实施集中办学、民汉合校和"双语"教学，把最偏远、最贫困牧区的中小学生，统统接到城镇实行寄宿就读，在全州实现了"小学办到乡村、初中办到县、高中办到州"的目标，帮助山区农牧民的孩子走出大山，人人享受教育。

这一举措有利于改变下一代的思想观念、开阔眼界、大幅度提高文化教育质量，从根本上改变山区农牧民贫困状况，实现彻底脱贫，在广大农牧民中产生了巨大的影响。

教育的发展带来了经济增长的加速。1954 年柯尔克孜族自治州 GDP 仅为 1204 万元,人均 GDP 仅有 87 元。2008 年全州生产总值达到 27.68 亿元,比 1954 年增长 37.8 倍。柯尔克孜族自治州各族群众的收入大幅增加,生活质量明显改善。2008 年全州在岗职工年平均工资由 1978 年的 745 元增长到 2.52 万元,增长 32.8 倍,年均增长 12.5%;农民年均纯收入由 1978 年的 44 元增长到 1695 元,增长 37.5 倍,年均增长 12.9%。

可见,教育是振兴经济发展的基础和保证,在经济发展中具有全局性、基础性和先导性的作用。教育扶贫解决了能力贫困,为经济持续增长创造了先决条件。

4. 科技扶贫——以新疆维吾尔自治区为例

新疆的扶贫开发工作要突破单纯的救济式扶贫,就必须将科技融入扶贫开发的措施中,并且将其作为一个关键的扶贫开发手段。因此,本节就从贫困人口的转移培训和科技扶贫项目两方面来谈新疆科技扶贫取得的成效。

首先,自治区出台了《自治区扶贫培训五年规划》,实施"贫困地区百万人科技培训工程",把培训和当地优势产业发展与劳动力转移结合起来,逐年对全疆 30 个扶贫开发工作重点县和 276 个重点乡(镇)、3606 个重点村参与扶贫开发的各级干部、农技人员、贫困农户及科技示范户进行培训,加强贫困地区劳动力的职业技能培训,提高贫困人口素质,不仅帮助贫困地区劳动力充分就业,还增加了居民收入。

例如,喀什地区 2001—2005 年共整合社会扶贫培训资金 156 万元,培训贫困人口 115420 人,劳务输出培训 41000 人,劳动力转移技能培训 9250 人。仅 2005 年喀什地区贫困户劳动力转移就业突破 23.2 万人次,创收 27097.7 万元,人均增收 1168 元。2007 年,喀什地区农村劳动力转移就业 60.6 万人次,实现农民劳务收入 14.5 亿元。

2008 年国家重点扶贫县莎车县到位扶贫培训项目 5 个,资金 38 万元，主要用于地毯编织培训、内地务工者语言及技能培训、日光温室蔬菜栽培种植实用技术培训、牲畜疫病防治实用技术培训、农机维修培训等。同时，大力实施"阳光工程"，落实培训补贴政策。截至目前，已培训3490人次，其中实用技术培训3000人次，技能培训490人次，实现就业452人，同时为3001名贫困劳动力发放了优惠证。和田地区2007年争取培训项目65个，资金363万元，共举办各类技能培训班1880天（次），培训各级管理干部及农牧民103825人（次）。通过就业岗位的培训，提高了受训者的从业素质，增强了市场竞争力，大大增强了贫困户的自我发展能力。

其次，在科技扶贫项目方面，新疆也取得了一定的进展。"十五"以来，新疆在贫困地区实施了科技攻关、科技扶贫、科技兴新、星火计划等，使20余项科技成果转化成项目，总经费3000多万元。同时，近500人次科技兴农项目推广人员支援贫困地区，开展农作物和家畜新品种推广、畜牧养殖、农业高效栽培、特色产业开发、农副产品加工等方面的科技服务。平均每年推广和创新60多个品种，5年中累计创经济效益10多亿元。

例如，在疏勒县实施了"棉区区域性有害生物生态调控技术研究"项目，有效控制了示范棉田的虫害。在喀什地区累计推广230万亩示范棉田，不仅使皮棉新增67521.3吨，产值净增66578.79万元，还挽回了19973.64万元的损失。在塔城地区实施了"酸梅系列产品加工技术"项目，充分开发了塔城地区的酸梅资源，建成了年产量3000吨的酸梅系列产品加工生产线，该项目既发展了酸梅种植业，同时使当地农民累计增收1800万元。在轮南实施"轮南白杏产业化综合技术开发"项目，大力开发优质白杏品种的选育及配套栽培技术，经过两年的时间，栽培6.6万亩"轮南白杏"，年生产杏酱达2000吨，同时开发出3种"开口风味杏核"产品，帮助当地农民增加2160万元收入。

在新疆贫困地区切实实施科技扶贫政策，大力推广先进适用技术，既为贫困地区产业结构的调整提供了技术支撑,又为贫困人口脱贫致富提供了重要的科技手段。

5. 劳务输出扶贫——以广西波川村为例

波川村隶属于广西壮族自治区河池市环江毛南族自治县下南乡,处于西南喀斯特地貌地区,是中国人口较少民族聚居村,经济社会发展水平低,贫富差距大,是环江毛南族自治县85个典型的大石山区贫困村之一,也是国家重点扶贫村之一。

人多地少和农业生产机械化的推广是决定波川村实行劳务输出扶贫的主要因素。农业生产力水平提高,使得农村劳动力富足,加之人均可耕地面积少,便产生了大量的农村剩余劳动力,因此,劳务输出便成为扶贫手段之一。目前,波川村劳务输出扶贫方式有"阳光工程"、"零就业工程"和"再就业工程"三种模式。

"阳光工程"是指为提高农民就业能力而采取的帮助农民实现发展的一种手段。具体地说就是由国家出资,由地方组织,针对农村富余劳动力进行职业技能培训,然后指导他们向非农领域转移就业以提高农民收入为目的的工作过程。只要具有初中以上文化程度、思想素质较高、身体健康、有向非农产业转移就业愿望的农村中青年劳动力(一般年龄在16周岁以上,男50岁、女45岁以下的农村劳动力)均可报名参加培训。波川村认真贯彻上级政府的政策,接受培训的农民可享受一定的补贴,这些补贴资金主要用于聘请老师、租用场地和购买培训材料等。

"零就业工程"是指为缓解零就业家庭的压力所采取的帮助其实现就业的措施。"零就业家庭",即指在法定劳动年龄内,有劳动能力和就业愿望,但无一人就业,或一年内家庭成员从事有收入的劳动时间累计不足3个月(含3个月),就业困难并依靠低保维持生活的家庭。政府首先对零就业家庭进行认定,然后给零就业家庭的一名成员办理《再就业优惠证》,受援助对象可凭《再就业优惠证》享受相关税费减免政策、享受公益性岗位援助并享受相关待遇、享受社会保险补贴待遇、享受免费培训和职业介绍等相关政策。

"再就业工程"是针对失业者而言，主要是对失业返乡重新就职的农民提供的再就业职业技术培训。目前，波川村所在的下南乡政府根据务工者的意愿，开办了焊工培训班。为了吸纳更多农民参加培训，下关乡政府还打破了政策限制，在上级补贴的基础上，再给每一位学员每天30元生活补贴，使学员可以完全免费学习。

6. 社会帮扶——以新疆维吾尔自治区为例

社会帮扶作为扶贫开发的一支重要力量，是公共财政扶贫工作的有益补充。社会帮扶具有针对性强、灵活高效的特点，在推动整村推进，产业化扶贫开发、促进贫困地区劳动力培训和转移等方面发挥了积极作用。

新疆地区参与社会帮扶的主要形式有：

（1）中央、地方各政府职能部门定点扶贫

定点扶贫是践行"三个代表"重要思想、贯彻落实科学发展观的一项扶贫开发工作的新举措，是中央、地方各政府职能部门参与社会帮扶的主要形式。目的是动员政府部门、国家事业单位参与帮扶工作，以补充中央扶贫投入，并利用各行业部门的专业力量进行定点帮扶。新阶段扶贫开发以来，确定自治区单位定点帮扶30个重点县（市）的229个重点乡，组织开展形式多样的帮扶活动。贫困农户收入水平显著提高，生产生活条件进一步改善，村容村貌发生大的改观。仅2004年自治区各级定点帮扶单位共为贫困乡村资助资金7420万元，捐助物资折合1073万元，引进扶贫项目资金7228万元，修建校舍93所，资助贫困生12625人，培训乡村干部和贫困农牧民18031人次。

新疆150个自治区级定点帮扶单位。由帮扶到县延伸到乡帮扶到村，每个单位帮扶1—3乡，拓展视野和渠道，加强社会帮扶力量的整合配置，鼓励支持社会帮扶的多样化，把给钱给物的物质扶贫与科技、教育、文化、卫生的精神扶贫结合起来，既有一家一户的扶持，又有行业部门的对口支援；既有无偿的扶贫济困，又有互惠互利的"双赢"合作；既有解决吃穿住生活困难的济困，又有改善生产生活条件的帮扶，形成上下左右共同推动贫困地区扶贫开发的合力。同时，加强对区直150个定点帮扶单位工作的督促检查，通过年度新疆日报公示，表扬先进，鞭策后进，促进工作深入开展。

各地州、县市的定点帮扶继续实行"一帮一"结对子。目前，地（州）、县（市）约有2390个单位定点帮扶2232个重点贫困村，占自治区重点村总数的61.89%；有3827名地县领导进乡到村开展帮扶活动，有6.1万名干部进村包户开展"一帮一"结对子帮扶活动。

(2) 非政府组织参与社会帮扶

中央、地方各级工会、青年组织、妇女组织、科技协会、残疾人联合会和各民间团体的新阶段新疆扶贫开发中，发挥了积极作用。中国扶贫基金会、宋庆龄基金会、中国儿童少年基金会等组织开展了希望工程、新长城计划、天使工程、春蕾计划、幸福工程、"扶贫助教"项目。

(3) 社会自发性帮扶

社会自发性的帮扶主体主要为国有企业、民营企业和个人。社会自发性帮扶有其特有的特点：在参与社会帮扶中更多的是自发的、非行政性的；与定点扶贫相比不具备资金优势；对扶贫的贡献并不局限于投入资金和物资，他们还在影响舆论、传播知识和进行制度创新等方面做出了有益探索。社会自发性帮扶对于政府扶贫工作起到了积极的补充甚至示范作用。

(4) 国际援助

国际援助包括国外政府、民间机构无偿捐助和政府优惠贷款。其中政府优惠贷款规模大、分布广。截至2005年，新疆累计实施国外贷款项目131个，贷款额17.03亿美元，其中借用国外政府贷款287515万美元（签约金额），借用国际金融组织贷款1063699197.59美元，实施项目119个。国际组织和国内外非政府组织的介入，不仅通过海外引进资金，极大地促进了地方的对外开放，而且给扶贫工作带来了一些新的理念和模式，从而推动了中国扶贫政策和模式的更新，大大加快了中国民族地区的扶贫开发进程。

7. 定居点建设扶贫——以甘肃甘南州为例

定居点建设是生态移民的一种，是开发式扶贫的新方式。

甘南州牧民定居点建设是根据其实际情况提出的。甘南州位于青藏高原东部，被专家称为"地球第三极"。全州海拔高，平均海拔在3000米以上，农业生产光热条件不足，80%以上的耕地在海拔2500米以上，90%的天然草原出现不同程度的退化，其中重度退化面积高达77.9%；17.4%的天然草场出现干旱和缺水问题，252万公顷草原湿地干涸，220公里的黄河沿岸出现沙化。气候条件差，各种自然灾害频繁发生。白龙江流域的舟曲、迭部县和洮河流域卓尼、临潭县的部分地段是亚洲第二大泥石流、滑坡高发区。仅白龙江流域的舟曲段就有滑坡、泥石流灾害点139处，其中灾害性滑坡42处，灾害性泥石流沟82条，成灾性不稳定斜坡14处。同时，甘南州处于青藏高原地震带东段，地质结构复杂，地震基本烈度为8度，属地震高烈度区域之一。特殊的地理位置，复杂的地质构造，使甘南州气候、地理条件恶劣，造成甘南州农牧业生产条件差，农牧业产量低下。游牧民仍然延续着半定居、半游牧的生活方式，完全依靠草原来获取衣、食、住、行和能源等生产生活资料。改革开放以来，牧民生活条件虽然有了改善，但现代化的基础设施在广大牧区的覆盖率仍然很低，实际生活质量相对低下。传统的生活方式束缚了经济的进一步发展，大部分牧民群众仍处于贫困线以下，牧区贫困人口占到牧民人口的84.7%。

在这样的情况下，甘南州政府以游牧民定居为基础，结合新农村建设，在牧区建设了居民点、村落和小城镇，帮助牧民实现了定居，改变了其传统生产生活方式，拓展了新的致富门路，创造了新的生活来源，不断提高牧区的生活水平，改善了生活质量，初步实现了牧区的脱贫致富。

第三节　参与式反贫困

我国的开发式扶贫政策主要针对集中连片的贫困区域，而民族地区是贫困区域分布较为集中的地区。参与式扶贫弥补了开发式扶贫在某些方面的不足，是开发式扶贫的补充。

一　参与式扶贫开发概述

1. 参与式扶贫的主要特征

中国政府自20世纪70年代末期实行大规模的反贫困行动以来，中国农村的反贫困一直是以政府为主导、多部门参与的反贫困机制。这种由政府主导的反贫困接受主体制度其优势在于，国家可以动员更广泛的力量进行扶贫，增强反贫困的政治性和社会性；可以自上而下地执行反贫困的政策和命令，使全国的反贫困行动大体一致。但是，政府主导型、多部门参与的扶贫制度在实践中也暴露出一些突出的问题，这些问题直接影响了中国农村反贫困的效率。参与式扶贫应运而生。

"参与式"扶贫是指政府通过投入一定数量的资金，以贫困村为平台，为贫困农户创造表达意愿的机会，赋予贫困农户知情权和监督权，并激发他们的参与意愿，发动群众参与扶贫项目的决策、实施和监督过程，从而提高贫困农户自主脱贫、自我发展能力，从根本上解决贫困问题（甘肃省扶贫开发办公室，2003）。其目的是建立一种公众参与扶贫的行政过程的机制，使公众能介入扶贫项目的决策、实施、监督过程，提高扶贫的行为的可持续性，使扶贫行为的目标瞄向更为准确，贫困群众参与扶贫工作的积极性和主动性更高，减少扶贫资金的中间渗漏。

"参与式"扶贫在国外被称为"赋权",该方法的实质是坚持以人为本的方针,充分调动村民参与扶贫开发全过程的积极性,村民自己的事情由村民自己当家做主,体现"参与过程就是村民素质提高的过程"。

在我国,对于"参与式"扶贫是对过去传统的自上而下的、救济式的扶贫方式和扶贫思路的改变。其内容特点可以归纳如下:

第一,"参与式"是一种将扶贫活动中的受援方——贫困人口定位在主体地位的思想观念。我国的传统扶贫工作是在计划经济体制条件下逐渐形成的,扶贫主要是政府行为。长期以来,作为施援方的政府、社会机构和各种专家,承担着替受援者——贫困的农民制订扶贫计划、设计扶贫过程、确定扶贫目标,帮助扶贫计划的实施的责任。整个扶贫过程完全是自上而下地由施援方来主导。而受援者一直处于接受帮助的受援者的客体地位。至于他们自己有什么愿望、要求似乎并不重要,被动地接受别人替他们规划好的一切,双方之间缺乏有效的互动关系。"参与式"使扶贫过程成为施援方与受援方共同努力、知识共享、共同受益的过程。从理论上来说,既然强调农民的主体性,承认农民对于自身的了解和认识具有合理性,那么就应该相信农民、依靠农民,就应该与农民建立平等的伙伴关系。而这对于扶贫的施援方和农民来说又都是一个学习、了解、分析、规划和行动的过程。

第二,"参与式"有自己特有的工具与方法。客观说来,农村扶贫需要大量可靠、及时的信息,这些都离不开各种社会调查手段,而传统的调查方法本身也存在着若干缺陷。参与式扶贫要求研究者与被调查者在平等的基础上实现双向交流,要求采用各种科学性强的技术性手段,包括请当地人绘制资源图、建立大事记、半结构访谈、讨论、画图、图解、建模、分类、排队、矩阵打分等灵活、形象多手段的实地考察、调查问题、与农民直接接触等,以保证获得真实的第一手材料。其分析手段讲究科学性,注重小组、农民个人的意见,可以看到,听到贫困农民的真实情况,善于通过比较再进行选择,有利于增强决策的科学性并且符合实际。

第三,"参与式"多把受益人群确定为农村妇女,不但强调妇女经济收入和社会地位的提高,更着眼于妇女的性别意识的觉醒和作为人的能力和素质的提高。

第四,"参与式"扶贫方法是赋权给农民的过程,这在中国的政治民主化实践中意义重大(郭熙保,2006)。参与式扶贫主张权力下放、民主、多样化、可持续性等内容,主张把发言权、分析权、决策权交给受援方的贫困人口,扶贫工作者则成为了变化的催化剂,成为改变社区发展状况的协助者。

第五,参与式扶贫也是提高农民能力的过程、扶智的过程。参与式扶贫过程及内容既有经济因素,又有大量非经济活动在内,都必须与农民群体自己的发展、与农业科学技术的推广、与农民科学文化水平的提高、与农民对于社区的建设等问题联系起来。农民在参与的同时,也在培养贫困人口对于资金的管理能力、对于市场的适应能力、与其他贫困人口的协调能力、自我组织能力等。扶贫必然要扶智,在这个过程中,农民所得到的各种能力的锻炼和科学文化水平的提高都将是不言而喻的。

综上所述,"参与式"扶贫实际上是一种理念,是一种在此理念指导下形成的快速收集农村信息资料、资源状况与优势、贫困农民愿望和发展途径的新模式。它综合了应用社会人类学、农业生态系统分析、农户经营系统研究、参与式行动性研究等方法,能够真正实现项目预期效果。

2. 参与式农村扶贫开发的特点

(1) 民主性

参与式扶贫开发每一个环节都基于村民的广泛参与,通过民主决策、民主监督、民主管理,健全了基层村民自治组织和民主管理制度,增加了经济活动中决策的民主性,完善了公开办事制度,贯彻落实了党的群众路线。

(2) 公开性

农村参与式扶贫规划制定和实施全过程的公开，特别是政策、项目、资金、受益人口的公开，增强了群众监督的有效性，避免了选择项目的随意性，增加了政策执行的连续性。通过农户的参与，增加了资金使用和项目管理的透明度，使政府的决策变成了对农民的承诺。

(3) 主动性

参与式方法使基层组织、党员、干部、致富带头人能够积极参与扶贫工作，使贫困户、妇女等弱势群体主动参与扶贫项目的选择、实施和管理，而不是形式上地或被动地介入，真正变"要我干"为"我要干"。

(4) 互动性

在参与式扶贫开发过程中，基层组织、农户和技术人员之间，始终保持一种交流状态。通过交流，达到信息共享、互相理解、改善关系、增强服务的目的，特别是对贫困农户思想观念的转变、生产技能的提高和生活方式的改进，起到了潜移默化的促进作用。

(5) 针对性

以贫困村为规划单元，以贫困户为主要对象。村作为农户聚居的基本群落形态，构成了完整的社区，社区居民具有相同的历史、文化特征，享有共同的自然环境、基础设施和社会服务，其生产生活条件有许多共性。以村为单元开展扶贫工作，是瞄准覆盖贫困人口最主要、最有效的方法之一。

(6) 综合性

围绕稳定解决温饱和村域经济全面发展的目标，把基础设施、公益事业和产业化项目统筹考虑，一次规划，分步实施，突出重点，综合开发，整体推进。

(7) 可操作性

在项目选择和规划制定过程中，采取"自下而上"和"自上而下"相结合的方式，既有群众符合实际的经验性选择，又有相关业务部门的指导和科学论证，能较好地避免政府包办代替过多，也能克服群众选择项目的盲目性和局限性，使规划内容更加科学、适用、易于操作。

(8) 科学性

在模式的规划制定和实施管理过程中，通过建立科学的管理机制，应用招标采购、报账制、监督检查、监测评价、技术支持等科学的管理方法，提高资金效益，实现项目目标。

(9) 动态性

在模式的规划制定、实施管理和后续管理中，其指导思想、工作方法不是固定的、教条的，而是动态的、开放的、发展的，是结合实际，不断完善、发展和提高的过程。

(10) 创新性

模式的规划制定和实施，是在总结以往项目管理、到村到户、整村推进等扶贫方式的基础上，吸收和借鉴了世界银行等国际组织先进的管理经验和参与式理念，在方法、程序等方面有较大改进，注重在实践中创新。

3. 参与式扶贫开发模式的实施方法和步骤

(1) 参与式扶贫项目实施的基本原则参与式扶贫主要遵守四大原则：坚持贫困人口受益的原则；坚持贫困人口广泛参与的原则，特别是妇女和少数民族群体的参与；坚持发展结果和发展过程并重的原则；坚持注重农村基层组织和贫困农户的能力建设原则。

(2) 参与式扶贫开发的实施步骤

参与式村级扶贫规划实施步骤包括四个环节。

①准备阶段。包括组织规划小组、制定工作日程、准备材料、参与式方法培训等内容。

②贫困分析阶段。包括村庄调查、个体访谈、村庄群众大会等方式，利用资源图、矩阵等参与式工具识别发展中面临的问题和制约因素，为确定发展方案确定决策基础。

③发展需求确定阶段。通过召开村民大会，通过矩阵排序的方法确定村民的发展愿望。

④发展规划阶段。确定项目规划目标，形成规划报告、通论证，最终使社区群众的发展规划与政府或者资助机构的意愿基本一致。

（3）参与式扶贫的基本方法

"参与式"扶贫是一种理念，一种在此理念指导下形成的快速收集农村信息资料、资源状况与优势、贫困农民愿望和发展途径的新模式。因此，参与式村级扶贫规划能够综合应用社会人类学、农业生态系统分析、农户经营系统研究、参与式行动等科学方法，以参与式方法和手段为核心，并将对其的利用贯穿于整个项目实施过程之中。这些手段具体包括：

首先，通过当地人绘制资源图、填制调查表、建立大事记、与农户访谈、座谈会、小组研讨现场勘探、直接观察、追踪调查等灵活多样的方法，与农民直接接触等，了解贫困农民的现金收入、缺粮情况、自然条件、教育和技能情况、住房状况、土地量和缺水情况，以保证获得真实的第一手材料。

其次，用画图、图解、建模、分类、排队、矩阵打分等灵活、形象多手段，让贫困农户理解什么是贫困，贫困的原因是什么，如何走出贫困；整理和汇总所得的信息和资料，将村、乡、县各个层的调查结果进行汇报和反馈，必要时再次与农户访谈、讨论和探讨，以确保信息的准确完整。

最后，将农业生态系统分析、农户经营系统研究、参与式行动方法获得的资料加以汇总和论证，通过论证，最终形成符合贫困农民意愿的、合理科学的规划。

二 少数民族地区参与式反贫困实践

在我国，参与式扶贫的基本理念、程序等已经践行。本节选取广西的辇田尾村及龙那村两个案例对其在民族地区的实践方式加以描述。

1. 辇田尾村

辇田尾村属广西壮族自治区第二批"整村推进"扶贫开发贫困村东田村下辖的一个自然村，位于桂林市灵川县灵田乡东田村委东北部2.5公里，现有人口606人，128户，耕地面积503亩。2004年以前，辇田尾村被自治区确定为自治区级贫困村，该村地理位置偏远，信息闭塞、土地贫瘠，石山面积占总面积的50%；因历史地理位置原因和基础设施限制，生产力水平低下，经济来源主要以种植水稻和外出务工为主，产业结构极不合理；村民人均收入不足800元，经济发展较为缓慢。

（1）辇田尾自然村2007—2008年扶贫开发规划

该村"两委"班子与新农村指导员一起对辇田尾自然村128户农户进行走访，对产业结构调整进行调研，对村民所种养的项目的可行性、收益性和风险性进行评估论证；对目前村民亟须解决的行路难等问题进行征求意见，按照整村推进扶贫开发工作目标的要求，拟定2007—2008年扶贫开发计划，报请上级扶贫部门同意：2007年计划种植桑树250亩，户均达到4.6亩，人均增收3060元目标；2007年计划新建辇田尾至村口水泥道路2公里，总投资24万元，需财政补助10万元，群众自筹、社会赞助14万元；2008年计划修建辇田尾至4队村道硬化1公里，总投资10万元，需财政补助5万元，群众自筹5万元；2008年计划为民办实事修建村级篮球场500平方米，总投入5万元，需财政补助3万元，群众自筹2万元。

（2）辇田尾自然村参与式扶贫建设项目工作步骤

辇田尾村扶贫开发项目坚持以参与式扶贫项目管理，为充分赋予贫困群众知情权、发言权，激发贫困群众的参与意愿、参与热情、参与动力，有效组织贫困群众平等参与扶贫项目开发的决策，该村各项扶贫开发项目的管理组织产生由村委会召开群众大会进行讨论，以举手表决的形式进行表决通过，产生相应的项目实施小组、项目监督和财务管理小组，并制定工作职责，进行人员分工。

一是成立项目实施工作领导小组。组长、副组长由村民推选具备领导能力的人员担任，成员由村民代表、青年骨干等人员组成。主要负责项目实施计划，协调和组织项目的实施及资金、物资管理等工作，邀请市、县、乡联村驻村指导员指导项目的组织实施。

二是成立项目实施监督小组。组长、副组长由村民推选公平公正的人员担任，成员由项目村各选出3名有威望的、责任心强的青年、妇女代表担任。主要负责质量监督、纠纷处理、发动村民投工投劳及资金财务、账务监督等工作。

三是成立财务管理小组。组长、副组长由村民推选公平公正的人员担任，成员由项目村推选4名有财务管理经验的人员组成。主要负责资金的管理、报账使用及定期公示。

四是宣传发动。项目实施领导小组配合县扶贫办到项目村进行动员，并召集村民代表进行培训，培训以参与式管理操作流程为重点，改变过去灌输式培训方式，使参训者明确扶贫项目参与式流程和方法，号召广大村民积极参与项目实施的各个环节，自愿筹资投劳，自始至终都积极参与整村推进扶贫工作，充分享有自主权。

五是组织实施。项目实施小组按指定的方案，积极组织群众实施项目，项目监督小组参与实施项目建设和监督项目实施过程。乡人民政府、村委会引导协助项目实施。资金管理使用方面：项目资金由项目实施小组管理使用，资金使用情况要定期或按工程进度进行公示公告，并接受项目实施监督小组和群众的监督。经村民大会讨论，拟定资金管理制度：项目资金使用和管理必须坚持统一支配、公开、民主、合理使用的原则；项目实施小组必须按照资金使用计划使用资金，并接受监督小组和群众的监督；项目资金使用和管理必须定期或依照工作进度进行公开、公示，包括财政扶贫资金、群众自筹资金收支状况，并公布细化到每项开支科目；材料的采购，包括片石、石渣、水泥等建设用材及爆破物资由实施小组和监督小组正副组长与商家共同商讨、确定价格，签订采购合同，方可有效，并接受群众监督。

六是项目评估、验收。阶段性评估验收由县扶贫办和乡人民政府组织进行，并作为报账的依据；终期评估验收由县人民政府、县扶贫办、乡人民政府、村委、项目实施监督小组和群众代表组成评估验收小组进行，评估不过关则不能验收。

通过参与式扶贫，輋田尾村的贫困状况得到很大改观，主要体现在：

第一，村委会组织战斗力得到加强。在整村推进扶贫开发过程中，一个强有力的村委会作为领头人带领贫困群众脱贫致富至关重要。在我国经济欠发达的中西部地区农村，大量"精英"农民外出打工，使得村干部素质下降，人心不稳。由于农村基层组织的机构和功能萎缩，无法履行包括制定实施本村的发展规划、发展村集体经济、办理本村的公共事务和发展公益事业等基本职能，严重影响了整村推进扶贫开发的顺利进行。通过整村推进参与式扶贫开发项目的开展，輋田尾村农村基层组织得到完善，党支部、村委会机构健全，影响力、号召力、凝聚力增强，各项事务管理制度完善。在实施和推进参与式扶贫项目的过程中，村委会组织召开村民大会选定扶贫项目，多方筹措资金，充分调动群众参与项目建设管理的积极性，所有的项目实施都按"参与式"管理，积极组织贫困村群众对项目自我管理、民主监督，并成立了实施小组、财务小组、监督小组和制订具体实施方案，较好地带领贫困村群众完成了2007—2008年度扶贫项目，形成了"村中大事有人管，干部说话有人听"的良好局面。

第二，村民参与意识得到提高。传统扶贫项目决策方法自上而下，由政府、官员来确定目标,调查研究,提出要解决的问题,作项目规划设计。许多项目没有得到农民的理解和支持,没能充分考虑到农民的利益。扶贫的受众也就是贫困农户经常处于一种被动的、不知情的状态。而一个贫困地区能否得到这种资助,也主要靠当地政府的争取资金能力,跟当地群众的利益表达关系却相对比较疏远。在这样一种带有浓重计划经济色彩的政策下,一方面,政府部门很难真正了解贫困的真实情况,尤其是贫困户的具体情况;而另一方面,很多贫困家庭对政府扶贫政策的了解也非常有限,往往缺少内在动力、参与积极性不高,很难主动提高自身"造血"素质,难以形成稳定脱贫。参与式扶贫方式充分尊重贫困群众在项目选择、实施和管理过程中的知情权、选择权、决策权、监督权和管理权,将项目整体效应和分户受益有机结合起来,调动了农户的积极性和主动性。在以往的参与式扶贫项目中,普通群众的参与大多体现在投工投劳上。而在辇田尾村修建水泥路项目中,群众不仅投入劳动力,更是全程参与项目管理。在政府只投入10万元扶贫资金的情况下,由群众自己管理,自己施工,义务投工投劳,自筹资金14万元,修建了一条比较标准的村级水泥路;群众参与项目的规划和实施过程也是学习、锻炼的过程,从而提升了贫困村基层组织和贫困人口的民主意识,促进其自我组织、自我管理、自我服务、自我监督能力的不断提高;同时,参与式扶贫使政府的角色从主导变为了引导,把资金的使用、管理权和项目实施的各个环节交给了群众,一切由"群众说了算",群众对项目的关注度、义务投工投劳的积极性和自筹资金的主动性大大提高,在扶贫资金有限的情况下,群众的参与使扶贫资金的效益成倍增长。由于参与式扶贫的透明度增加,使扶贫资金在"阳光"下运行,从源头上堵塞了扶贫资金被截留、挪用等现象的发生。用辇田尾村村民对参与式扶贫的概括就是:"路子对头、方法得当、效果明显、群众满意、值得推广。"

第三,扶贫项目可持续发展得到保障。扶贫项目的后续管理工作不可忽视。在以往的扶贫项目中，由于投资的重建轻管，所建项目损毁严重，特别是村屯道路项目，普遍存在建好后"一年通、两年烂、三年四年就瘫痪"的问题，结果是占用土地、浪费资源，埋下隐患，留下怨言。还有一些产业结构调整项目，由于只注重引入和开发，忽视技术保障和销售渠道的打通，导致群众初期投入大、产出少而失去信心。因此，对贫困村扶贫开发项目的后续管理需要引起扶贫部门和村民的重视。在辇田尾村种桑养蚕扶贫产业项目实施过程中，村委班子积极争取市、县扶贫部门、县基层办和乡党委政府的支持，邀请专家到村举办科学种桑养蚕技术培训班，到田间地头、蚕房现场指导。为提高蚕茧的产量和质量，乡农业服务中心帮助种养户引进了小蚕共育和方格簇养技术，蚕虫从原来的一年养7批发展到9批，提高了蚕茧的产量和质量。2007年3月，新农村指导员争取单位的支持，聘请专家对辇田尾、混元、西岸等自然村的282户桑蚕种养户进行为期两天的桑蚕种养技术培训，并送去桑蚕种养技术光碟100张。为打通蚕茧销路，桑蚕协会会长及时发动村户到柳州、河池等地寻找销路，联系了3家蚕茧收购公司，与蚕农签订供销合同。种桑养蚕的成功，使群众尝到了科技致富的甜头，提高了扩大种植面积的积极性，大力推进了"一村一品"的建设。

辇田尾村两年来的实践和探索，积累了一些成功的经验。由村委会牵头成立管理小组，由新农村指导员提供技术支持，由村民组织协会为扶贫项目的可持续发展提供有力支持。

2. 龙那村

广西壮族自治区马山县里当乡龙那村地处大石山区，既是贫困石山村，又是少数民族村，还是革命老区村。全村48个村民小组，621户2911人，其中瑶族占30.54%。全村总面积18010亩，耕地面积2446.50亩，全是旱地；林地面积5280亩，经济作物面积50亩，分别占总面积的12.95%、27.94%和0.3%。2000年，全村人均产粮161.65千克，人均纯收入600多元。

(1) 龙那村参与式扶贫规划的制定

第一,明确龙那村参与式扶贫规划制定的程序。广西新阶段扶贫开发规划制定的基本程序是由自治区扶贫办和专家在试点的基础上制定,印成操作指南发到乡、村和规划指导人员,并以此为教材举办培训班。自治区培训到市(地),市(地)负责培训参与规划的工作人员(包括县级有关部门抽调的技术人员、乡镇干部、村支部书记和村委会主任)。

第二,确定龙那村扶贫规划制定的参与者。龙那村扶贫开发规划制定的参与者包括:(1)规划指导小组由6人组成:县扶贫办1人,农业局1人,乡干部1人,驻村工作队1人,村委会干部2人,其中2人为妇女干部;(2)各屯(组)长;(3)村民(70%的农户代表参与了规划活动,其中1/3左右为妇女)。

第三,明确村扶贫规划中各级政府和村民的作用及职责。各级政府的作用及职责如下:(1)确定规划目标与项目建设、投资标准。(2)制定参与式扶贫规划操作指南;举办参与式村级扶贫开发规划培训班。(3)培训内容包括新阶段我国扶贫开发的形势、任务和政策措施,本区、市(地)、县贫困与贫困村基本情况及扶贫开发思路、当地国民经济和社会发展"十五"总体规划及"十五"专业规划(包括农业、林业、水利、交通、电力、教育和卫生等规划),培训对象除规划小组外,还应包括相关的乡、村干部;组成规划指导组进村组织、引导、发动村民制定规划。(4)制定参与式扶贫规划目的、程序、步骤和方法。(5)预测规划期间各种扶贫资源的供给总量:根据国家扶贫资金政策和相关管理办法,制定当地扶贫资金(财政扶贫资金、信贷扶贫资金、社会捐助资金和其他部门扶贫资金)使用的范围、重点和投资标准。(6)贫困村投资项目的主要技术标准和单位投资标准具体化:重点制定村级道路、水利设施、学校、医疗诊所和电力设施建设技术标准和投资标准。(7)规划指导组制订入村行动计划,准备参与式村级扶贫开发规划的工具和表格。工具主要包括大型纸张、卡片和彩笔等。表格则主要包括贫困村扶贫开发规划目标任务表、贫困村基本情况表等。

第四，明确村民的作用及职责。在规划指导组的组织、引导、发动下，以小组座谈、村民大会等多种参与方式，主动参与到村级扶贫规划制定的每个环节：对本村现状进行分析；对本村全体农户分类，选出贫困农户；分析贫困原因；讨论确定本村规划的目标，即总体目标和具体发展目标；讨论选择扶贫项目；对项目优劣势及其可行性、项目所需支持条件和措施进行分析；对确定的规划项目进行排序；讨论、设计规划实施管理与监测评估的办法，选出规划实施小组和规划监测小组成员并确定其职责；按一定的格式编制本村扶贫规划。

（2）从村级扶贫规划整合到县级扶贫规划

以扶贫办为主，抽调相关部门的人员组成县级扶贫规划工作组。工作组召开讨论会，采用参与式方法，分析本县扶贫规划制定的工作内容、工作程序、方法以及分工和时间要求等。贫困原因和扶贫战略目标分析具体为：县级规划小组召开村干部、乡干部和村民代表会议，用参与式方法分析本乡、村的贫困原因，对贫困原因进行排序、列出扶贫战略目标；召开有关专家座谈会，采用参与式方法，分析本县的贫困原因、对贫困原因进行排序、列出贫困村分类排序的指标和权重、列出扶贫战略目标。然后对村级扶贫规划结果进行分析。在分析村级扶贫规划的基础上，根据贫困村排序情况，按贫困程度选出5个村，与村干部一起对规划进行讨论，主要了解村级规划制定的过程、方法和村对规划的期望。同时，收集以往已经实施的扶贫项目的分布情况，并与村级规划进行对照；收集目前各部门近期发展规划，并与村级规划对照。组织有关部门或专家制定技术标准和估算单位造价。汇总村级扶贫规划，整合县级扶贫规划。

（3）龙那村扶贫规划的实施与管理

第一，成立本村扶贫规划实施管理小组。扶贫规划实施管理小组产生过程与办法：召开村民大会（或代表会），规划指导小组说明成立规划实施管理小组的意义和要求；组织到会村民酝酿实施管理小组成员的条件：强调小组成员办事要公道，有一定文化和办事能力；根据条件，每个村民组（或自然村）推荐1—2名候选人（有15个以上村民组的大村推荐2名，小村推荐1名）；由规划指导小组和村民委员会主持召开村民代表大会，采取无记名投票方式，选举村级规划实施管理小组。在广西，一般情况下，贫困村扶贫规划实施管理小组由5—10人组成，设组长1人，副组长1—2人，组员3—7人。小组成员应具有广泛代表性，其中贫困农户代表应不少于50%，妇女代表应占1/3左右。实施管理小组组长一般从村干部中选举产生，通常情况下都会由村委会主任担任。其主要原因是村干部是民主选举产生的，由其担任规划实施管理小组组长可以将村委会对本村事务的管理责任和对规划的实施管理结合起来。

第二，确定本村扶贫规划实施管理小组的职责。村级规划实施管理小组的基本职责由村级规划实施管理小组讨论形成。龙那村扶贫规划实施管理小组的基本职责包括：广泛宣传、动员组织群众参与规划实施管理；对项目规划实施小组成员责任落实到人；编制年度和阶段性项目实施计划、目标任务；制定详尽的项目操作程序、日程安排及建设标准；组织对村民的技术培训；统筹安排人力、物力、财力，搞好物资采购和其他配套落实；负责到村、到户资金管理，做到专款专用，并搞好报账材料的编制、上报；负责建设项目质量管理，并对到户项目进行初查、联评；阶段性公布项目规划实施情况，接受监督小组和群众监测评价，征求意见和建议，并及时调整、改进；确定项目管理办法，搞好工程维护、修缮工作，确保项目达产、达效，长期受益；村成立小额信贷扶贫中心，5—8户成立联保互助小组，严格按小额信贷的管理要求，确保扶贫资金到户。

第三，明确村级扶贫规划实施管理中各级政府的职责。广西壮族自治区政府对村级扶贫规划实施管理中各级政府的职责进行了明确规定：①

各县（市、区）人民政府对本辖区内贫困村扶贫开发负总责，其主要职责是落实总体规划，制订年度计划，安排扶贫资金，组织项目实施，组织社会帮扶，提供社会服务，抓好检查监测，层层实行扶贫开发量化目标责任制，其中，县（市、区）人民政府主要领导是第一责任人，分管领导为直接责任人。②乡（镇）人民政府对所辖贫困村的主要责任是：动员和组织贫困村群众按规划实施好扶贫开发项目；对贫困村扶贫开发规划落实情况和扶贫资金使用情况进行检查监督；按照上级的要求，审核、汇总和上报贫困村扶贫开发的各种基本数据。③贫困村村委会要把村扶贫开发作为全村工作的中心任务，以扶贫开发统揽全局。主要职责是：组织群众编报年度项目计划、规划实施项目、开展实用技术培训；负责单据汇总、核实、上报和报账；对所有项目实施进行督促检查；定期向乡（镇）人民政府汇报和向群众公布项目实施情况。村党支部书记和村委会主任是贫困村扶贫开发的直接责任人。④自治区、市（地）、县（区）、乡（镇）党政机关及企事业单位要定点帮扶贫困村，确保4060个贫困村都有帮扶单位。各定点帮扶单位要按自治区的要求，做好帮扶计划，落实帮扶措施。各部门安排的项目、资金、物资、技术推广等要围绕规划的项目向贫困村倾斜。年度帮扶计划要列入区、地、市、县（区）的年度扶贫开发工作总体方案。帮扶单位的主要领导是贫困村定点帮扶工作第一责任人。⑤自治区下达到各县（市、区）贫困村的扶贫资金必须全部用于贫困村的扶贫开发。具体由县（市、区）扶贫开发领导小组集体研究决定，统筹安排，实行政府分管扶贫的领导管理。各县（市、区）人民政府要根据贫困村扶贫开发任务，千方百计增加扶贫投入，按规定筹足配套资金，并列入同级财政预算。

（4）龙那村参与式扶贫规划的监测

第一，明确监测评价内容。村级参与式扶贫规划监测评价的内容是：规划项目实施进度和质量；资金到位和使用情况；物资采购、保管和使用情况；规划实施管理小组的运行状况；建成项目的效果和影响；

规划实施中发现的问题及解决处理结果等。

第二，明确龙那村参与式扶贫规划监测评价的方法与步骤。主要包括选举成立村级规划监测小组；讨论确定监测与评价小组的职责；选择和使用适当的监测方法，如现场调查、走访、不定期召开村民代表座谈会、定期召开定点贫困农户调查会，或印制调查表、卡，分发定点农户，通过培训，统一填写标准和方法，定期收集汇总等；根据不同监测内容，设计监测指标，编制监测表，定期填报；有重点地确定监测指标体系，全面动态地监测规划的进展及效果情况。

第三，确定参与式扶贫规划监测评价中各级政府的职责。从自治区到地、市、县（区）都要建立健全贫困村扶贫资金和项目监测网络，全面跟踪贫困村扶贫资金的使用和项目进展情况。市（地）、县（区）人民政府（行署）要保证贫困村监测工作所需的人员和经费。要将贫困户的人均现金收入、住房状况和种养项目、规模及效益制成《农户监测表》，每年年底由农户自填，各自然屯监督员进行统计，然后逐级汇总上报。要围绕全村人均资金收入、住房修建、屯级道路建设、人畜饮水工程建设、农田基本建设、通电用电、种养项目等情况制成《贫困村整体发展状况监测表》，每年年底由村委会填写逐级汇总上报。各市（地）、县（区）扶贫开发领导小组每年要组织 1 次对本市（地）、县（区）贫困村扶贫开发工作的全面检查，并将检查结果报自治区扶贫开发领导小组办公室备案。自治区扶贫开发领导小组每年对各贫困村扶贫开发工作情况进行抽查，5 年进行 1 次阶段性验收检查，并将检查结果通报各地、市、县（区）扶贫开发领导小组。

龙那村的参与式扶贫效果显著，但也暴露了许多问题，主要体现在以下三个方面：

一是县级规划整合中，规划总体质量不高，部分入村指导的人员没有真正理解参与式规划的含义，没有引导村民从实际出发确定规划的目标，也没有对本村的资源和贫困原因进行认真的分析，只是简单地要求群众报项目，把村级规划作为向上要钱的一种手段，而不是为本村自我发展做打算；规划内容的安排没有系统性。如公路项目，各村基本上是各自然屯报的，都列入规划，没有进行全村的整体安排，以至于有些村规划中列有8—10条屯级路，实际上4—5条就可以解决路的问题。村级道路升级占的投资太大，没有对规划管理机构设置和职能的统一要求，各村的产业规划比较零乱，缺乏整体性考虑，基本上是群众报什么就列什么；有的项目缺乏合理性，如某个村规划安装350千米长的40毫米直径的引水管，显然不合理；检测指标没有针对性等。

二是村级扶贫规划实施管理中，规划对资金的需求远大于供给，每年分到每个贫困村的扶贫资金很有限，限制了广大村民的广泛参与。受多种因素制约，总体上相当部分村民尤其是贫困户参与的主动性不足。扶贫项目实施的参与度与各级干部付出的工作量大小成正比，各级干部的工作积极性与他们对参与式的认识和是否有必要的工作经费相关。

三是参与式村级扶贫规划监测评价中，干部及村民的参与意识不强，监测工作的重要性在相当部分领导和工作人员中没有引起足够的重视，必要的工作经费难以落实，对参与式扶贫规划监测评价体系建设缺乏研究。

第八章
少数民族地区反贫困的成效及经验

第一节 输血式反贫困的成效及不足

新中国成立后,我们在少数民族地区一直沿用救济式扶贫模式,虽然在一定程度上缓解了少数民族地区和贫困人口的贫困状况,保证了贫困人口的基本生活需求,体现了社会主义制度的优越性。但是这一阶段反贫困的成就在某种程度上是以牺牲经济效率为代价的,国家实行的高度集中的计划体制和平均主义分配体制导致的资源不合理配置,严重束缚了农民提高生产率和增加投资的积极性。因此,这种减缓贫困的方式难以在扶贫开发方面长期发挥有效的作用。

这种模式随着社会经济形势的变化,尤其是改革开放的日益深入,越来越不适应经济发展和社会发展规律,具有很大的局限性。

第一,救济式扶贫不能达到扶贫开发的根本目的。多年来,国家为了解决贫困地区的困难,花了不少钱,但收效甚微。根本原因在于政策上没有将国家扶持的资金重点用于因地制宜地发展生产,而是相当一部分被单纯用于救济,分散使用,甚至被挪用,仅仅被用作解决贫困群众缺粮给粮、御寒给衣、看病给药问题,没有用来培育和发展生产力。这种扶持方法往往事与愿违，只能解决临时性的问题，不能从根本上增强群众的再生产能力，反而滋长了部分干部群众的等、靠、要思想，出现"年年扶贫年年贫"的现象。

第二，救济式扶贫不能充分利用西部地区丰富的自然资源和社会资源，没有充分考虑社会化大生产发展的客观规律，忽视了经济发展与社会发展的内在法则，西部地区丰富的自然、人文等资源得不到优化配置，不能产生良好的社会经济效益，不能从根本上改变少数民族地区的落后面貌，反而造成了各种资源的巨大浪费。

第三，由于西部贫困人口多，贫困面较广，扶贫所需的资金量大，而我国社会经济发展的整体水平还不高，财政收入中能用于救济式扶贫的资金十分有限，供需之间的缺口较大，使得扶贫开发力度和规模有限。

第四，救济式扶贫不能集中力量解决重点、难点问题。"撒胡椒面"式的救济扶贫带有浓厚的平均主义色彩，只能解决临时的生活消费需要，很少用于生产性消费和扩大再生产，无法形成经济势能，不能从根本上解决经济技术发展的后劲问题，不利于西部地区经济结构、产业结构及基础设施的改善，不能扬长避短发挥优势，不能改变社会经济内向型、低水平自我循环的状态。

综上所述，变救济式扶贫为开发式扶贫势在必行。1986年，党中央、国务院根据社会经济发展形势，决定改变传统的救济式扶贫模式，将单纯的生活救济扶贫转变为经济开发扶贫，立足本地资源，面向市场需要，在国家必要的资金、物资、技术支持下，启动西部地区的内在活力，进行开发性生产建设。同年，中央成立了第一个正式的扶贫机构——国务院贫困地区经济开发领导小组，由25个部委的有关领导组成，西部各省、自治区直至地、县、乡陆续成立了对口机构，建立了一个完整的工作体系。

第二节　开发式反贫困的成效

1986—1993年,通过对民族地区进行一系列扶贫政策的实施,民族地区基础设施得以改善,人均纯收入提高,贫困人口数下降。民族地区纯收入从1986年的3184.10亿元增加到1993年的8434.15亿元。农村居民人均纯收入从1986年的282元增加到1993年的629元。国家在1986—1993年期间,按以工代赈方式投入的资金小计为89亿元,贴息贷款小计为246亿元,扶贫发展资金投入小计为81亿元,三项扶贫资金投入总计为416亿元。1984—1992年期间,国家帮助农村贫困地区累计已修建桥梁7855座、公路15万公里,疏通内河航道1000公里。帮助牧区牧民定居以及以水、料、草、棚加工的基础设施条件的建设。温饱工程的建设,增加了民族贫困地区的种植地膜玉米的比例,到1989年时,民族地区种植地膜玉米的面积达到390万亩,占全国比例的52.3%。1990—1993年期间,国家利用温饱基金,在民族地区运作了221个扶贫开发项目,很大程度上改善了民族地区群众的生产生活条件。

总体来说,民族地区经济在此时期发展很快,总量也在迅速增加。但占全国比重比较小。比如,从1952年到1990年,国民生产总值增长了25.2倍,民族地区生产总值只增长了14倍;从1978年到1990年,国民生产总值增长了2.37倍,民族地区生产总值只增长了1.69倍。

到2000年,"八七"扶贫计划实施取得了良好的效益,在贫困地区广大干部和群众的努力建设下,民族地区经济获得了较大的发展。到2000年,地方财政收入比1994年增长136.01%,年均增长率15.57%。农牧林渔产值与1994年比,增长了60.45%,年均增长率8.65%。工业总产值1997年比1994年增长了28.16%,年均增长率8.76%。农村纯收入2000年比1994年增长了49.36%,年均增长率7.43%。经济增长的缓慢,主要是民族地区对资源依赖性的粗放式增长,缺乏科技含量，生产力能量释放不足所致。

从 1995 年到 1998 年，5 个民族自治区贫困人口从 835 万人减少到 473 万人，贫困发生率从 12.4% 下降到 6.9%，贫困县农民人均收入从 833 元增加到 1395 元；解决了 257 个少数民族贫困县 1092 万人、1514 万头牧畜饮水问题。民族地区的扶贫政策收到了好的效果，民族地区贫困人口的生产生活条件明显得到改善。

2001 年制定的《中国农村扶贫开发纲要（2001—2010）》实施，民族自治地方未含西藏被确定为国家扶贫开发工作重点县的有 267 个，比《国家"八七"扶贫攻坚计划》增加了 10 个县，再加上西藏被整体列入的 74 个国家扶贫开发的重点县，民族自治地方共有 331 个重点贫困县，分别占到国家扶贫开发重点县总数（含西藏）和全国民族自治地方县总数的 49.7% 与 53.5%。

经过多年努力，民族地区的贫困状况得到了缓解，民族地区贫困群众的生产生活条件有了很大的改善，民族贫困地区的基础设施也明显改善。到"十五"末期，5 个自治区（广西、宁夏、新疆、西藏、内蒙古）与 3 个多民族省（青海、贵州、云南）农民人均纯收入从 2000 年的 1187 元增加到 2005 年的 1633 元，没有解决温饱的人口减少 293 万人，低收入贫困人口减少 513 万人，贫困发生率从 8.6% 下降到 6.2%。内蒙古自治区农民恩格尔系数从 2005 年的 39% 下降到 2009 年的 37%，群众生活水平有了提高。广西壮族自治区富川县因地制宜，实行一村一策的整村推进扶贫政策，使该县贫困村农民收入逐年增长，扶贫村人均收入 2004 年为 1157.97 元，2005 年为 1554 元，2006 年为 1933 元。"十一五"期间，内蒙古乌拉特中旗在全旗大力实施整村推进扶贫项目，使中旗农区项目人均新增收入 580 元、人均新增粮食 800 斤，使全旗 65% 的贫困人口直接受益，35% 的贫困嘎查村实现整体脱贫。民族地区 2000 年的国内生产总值为 7495.72 亿元，2008 年的国内生产总值为 27940 亿元，增加 20444.28 亿元；农田有效灌溉面积 935.7 万公顷，

2008年为1114万公顷，增加178.3万公顷。民族地区经济总量进一步提高，生产条件进一步改善。

第三节 参与式反贫困的成效

在总结"八七"扶贫攻坚计划的经验和教训的基础上，中国政府出台了《中国农村扶贫开发纲要（2001—2010）》，新的《纲要》强调了现阶段农村扶贫开发工作应该采取参与式扶贫、以村为单位进行农村扶贫综合开发。参与式扶贫在践行的民族地区的成就主要体现在以下几个方面：

第一，贫困村基础设施条件继续改善。与其他扶贫开发模式相同，参与式扶贫开发也是以基础设施建设为扶贫开发工作的突破口，从与群众生产生活密切相关的问题入手，千方百计筹措资金，并且整合各方资源，采用集中投入实施基础设施项目的方法，解决了多年来贫困村经济发展中所面临的基础设施不健全的"顽疾"，如道路、供水、供电、通信等，基本解决了贫困村行路难、饮水难、用电难、通信难、看电视难等问题。除此之外，许多贫困村还开展了以改水、改路、改沟、改厕、改圈和家园美化为主要内容的村容村貌整治，使得贫困村长期存在的脏、乱、差现象大为改观。

第二，贫困村的社会事业发展迅速。参与式扶贫开发通常采用整村推进的扶贫方式，即"参与式整村推进"。该模式是一项综合性扶贫工程，它以村级社会、经济、文化的全面发展为目标，在建设内容上以发展经济和增加贫困人口的收入为中心，力求经济、教育、文化、卫生和社区精神文明共同发展。在具体工作中，各贫困村都把加强教育、卫生、文化等公共服务事业作为整村推进的重要任务，大力开展教育、卫生、科技文化扶贫"三下乡"活动，使得贫困村相关的社会和人类发展指标都发生了积极的变化。村民的整体受教育水平、对文娱活动的支出以及身体健康水平在不断提高,而学龄儿童失学率、劳动力中文盲半文盲比例、非健康状态人数比例等项指标都在下降。农民的业余文化生活日益丰富,社会事业不断发展。

第三,农户的参与程度不断提高。通过参与机制的设计,参与式扶贫将项目的实施效果和收益与农民的切身利益紧密联系起来,项目选择符合当地实际,项目进展顺利,就会取得较好的经济社会效益,农民也就从中得到更多的实惠。正是这种利益上的紧密相关性,使得农民把发展项目当作自己的事情,积极主动,认真负责。在实施基础设施时,农民自己组织投工投劳;在施工中遇到技术问题,农民主动寻求技术人员的帮助;遇到项目资金不足,农民甚至自己筹资。这种"主人翁"精神正是保证新时期扶贫开发工作取得胜利的动力源泉。

第四,农民的自我发展能力有了很大提高。参与式扶贫开发的过程中,从项目的选择、实施到项目的跟踪管理,农民都有充分的参与权,从而能熟悉整个项目的运作,并能及时掌握市场行情,对自身发展项目有很强的指导意义。通过共同参与项目的运作,农户之间增加了相互交流的机会,遇到共同的问题共同商讨解决,最后发展成为各种农民经济合作组织,共同解决生产中的原料、生产和销售问题。以前是农民自己找市场,现在是市场找农民,农民在市场上的谈判能力不断增强。

第四节 我国少数民族地区扶贫开发的主要经验

改革开放以来,在我国少数民族地区扶贫开发的实践中,积累了许多宝贵经验,已初步形成了符合少数民族贫困地区扶贫开发实际的基本经验。

一 党和国家高度重视

改革开放伊始,邓小平同志就提出了"贫穷不是社会主义"、"一部分地区发展快一点，带动大部分地区，这就是加速发展、达到共同富裕的捷径"等一系列具有时代意义的论断。1981年6月，中共中央《关于建国以来党的若干历史问题的决议》强调"要切实帮助少数民族地区发展经济文化"。1983年12月，国务院召开的全国少数民族地区生产生活会议强调，力争在较短时期内基本解决部分群众的温饱问题、住房问题和饮水问题。1987年《中共中央、国务院批转〈关于民族工作几个重要问题的报告〉的通知》指出，对于仍然处于贫困状态，特别是没有解决温饱问题的少数民族群众，应当加强扶持，具体制订脱贫计划，力争在"七五"期间基本解决温饱问题。江泽民同志指出"扶贫开发是贯穿整个社会主义初级阶段的一项重要任务"。1989年9月，江泽民同志在全国少数民族地区扶贫工作会议上强调，"国家和发达地区以及社会各界要一如既往，进一步支持少数民族地区的扶贫工作"。

以胡锦涛总书记为核心的新一代领导集体，非常重视、关心少数民族贫困地区的扶贫开发工作。胡锦涛同志多次强调扶贫开发是建设中国特色社会主义事业的一项历史任务，也是构建社会主义和谐社会的一项重要内容。2004年4月13日，温家宝总理明确批示，赞成把特困少数民族地区作为扶贫重点，在政策和资金上加大支持力度。2005年5月27日，胡锦涛同志在中央民族工作会议暨国务院第四次全国民族团结进步表彰大会上指出，"要突出抓好民族地区扶贫开发工作，坚持开发式扶贫，加大国家扶贫资金对民族地区贫困县的支持力度，切实解决好民族地区困难群众的生产生活问题"。2005年5月，中共中央、国务院《关于进一步加强民族工作，加快少数民族和民族地区经济社会发展的决定》明确提出"支持少数民族和民族地区加快发展，是中央的一项基本方针"。作为新中国成立以来关于民族工作全局的第一个决定，该决定从扶贫开发、兴边富民、扶持人口较少民族等方面，明确了支持少数民族和民族地区加快发展的政策措施、主要任务和具体要求。2007年4月，胡锦涛总书记在宁夏西海固地区考察时强调，要继续实施开发式扶贫，把更多资金用在支持农村经济社会发展上，用在改善民生上，尽最大努力加快贫困地区发展，让农村贫困群众早日过上小康生活。2007年10月召开的中共第十七次全国人民代表大会明确提出了到2020年"绝对贫困现象基本消除"的奋斗目标，并对进一步做好扶贫开发工作提出了提高水平、提高标准的新要求。

二 政府主导

中央政府和地方各级政府主导是我国扶贫开发的最大特色。这既是由中国共产党的宗旨所决定，也是社会主义制度的一大优势。在邓小平同志提出国民经济和社会发展"三步走"的宏伟目标中，解决温饱就是第一步。改革开放发出消除贫困的动员令，此后每一届政府，都在不懈为之奋斗。1982年国务院成立"三西地区"农业建设领导机构，形成了扶贫开发政府主导的工作格局。

1984年9月，中共中央、国务院发出《关于帮助贫困地区尽快改变面貌的通知》，决定采取措施帮助分布在少数民族聚居地区等尚未解决温饱问题的几千万贫困人口尽快摆脱贫困。

1986年，成立国务院贫困地区经济开发领导小组。1989年8月，国务院批转了国家民委、国务院贫困地区经济开发领导小组《关于少数民族地区扶贫工作有关政策问题的请示》，决定将少数民族贫困地区作为扶贫主战场，采取特殊政策措施给予重点扶持。

1990年，中央财政设立"少数民族贫困地区温饱基金"。1994年，国务院实施《国家"八七"扶贫攻坚计划》，对少数民族贫困地区继续给予倾斜，放宽享受优惠政策的少数民族贫困县标准。

2001年6月，国务院实施《中国农村扶贫开发纲要（2001—2010）》，进入新世纪，政府主导的扶贫开发工作不断加强。2005年5月8日，国务院通过的《扶持人口较少民族发展规划（2005—2010）》明确提出，通过五年左右的努力，22个人口较少民族聚居的行政村达到当地中等以上发展水平，再经过一段时间的努力，达到全面建设小康社会的要求。

2007年2月27日，国务院实施的《少数民族事业"十一五"规划》将着力解决少数民族群众特困问题作为"十一五"的一项重要任务。该规划指出，"重点扶持少数民族聚居的贫困地区，实施特困少数民族群众解困工程，加大安居温饱、易地搬迁和劳务输出力度，推动各项扶贫开发措施进乡、入村、到户。优先将少数民族聚居的贫困村全部纳入国家扶贫整村推进规划实施范围，强化对少数民族贫困人口的直接帮扶。对缺乏基本生存条件、自然灾害多发区、自然保护区、重要生态功能保护区、地方病高发区的特困少数民族群众，稳步推进生态移民和易地扶贫。建立健全社会救助体系，保障少数民族贫困人口基本生活。""在《中国农村扶贫开发纲要》框架内，为解决特困少数民族群众温饱问题，优先将尚未纳入国家扶贫开发整村推进规划的特困村，全部纳入整村推进规划实施范围，基本实现具备条件的特困村通路、通电、通电话、通广播电视，有学校、有卫生室、有安全的人畜饮用水、有安居房、有稳定解决温饱的基本农田或草场的目标。"

2007年6月9日，国务院施行的《兴边富民行动"十一五"规划》"以邓小平理论和'三个代表'重要思想为指导，以科学发展观为统领，以解决边境地区和广大边民的特殊困难和问题为切入点，因地制宜、分类指导，加大扶持力度，采取有效措施，大力改善边民生产生活条件，全面提高边境地区经济和社会事业发展水平，促进边境地区与内地的协调发展，加快边境地区社会主义新农村建设步伐和全面建设小康社会进程，努力实现富民、兴边、强国、睦邻"。实施兴边富民行动，对于边疆民族地区富民、兴边、强国、睦邻，巩固祖国的万里边疆，具有非常重要的意义。

各级党委政府和职能部门把少数民族扶贫开发作为事关经济发展和社会稳定的大事，摆到各级党委政府工作的重要位置，实行党政一把手扶贫工作责任制，精心组织，扎实推进，为扶贫开发工作奠定了坚强有力的组织保证。

三 开发式扶贫

开发式扶贫是改革开放以来我国少数民族贫困地区扶贫开发的一条宝贵经验。它强调要通过扶持，使有劳动能力的穷人获得发展能力，走向自尊、自重、自立、自强。1986年以后，我国政府提出开发式扶贫的方针。20世纪90年代以来，我国积极推行参与式、开发式扶贫的理念和方式，通过民主管理和民主参与，发挥贫困群众主体作用，增强他们参与相关工作的积极性，焕发其自强自立、自我发展的热情和能力。2001年5月25日，江泽民同志在中央扶贫开发工作会议上指出，"解决贫困地区的问题，最根本的要靠发展。坚持开发式扶贫的方针，目的是为了解放和发展生产力。要努力改善贫困地区的生产条件、生活条件和生态条件，提高群众的科技文化素质，充分利用当地自然资源和劳动力资源，发挥比较优势，促进生产的发展，促进群众生活的改善，并逐步增强自我积累和自我发展的能力。坚持贯彻发展是硬道理的思想，最重要的就是要不断增强贫困地区自我发展的能力。这是开发式扶贫的真谛所在"。

开发式扶贫对缓解和消除少数民族与民族地区贫困起到了重要的推动作用。目前，"参与式"整村推进正成为推进我国少数民族贫困地区扶贫开发特别是扶贫攻坚工作的主导方式。

四 对口支援与自力更生有效结合

经济相对发达的兄弟省市对口支援少数民族贫困地区是我国扶贫开发的一大重要宝贵经验。新中国成立特别是改革开放以来，动员和组织包括东部沿海省市、各级党政机关和各方面社会力量参与少数民族贫困地区扶贫开发建设，取得了积极而显著的成果，形成了具有中国特色的扶贫方式。对口支援不仅加快了少数民族扶贫开发的步伐，而且弘扬了中华民族扶贫济困、互助友爱的优良传统，充分体现了党和政府"共同艰苦奋斗、共同繁荣发展"的治国理念，同时也充分发挥了社会主义制度的优越性。

同时，要解决温饱，彻底摆脱贫困，不仅需要国家的扶持和社会各界的帮助，关键还是要靠贫困地区自身的努力，广大干部群众要充分发挥积极性，坚持和发扬自力更生、艰苦奋斗的精神。在少数民族扶贫开发特别是开发式扶贫中，各地把重点放在充分调动少数民族贫困地区广大干部群众的积极性、创造性上，发扬宁肯苦干、不愿苦熬的"黔江精神"以及苦干实干、坚忍不拔的"宁夏精神"等，将自力更生与对口支援有机结合、相辅相成，使扶贫工作更卓有成效，并涌现出大批扶贫开发模范人物、扶贫状元。

五 因地制宜，采取多种形式的扶贫开发模式

根据国家社会经济发展的实际和各地少数民族和民族地区的不同情况、不同条件，少数民族贫困地区的扶贫开发因地制宜地采取了多种形式的扶贫开发模式、扶持措施和政策。譬如，以宏观的开发模式为例，不仅采取了循序渐进的扶贫开发模式，而且采取了扶贫开发、西部大开发、兴边富民行动、扶持人口较少民族的专项扶持行动等开发模式，形成了层次多样、规模不一、前后有序、彼此渗透的较为完备的扶贫开发体系。又譬如，四川省针对凉山州奴隶制社会遗留下来的少数民族群众的"原始贫困"，创造性地开展了以改变居住条件和卫生条件状况、改变传统旧观念和不良风俗习惯、建设社会主义新农村为主要内容的"形象扶贫"。再譬如，广西以大会战的形式，组织几百万干部群众，实施人畜饮水、村级道路建设、茅草房改造"三大会战"和村村通广播电视等扶贫开发模式。云南、广西、宁夏、内蒙古、西藏等从各地实际出发，纷纷开展生态移民、异地扶贫开发，均取得了巨大成功。

六　把扶贫开发工作纳入法制轨道

把扶贫开发工作纳入法制、制度化轨道，是少数民族贫困地区扶贫开发取得成功的经验之一。比如，1984年颁布的《民族区域自治法》明确规定，上级国家机关对民族自治地方经济文化等各方面的发展要给予支持和帮助。其中，第69条规定："国家和上级人民政府应当从财政、金融、物资、技术、人才等方面加大对民族自治地方的贫困地区的扶持力度，帮助贫困人口尽快摆脱贫困状况，实现小康。"又比如，2005年《国务院实施〈中华人民共和国民族区域自治法〉若干规定》第16条规定，"国家加强民族自治地方的扶贫开发，重点支持民族自治地方贫困乡村以通水、通电、通路、通广播电视和茅草房危房改造、生态移民等为重点的基础设施建设和农田基本建设，动员和组织社会力量参与民族自治地方的扶贫开发。"此外，国家和地方通过法规、政策等形式把少数民族贫困地区扶贫开发工作纳入法制、政策所构建的一系列制度之中。这些措施为扶贫开发的实施提供了制度上的保证。

第四篇

少数民族地区反贫困的反思

第九章
少数民族地区反贫困存在的问题

第一节 少数民族地区反贫困指导思想上存在的问题

一 指导思想客观上有忽视社会公平、偏重于经济增长的倾向

政府具有维持社会公平与社会稳定的基本职能，实现社会公平与稳定是人类追求的终极目标之一。在指导思想上，少数民族地区扶贫制度设计的初衷正是维持社会公平与稳定，其承载着缩小地区差距、工农差距、城乡差距的职能。但是由于国家主导的工业化进程的特殊性，即政府以经济增长为目标，假定只要国家存在高经济增长，人民就会从这种高增长中获得实惠，在这个假定下，忽视了公平问题。再加上现有的开发式扶贫制度，立足于扶持贫困户的"自我发展、自我积累"能力，通过区域经济开发帮助贫困户摆脱贫困，更多地承载了经济增长的功能，忽视了社会救助角色的实现，更加深了这种不公平。此外，在实践中具体采用的返贫手段也具有过度注重效率、忽视公平的倾向，简单地认为只要经济持续增长，就能减少贫困，最终使一部分人成为不公平的牺牲品。

二 扶贫工作趋向短期行为化

我国政府在扶贫方面的工作很多是应急性、补偿性行为，工作较难到位。这种现象体现了政府对待少数民族贫困地区贫困问题的急于求成的心理，根源于我国在制定少数民族地区扶贫政策时往往有一个假设，即少数民族贫困地区的贫困问题是短期的、暂时的，可以通过政府的强大干预迅速消失，因此政府提出的许多缓解贫困方案，都是针对临时性现象的应急措施。

例如，政府提出在20世纪末彻底消除贫困，并为此制定《"八七"扶贫攻坚计划》，为了实现这个短期目标，政策的资金投放在短期内急剧增多，1997年财政扶贫资金投放150亿元，1998年183亿元，到1999年，中央扶贫资金的年度规模达到了248亿元。于是，在1997—1999年的3年中，中国有800万贫困人口解决了温饱问题，成为进入20世纪90年代以来中国消除少数民族贫困地区贫困人口年度数量最高的时期。这种明显的短期化行为，并不符合消除贫困的总体规律。各地随着期限的临近，既然中、长期发展目标已经无法实现，只有通过强化短期目标的力度，才有可能集中有限的资金，因此，长期目标越来越多地让位给了短期目标。其长处是近期扶贫效果明显，有利于资金的滚动使用与积累。如贵州省少数民族贫困地区大力推广种植烤烟、甘蔗等经济作物，只要技术到位，气候合适，与市场接轨，贫困农户往往一年脱贫。其短处是忽视长期项目的配置，不利于生态环境的改善，少数民族贫困地区缺乏可持续发展的后劲。政府接下来制定的《中国农村扶贫开发纲要（2001—2010）》又提出争取在2010年彻底解决少数民族贫困地区温饱问题。然而，研究表明，即使是发达的英美等国，由于各种原因，贫困问题都是令政府长期头疼的社会问题，很难消除。

三 忽视非正规制度的作用，过度强调政府扶贫制度的作用

反贫困产品的提供方式可以有多种：政府供给、私人供给、政府与

私人共同供给。我国现在少数民族地区反贫困产品的供给体制是政府与半私人（村集体组织）的混合供给，但由于民族地区公共产品供给的自上而下的机制等问题，现行的民族地区反贫困产品供给效率还很低。

长期来看，反贫困制度达到预期目标依赖于贫困者自身，依赖于非正规制度的作用。但我国少数民族贫困地区的反贫困行动主要由政府推动，忽视了发挥贫困农户反贫困积极性的一面，忽视了非正规制度对反贫困的影响。

限于各种各样的原因，中国少数民族贫困地区的贫困问题不能仅仅依赖政府。作为一种特殊的公共产品，反贫困产品的供给问题，实质是作为具有非对抗性、非排他性的政府公共产品应如何配置的问题。资源配置的首要原则是效率原则，反贫困产品供给也应遵循这一原则，即不论反贫困产品的提供方式如何，都应满足社会福利最大化的要求。从整体角度分析，在少数民族贫困地区反贫困产品具有外溢性，消费者免费"搭便车"的心理以及存在巨额交易成本等情况下，如果由市场按照利益最大化的原则供给，必然会造成反贫困产品供给的短缺，因此，反贫困产品应由政府参与提供。但是，这并不意味着反贫困产品供给的责任必然要由政府承担。由于某些反贫困产品的特殊性如消费者的地域集中性、局限性，以及受公共产品供求双方的信息不对称性等因素的影响，其由私人供给可能更有效率。因此，反贫困产品应该综合运用多种方法，要充分调动贫困农户反贫困积极性，将正规制度与非正规制度有机结合，这正是少数民族贫困地区反贫困制度下一步改革的关键。

四　忽视了少数民族地区扶贫工作的特殊性

我国是一个统一的多民族社会主义国家，有56个民族。其中，民族自治地区达到616.29万平方公里，占全国总面积的64%。我国少数民族主要分布在西南、西北、东北等地区，民族地区地域广大，资源丰富。

民族地区经济是整个国民经济的一个重要组成部分，民族地区的经济发展状况直接关系到整个国民经济的发展，两者有着共同性。但是民族地区经济又有自己的特殊性。我国少数民族贫困地区在经济生活、社会发展、风俗习惯、历史发展等方面都有其自身的特点。少数民族的贫困问题往往具有一些特点，如整个鄂伦春族长期以来没有形成储蓄的习惯。

然而，长期以来，国家对少数民族地区的扶贫问题特别关注力度相对较弱，往往与整个中国的扶贫问题混为一谈，使得扶贫项目的效果大打折扣。因此，制定少数民族贫困地区的扶贫政策也要考虑到民族地区的特点，要深入民族地区进行调查研究，了解和掌握第一手资料。如果忽视少数民族贫困地区的特点，制定出来的扶贫政策就会出现"一刀切"、一个样、瞎指挥等现象，扶贫政策的执行效果就会与预期出现比较大的偏差。

第二节　少数民族地区反贫困制度上存在的问题

一　贫困对象识别制度存在问题

在扶贫标准不明确的情况下，识别贫困农户的方法只能选择以县为扶贫目标的瞄准机制，这种机制存在的弊端也越来越明显地暴露了出来。

1. 贫困县设定标准的主观性因素考虑过多

贫困县设定标准的主观性因素考虑过多，加大了中央扶贫资金的漏出量。国定贫困县的名单是在1986年初步确定的。1994年，国家制定"八七"扶贫攻坚计划时，对国家直接扶持的重点贫困县进行了较大幅度的调整，划定的贫困县增加到592个，增加了一些以前未得到中央扶持的特别贫困的县。在确定贫困县的过程中，政治上的考虑都或多或少地让政府把一些在经济上本不属于贫困县的地区划到贫困县范围中来；

在各省贫困县数量的确定上又或多或少地考虑了省际利益关系的平衡。无论是 1986 年还是 1994 年，确定贫困县的标准的主要依据是国家在当时可以拿出多少财力、物力帮助少数民族贫困地区，对贫困人口确定的标准不是国际通行标准，也不是相对贫困的标准，而是从中国实际出发确定的最低生活标准，即维持简单再生产和基本生产的标准。这些人为因素都大大增加了扶贫资金对于非贫困人口的漏出。

2. 中央扶贫资金瞄准有效性较差，漏出增加

瞄准的有效性高低可用能够到达贫困农户手中的资源比例的大小进行测度，即 P/（P+NP），其中，P 表示到达贫困农户手中的扶贫资源，NP 表示到达非贫困农户手中的扶贫资源。1993 年，我国 70% 以上的贫困人口集中分布于 592 个国定贫困县，1996 年，这一比例下降到 60%，而据国家统计局的测算表明，到 1998 年年底，分布在国定贫困县中的贫困人口只占全部贫困人口的一半左右。也就是说，在 1998 年的 4200 万贫困人口中，只有 2100 万贫困人口享有中央扶贫资金的使用权，而用于这 2100 万贫困人口的扶贫资金又被 592 个贫困县的 2 亿少数民族贫困地区居民平均使用了，瞄准精度也就因此降低了 10 倍以上。

3. 扶贫资金真正用于贫困户的目标很难实现

中央扶贫资金由财政发展资金、以工代赈资金和贴息贷款三部分组成。其中，财政发展资金和以工代赈资金，主要用于水、电、公路等基础设施建设和文教卫生等公益事业；信贷资金主要用于生产性项目，特别是种植业、养殖业和劳动密集型产业。但实际上，由于贫困县存在着巨大的财政缺口，财政发展资金被挤占挪用的现象时有发生；又由于农民收入增加对贫困县的地方财政收入影响不大，大部分贫困县更倾向于将贴息贷款用于对县财政有益的工业项目，而忽视对贫困县发展至关重要的种养业项目；即使在这三种资金中被公认效果最好的以工代赈资金，在分配到每个县时也是更多地考虑了项目的可行性而不是贫困状况。

直接以贫困人口为瞄准对象的机制又如何呢？1996年后日益得到中国政府重视的小额贷款项目就是以贫困人口为瞄准对象的，1999年全国投入的小额信贷资金总量已经高达近330亿元。毋庸置疑，小额信贷具有瞄准精度高、还款率高等区域瞄准机制所无法比拟的优点，但是就其本身的性质而言，是根本无法满足绝对贫困人口需求的。一是小额信贷要进行经常性的小组会议，需要每周还款，这无论对贫困农户还是对管理者而言，项目的管理成本都很高；二是出于项目成功率的考虑，目前的小额信贷项目往往倾向于选取那些交通比较便利、市场发育程度较好的地区，所以目前国内大多数小额信贷项目瞄准的并不是真正意义上的贫困农户，而是只能称为"亚贫困农户"、具备其他收入来源、能够每周还款的"亚贫困农户"；三是小额信贷在改善少数民族贫困地区农民生产和生存条件方面的效果不显著，被扶持的农户抵御自然灾害和市场风险的能力都很弱。

可见，直接面对贫困人口的瞄准机制虽然在很大程度上提高了瞄准的精度，但它也不能成为一种十分令人满意的选择。因此，考虑中国的实际情况，区域发展战略仍是一种现实的选择，问题的关键在于选择区域大小的"筛孔"以多大为宜。继续将中国反贫困的瞄准目标定位于县的机制在管理成本上是可以接受的，在瞄准精度上却存在着严重的偏差；将反贫困目标直接定位在与贫困人口的机制在瞄准精度上达到相对较高的同时又存在成本过高等一系列问题。而将瞄准目标定位于省（市、自治区）或地（市）的选择更是不现实的，只会导致更差的瞄准精度，至于管理成本的降低对目前的情况并没有多大的吸引力。也就是说，将瞄准目标定位于县的选择起码是优于省或地市一级的选择的。

然而瞄准精度的提高总是伴随着管理成本的上升，以便收集必要的信息和监测受益群体，这就需要在瞄准精度和管理成本之间寻找到最佳的平衡点，既节约成本，又能最大限度发挥扶贫资金的作用，调动各方的积极性，最快地实现扶贫目标。

二 扶贫投入制度存在问题

1. 资金分配不公，用于扶贫资金过少

这一阶段是我国计划经济与市场经济剧烈交锋时期，计划经济色彩依然浓厚，国企改革刚刚起步，国家资金转而投向国有企业。1985—1994年间，对国有企业的投资增长近8倍（按现值计算），仅仅政府对城市人口的价格补贴也是农业投资水平的数倍，1985年国有企业的投资增长额是当年扶贫费用总量的3倍，对国有单位的投资额是扶贫费用的33倍，到1994年增加到67倍，即使仅仅把其中的1.5%转而用来扶贫也会使扶贫资金数量翻番。1992年，我国财政支出4390亿元，其中用于企业亏损补贴445亿元，用于价格补贴322亿元，共计767亿元。这样巨额的财政支出单单让2亿多城市人口受益，广大少数民族贫困地区人口特别是少数民族贫困地区的贫困人口无法得到足额的资金支持。城乡分配如此不公，减贫目标很难实现。

2. 管理机构政出多门

在少数民族贫困地区反贫困领域，政府政出多门，对扶贫项目的管理方式比较落后或混乱。突出表现在项目由很多部门管理，造成政出多门、相互扯皮推诿。如在云南省，改土治水资金由扶贫办管理；以工代赈资金由计委、经委管理；绿色工程资金由林业局管理；交通扶贫资金由交通局管理；办电和水利建设资金由水电局管理；教育扶贫资金由教委管理；此外，还有人行、农发行、工商行、建行等金融部门管理的扶贫贷款。资金和审批管理权限过于分散，使投资缺乏统一规划，一个项目多个部门管理，重复投资，既造成了扶贫资金的很大浪费，又导致各个部门互相争夺扶贫基金，腐败难免发生。

3. 扶贫资金到位迟缓

许多扶贫工程必须先行贷款，等工程验收完毕扶贫资金到位后再归还贷款，所以扶贫项目有时要等工程验收后，甚至工程验收后半年、一年才能拿到钱。这既增加了工作的程序和难度，又增加了利息负担和工程成本。因此，解决扶贫资金的"时间滞留"和"线路损耗"问题已成为扶贫工作的当务之急。在中国的扶贫实践中，程序的官僚化、工作人员能力的低下以及相关机制的不健全，都对扶贫资金的使用效率造成了损害。例如，一个扶贫项目往往需要从乡村—县—地市—省级层层申报、审核、批复，既费时，运转成本又在无形之中增大。

4. 缺失贫困人口在反贫困全过程的参与机制

由于处于社会的底层，贫困人口在过去的扶贫过程中被严重忽视，声音传递不上来，要求未被充分重视，更难有参政议政的权力，即使是直接与贫困农户有关的问题，也很少由他们自己决策。政府很少听取他们的意见，而完全是处于施予者的角色，文化中心主义严重，希望以政府理解的现代化与现代文明改造贫困农户，这种机制显然容易犯主观主义的错误。因此，亟须构建贫困人口在反贫困过程中的全面参与机制，对这方面的研究本身就标志着社会的重大进步。

三　缺乏完善的配套和保障政策

扶贫政策中存在的问题在某种程度上是与地方政府的财政状况密不可分的，或许可以说，扶贫目标与地方政府目标之间的差异是导致扶贫政策错位的关键所在。地方政府虽然对区域经济的发展有巨大的促进作用，如地方政府既可提供优惠政策，吸引资金和优秀人才，引进先进技术，提高本地产品的科技含量和竞争力，也可以制定有效的公共政策，提供尽可能充分的公共产品，但是，由于公共产品在消费上不存在支出约束（消费的非排他性）等原因，出现了"搭便车"的现象，在供给上出现了供给不足的现象（如改善交通、通信和能源的供给条件、修建大型水利设施等）。此外，目前相当一部分公共物品由地方政府提供，但地方政府的运行需要一定条件，尤其需要一定的资金来支付政府人员的基本工资以及正常的办公费用，只有在此基础上，它才能集中精力来发展本地经济,关注当地农民的贫困问题。如果地方政府自身的正常运行都受到资金不足的威胁,就很难指望它关心农民疾苦,发展本地经济。

事实上,由于国家对农业基础设施的投资比例占财政总支出的很小一部分,与我国广大少数民族贫困地区的人口规模极不相称,农业生产和发展所需的公益事业和公共物品依靠农民的投工、投劳、投资自行解决,国家仅给予很少的补贴,以至于少数民族贫困地区的政府正面临着资金不足的威胁。与此同时,在我国,少数民族地区的人口个体根本没有能力对农田水利设施、乡村道路、乡村卫生事业以及科技推广等进行投资,少数民族贫困地区公共品供给历史性欠账很多。再加上公共品消费过程中的非竞争性和非排他性,决定同一公共品对同一地区不同农民有着不同的效益,导致少数民族贫困地区公共品供给主体的积极性降低,一系列配套和保障政策的缺失都大大影响了扶贫的长期效果。

四 扶贫制度缺乏法律保障

我国的扶贫制度从整体上一直缺乏相关法律上的保障,因此,少数民族地区反贫困制度中的主要内容仍然仅限于政府颁布的各种政策、通知和文件。虽然政府颁布的各种政策、通知、文件作为反贫困制度中至关重要的内容,政府也审时度势调整政策,对反贫困起到了支撑与指导作用,但是,少数民族贫困地区反贫困制度与政策的内涵不尽相同,政策带有权威性和强制性的同时也较多包含着政府的主观意志,在其作用过程中,具有较大的时效性、通融性、可变性,一定程度上会削弱政策的稳定性和科学性。在法律不完善的情况下,政府的力量强大,政策的发挥空间大,见效快,利用政策反贫困针对性强,政府网络很容易发挥优势,将之贯彻执行。随着市场化的推进,政策的发挥空间在逐步缩小。基于我国目前的立法现状,政策的时效很长,政府往往利用政策代替法律行事,一旦政策有所调整,政策所采取的扶贫行动及其效果就将消失。这样,贫困人口的权利难以得到有效的保护,对得不到投资或得到投资太少的少数民族贫困地区以及贫困农户来说,都是对其发展权利的一种侵犯。如贫困农户仍难从银行贷到款,银行贷款中贷富不贷贫的倾向仍十分突出。此外,各相关主体的权力和责任,贫困线的划分,扶贫资金的筹措、使用和监督等都缺乏明确的法规规定。随着社会经济的发展和各种法律法规的日臻成熟,少数民族贫困地区反贫困立法的缺失逐渐显现出越来越大的弊端。

与政策不同的是,法律制度是一个相对稳定的、长期的、具有某种行动可预知性的范畴,是要求社会成员遵从的社会行为规则,能够更好地保障贫困人口的权益,也能够对参与各方形成有效的监督和规范。如果反贫困立法条件成熟,制度的表现形式更多地会以法律的形式体现。

对法律的需求与社会经济发展水平呈正相关关系,法律的制定必然滞后于它所需要规范的现实事物,在此意义上,我国少数民族贫困地区反贫困缺乏相关法律规范恰恰说明少数民族贫困地区反贫困行动尚不成熟的现实。作为少数民族贫困地区反贫困制度的重要组成部分,《反贫困法》亟待建立和完善,为反贫困这一长期的历史性任务提供高级的法律保障。

第三节 少数民族地区反贫困具体模式存在的问题

一 开发式扶贫

开发式扶贫有助于逐步形成少数民族贫困地区和贫困户的自我积累和发展能力,主要依靠自身力量从根本上解决温饱、脱贫致富。然而区域开发式扶贫战略及其政策措施在过去30年的实践中,也产生了太多需要认真反思、总结和研究的问题。

第一,中央政府确立的扶贫目标与各级地方政府的行为偏好可能不一致，甚至发生抵触和冲突，战略所确定的保证地区经济增长的利益主要流向目标穷人的设想可能落空。并且，依靠政府系统来保证地区经济增长利益主要流向目标穷人的设想，没有充分考虑在市场体制建立和发展情况下如何避免政府行为与市场的矛盾冲突。

第二，扶贫战略实施往往是政府主导，而贫困人口和基层组织及社会力量主动参与较少。现行扶贫战略和政策基本上是根据传统的计划经济思想制定的，其实施在很大程度上依赖于地方政府，容易产生按行政管理实施的各种弊病，行政决策和实施的主观盲动性较大，而穷人和少数民族贫困地区的基层组织以及非政府组织对扶贫的主动性参与较少。扶贫资源也过分依赖政府投入，没有建立起从市场和社会筹集动员资源的必要制度。

第三，区域开发扶贫战略过高估计了区域开发引致经济增长对扶贫的作用，而忽视了救济性扶贫的功能。虽然区域开发扶贫战略有助于改变扶贫救济所产生的依赖性，有助于集中资源缓解区域性贫困，但这种改变同样抛弃了救济中所含的社会保障内容，使那些丧失劳动能力而无开发潜力的贫困人口被排除在扶贫对象之列。此外，区域开发扶贫战略尽管其初衷是瞄准贫困人口，但因为它以区域作为政策和工作单元，从它一出台就注定了不可能覆盖全部贫困人口。因为在以贫困县作为最小区域单元的条件下，穷人的漏出会随着贫困县和非贫困县收入分配结构的改变而改变。同时，政府扶贫资源只流向贫困县，实事上将发生贫困人口从非贫困县漏出，这样必将导致漏出部分贫困人口无法从政府扶贫资源中受益。

第四，对政府扶贫资金的分配和管理使用没有建立严格的、透明的监管制度，致使扶贫资源易被挪作他用，并且扶贫资源的利用效率低下。因为，在战略上忽视了地方政府和其他扶贫部门与中央扶贫目标冲突的影响，也没有能够采取有效的措施和制度安排来控制、减少地方政府及其实施部门挤占挪用扶贫资源的状况。更严重的是，包括贴息贷款在内的扶贫措施，从一开始就注定了它不可能排除被挪用的情况，制度本身就存在被挪用的隐患。

第五，扶贫行动建立在政策基础上，而制度建设滞后，影响了扶贫效果。从30年区域开发式扶贫战略的实践看，政府实施了如前所述的许多政策措施，但从整体上讲扶贫的制度建设是滞后的，比较突出地表现为：一是没有建立起贫困人口进入信贷市场的制度；二是劳务收入一直是少数民族贫困地区农民增收的重要途径，但为少数民族贫困地区农民进入劳务市场提供信息、培训等社会化服务组织制度并没有建立起来；三是没有建立起社会扶贫资源动员、传递和分配的制度。此外，社会服务和社会保障等制度建设也严重滞后。所有这些有关扶贫的制度建设滞后，都可能在今后部分地消蚀已取得的扶贫成果。

第六，扶贫政策措施的实施上，注重脱贫的数量和速度，对扶贫质量关注不够。这主要表现在：一是扶贫的重点始终放在增加贫困户的短期收入方面，而对提高他们稳定的创收能力重视不够，如科技推广、农业基础设施建设等方面的投入和支持力度相对较弱；二是扶贫重点关注较易实现的短期收入贫困，而对贫困具有更持久影响的"人类贫困"如教育、卫生、医疗保健等未给予足够重视，尤其是对贫困家庭的长期收入将产生重大影响的人力资本投资支持不够。

现行的开发式扶贫有以下几方面的局限性：首先是扶贫项目的效益低下。原因很简单，现在的市场竞争不仅仅是本地市场的竞争，而且是全国甚至全世界范围的竞争，在竞争的过程当中，少数民族贫困地区在技术、市场和管理上都明显处于劣势。其次是扶贫资金真正瞄准贫困户的问题至今尚未得到有效解决。目前以县为资金的分配单位，由于瞄准对象与县级行政区划直接联系，因此难以排除地方政府出于利益动机挪用资金，或者把资金利用到对财政能力增加最为敏感的领域，而这些领域与扶贫目标并非总是吻合，从而导致实际扶贫资金利用的稀释和遗漏效应。另外，中国乡村是一个人情网相连的"熟人社会"，任何强大的推动力量到这里都会失去穿透力,如果是一般性小额度商业贷款,或许瞄准穷人并不难,但要是有了很强的财政贴息性质,就不能保证"人情"和"熟人"对规则的侵蚀,更严重的是对环境的破坏。现在所剩的未解决温饱的贫困人口,绝大多数位于老少边穷地区,尤其是在西部。出于扶贫的目的对西部地区加大开发农业生产的力度,的确提高了西部地区贫困人口的收入水平,但也具有刺激西部地区人口增长,进一步增加对西部生态环境的破坏等负面效果。从自然环境方面看,一旦被人类破坏到特定程度,大自然就会丧失自我修复功能,不仅对环境的恶化会加快,而且扶贫政策所取得的成果也很难长期巩固,从而出现所谓的"返贫"问题。这正是开发式扶贫成就何以会与生态环境恶化加速相伴而来的原因,也是继续实施这一政策所面临的最大矛盾。

当前而言,要克服开发式扶贫以上的局限性,一要以整村推进扶贫规划为切入点,切实做到扶贫资金到村、到户,确保扶贫工作的效益真正落实到贫困户身上;二要把稀缺的扶贫资源,适当地增加到少数民族贫困地区基础教育、卫生健康、技术培训等方面,提升少数民族贫困地区的人力资本素质;三要对于那些生产生活条件特别恶劣的贫困人群,则通过移民搬迁的办法,来解决其贫困。

从政策角度而言,当前扶贫开发政策存在某些偏差,这些偏差产生了一些消极后果。具体说来,主要是以下三个问题:政策目标定位不清,扶贫对象模糊;政策效果追求片面,生态保护措施缺乏;基层官僚主义严重影响政策实施。在扶贫的进程中,一定要遵循自然资源环境的禀赋条件,使少数民族贫困地区享受均等的社会公共服务,增强个人和产业的发展能力。少数民族贫困地区发展的功能定位应是保护优先、适度开发、引导超载人口逐步有序转移,逐步形成重要生态功能区。其反贫困战略措施的重点是由国家通过财政转移支付保障该类少数民族贫困地区的公共服务供给,促进该地区的社会发展水平;通过国家生态补偿及发展特色生态产业提高少数民族贫困地区生态居民收入;国家提供教育、医疗保障增加该类少数民族贫困地区人口的人力资本积累，以便提升超载人口向外转移时的生存和发展能力；对转移到其他地区的贫困人口跟踪进行补贴和扶持，使转移出去的人口能在异地安居乐业。

在当前资源有限的条件下，如果单纯采取对当地资源进行开发，来促进区域经济增长，就会浪费资源、牺牲环境，得不偿失。而少数民族贫困地区基层政府由于能力不足，官僚主义严重，对扶贫政策的实施干扰，也使得扶贫政策大打折扣。因此，要扭转这样的趋势，就应当准确定位扶贫目标、加大环境保护力度并采取各种措施降低官僚主义对扶贫政策的负面影响，以此来引导政策的执行者以致制定者较多地关注贫困人口，特别是最贫困群体。

二 参与式扶贫

参与式扶贫是指政府以招投标方式确定重点贫困村后，村民们召开全体大会，采用民主投票选举的方式推选出自己的代表。这些代表与干部应分析致贫原因，找出脱贫办法，经相关部门和专家评估论证后，再交给全体村民大会民主表决。最后，政府根据村民意愿和实际制定出全村的扶贫开发规划，再交付村民项目小组负责监督实施。通过民主"参与"调动发挥主体的积极性和创造性，增强自身发展能力，建立可持续发展的扶贫开发机制。其主要特点是：注重农民在反贫困治理中的主体地位，强调贫困群体在扶贫过程中的全方位介入，需要注重内外环境的互动机制，以开发式手段为主，注重农民的能力建设。

参与式方法是一种外部干预和内源发展相结合的行动方式，目的是有效发掘穷人作为发展主体的潜力；同时也是一种抵御传递系统目标风险的工具。90年代中期开始，一些国际发展组织运用参与原则在中国的扶贫示范计划取得了显著的成果。参与式方法强调鼓励村民参加社区的全部决策过程。村民参与被视为摆脱贫困并获得长期发展的重要条件，贫困人口应该成为发展的真正主体，有权参与决定他们生活决策的制定。最终促使贫困人口,特别是贫困妇女达致其社会经济地位。比较而言,少数民族贫困地区农民的参与能力远不如非少数民族贫困地区农民高,这种相对被动的"动员型参与"应引起关注。

以"赋权"为核心的参与式模式,如果仅从话语的角度出发,只注重形式上的权力倒置,却不从扶贫实践的角度出发,关注扶贫开发的成效,就难以从根本上解决久扶不脱贫的问题。围绕"参与"开展的发展研究,至少在以下两个方面需要完善:一是关注多种利益相关群体对发展话语的实践。二是为展现多种利益相关群体的发展话语实践,应对"本土文化"重新进行定位。参与式扶贫的研究和实践需要从三个方面加以推进:从强调"权力倒置"到强调"内源发展";用"参与"的方法对扶贫体系进行反思;需要在发展关注地方性知识的机制方面有所进展。

我国的传统扶贫实践多为外源式扶贫:由官员主导,群众被看作受支配群体,致使社区发展的主体缺席;政府输入资源,偏重物质扶贫,缺乏技术支持,忽视群众发展能力的培育;对民族文化的价值存在认知偏误。其后果是,真正的主体在社区发展中处于边缘,群众的创造性以及社区的内在能量得不到激发,群众的自我发展能力和自信心无法获得提升,形成依赖心理,缺乏可持续动力,社会、文化、经济发展失调。

外源式扶贫企图借助外力推动民族地区发展,把群众边缘化,致使主体缺席。从内源发展观加以审视,其后果主要有以下几点:(1)群众的主动性和创造性以及民族地区的内在活力得不到激发。(2)无视群众的实际需求,扶贫资源难以有效利用,扶贫只是走形式。腐败丛生,损害了党和政府的公信力,增添了社会戾气。

在援助实践的过程中,缺乏一种整体性理解发展对象地方性知识体系的发展观,就如何将社会文化因素切实引入扶贫开发实践的问题仍没有很好解决。主要表现在:

第一,以经济、技术为中心的发展模式影响深远。技术和物资的援助仍是发展援助的核心，扶贫项目仍然以治贫、治愚、治病为主要内容，缺少从社会文化因素方面着手的有效反贫困措施。

第二，对于地方性知识的关注，带有明显功利性和工具性，对影响贫困和脱贫的社会文化因素，尤其是外部发展力量对贫困的影响理解不够全面和深入，且考察手段也十分有限。项目之前开展社会经济文化调查的时间很短，其目的也主要是为了帮助项目援助能够顺利地推行。这就导致人们缺乏对地方性知识的整体性研究，而仅仅关注了与项目有关的文化事项，如经常被提及的地方性技术知识、生物学知识、医疗知识等，但忽视了对当地人价值观层面的地方性文化逻辑的探寻。

第三，以当地人是否赞同项目作为项目是否适合于地方性知识的标准。这个标准在参与式发展项目中得到特别推崇，但这并不一定能保证项目适合于地方性知识体系的逻辑。因为在很多时候，生活在自己文化中的人们，往往很难总结出自己文化的逻辑，并不能意识到他们自己的文化其实并不赞同外来的发展援助。

第四，缺乏在发展项目中自始至终关注地方性知识的机制。即便是在参与式发展援助中，对于地方性知识的关注也主要是在项目的设计阶段。一旦项目设计完成了，这套项目方案就被认为是符合当地地方性知识体系而被加以实施。如果项目失败了，人们容易以当地基础太差、穷人素质低等原因解释，而地方性知识体系对于项目成败的决定性作用，则很少有人会关注到。

第五，提倡关注"本土文化"的参与式扶贫项目常常会表现出对少数民族本土文化的过度假设。实际上，这些本土知识在彝族村庄中久已存在，并且仍然在发挥着重要的作用，对人们的日常生活来说必不可少。村民们对这些文化十分熟悉，而且有固定的人群从事相关知识的实践和传承。项目却将这些本来存在的东西规划为项目的内容和目标，那么这样的项目不管落不落实，其效果也一样存在。

可见，当前以"赋权"为核心的参与式模式，仅从话语的角度出发，注重形式上的权力倒置，却没有从扶贫实践的角度出发，关注扶贫开发的成效，难以从根本上解决导致久扶不脱贫的两大主要因素，而这是导致参与式扶贫实践过程中理想和现实差距的根本原因。正是参与式扶贫在扶贫效率上的有限性，使参与式扶贫正面临着形式化的批评。

今后参与式扶贫的研究和实践需要从以下几个方面加以推进：

（1）从强调"权力倒置"到强调"内源发展"。实际上，对内源发展的强调才是参与式发展与其他发展范式的根本区别。强调内源发展，需要援助者在意识和制度上打破"落后的少数民族"的刻板印象，也需要从受援对象的层面帮助他们解除禁锢自己发展的"贫困文化"。因此，今后参与式扶贫的理论和实践，需要从提升发展对象自我能力、激发发展对象主动性、创造性等方面出发，展开更深层次的探讨，拓展更多的技术和途径。

（2）用"参与"的方法开展援助者也即扶贫体系内部的反思。多年的扶贫开发经历在为下一步工作积累宝贵经验的同时，也使得整个扶贫开发体系不可避免地存在"路径依赖"的危险，我们很有必要对一些我们习以为常的扶贫开发日常术语进行"变熟为生"反思。应该考虑到贫困人口弱势的市场地位及他们地方性知识的惯性，对市场化的范围、内容、途径等方面做出因地制宜的安排。对于贫困和弱势人群来说，更重要的也许不是加入市场竞争提高收入，而是建立完善的保障体系，实现人民生活的安居乐业。而自下而上的参与式协商咨询手段，正是一种有效的方式，可以运用于扶贫体系内部不同层级展开反思。

（3）参与式扶贫需要在发展关注地方性知识的机制方面有所进展。在目前参与式扶贫援助中，由于过于强调参与式的"赋权"效果，对文化因素的关注往往被形式化为"权力倒置"的证据。在实践中，需要在参与式培训体系中加入基层项目实施机构（尤其是县级机构）人员的少数民族语言培训，学习语言是保障整体性掌握地方性知识的前提条件。此外，还有完善扶贫体系效益的评价机制、扶贫项目的社会效益评价机制、基于社会文化经济特点开展的区域性扶贫规划机制、本土文化与扶贫目标适应程度的评价机制等。

三 整村推进

整村推进就是以扶贫开发工作重点村为对象，以增加贫困群众收入为核心，以完善基础设施建设、发展社会公益事业、改善群众生产生活条件为重点，以促进经济社会文化全面发展为目标，整合资源、科学规划、集中投入、规范运作、分批实施、逐村验收的扶贫开发工作方式。

目前我国的整村推进扶贫模式主要存在以下问题：

第一，群众的参与程度不高。整村推进的内容十分丰富，需要建设的项目较多，各项目之间相互联系，互相作用，共同促进整体脱贫。整村推进要坚持基础建设、产业发展、素质提高、社会事业等统筹发展，齐头并进，特别是现在更加注重产业建设和劳动力脱贫能力建设。但是由于地区条件的不同、群众素质的不同、思想观念的不同、工作基础的不同等，导致上级对扶贫资金的投向、比例等要求与村组干部群众的意愿存在一定差距。少数民族贫困地区自然条件差，经济基础不佳，虽然经过长期探索，进行了诸多尝试，但是符合实际、能让群众真正赚钱增收的产业还是不稳定，部分农民甚至付出了亏损的代价，因此发展积极性不高，有的即使发展也是被动应付。重点村贫困户居多，贫困户大多缺劳动力、缺打算，更缺资金，即使财政贴息，也受金融门槛过高的限制而贷款困难，大额贷款更是难上加难。导致群众的参与程度普遍不高。

第二，扶贫管理体制不健全。整村推进说到底资金投入是关键。首先是国家要有较多的资金扶持，这是主渠道。其次是靠地方整合资金，但因受行业规定和其他因素的影响，加上缺乏制度性的有效规定，导致整合资金存在较大弹性，效果没有十足的把握。最后是群众自筹资金受限制，效果不显著。财政支农管理体制不健全，在资金整合上难以形成有效统一。目前，国家对支农资金的不断加大，支农项目也相应增加，各涉农部门都有各自的财政支农资金，从项目的立项、管理、检查验收等制度都由各涉农部门自己制定，而对于重点村，单个扶贫项目有时起到扶贫效果不是很明显。因此在资金整合上各个部门之间缺乏有机协调，没有统一的管理办法，使财政支农资金难以做到统筹安排、合理配置。财政扶贫资金规定各级财政封闭运行，报账管理。而对于项目的实施必须从立项、勘察设计、公开招投标、项目实施过程的监管、项目验收等一系列环节都须有相关部门加强管理的问题，存在各种费用的支出，而在资金调拨的过程中更是环节较多。这导致了财政扶贫资金管理成本过大，资金使用效益偏低。同时存在重复建设、浪费资金（源）的问题。一直以来，整村推进都是一年规划、两年建设、第三年验收，时间比较短。一经通过验收，建设就基本画上了句号，国家也就停止了扶持。由于地方财力紧张，无力安排资金，如此一来，以前实施的项目维护就断了资金来源。后续政策缺位，导致巩固成果难度大。

第三，扶贫项目的地方特色不鲜明。我国现行的扶贫开发政策，是经过反复调研形成的，从宏观上讲符合实际，科学可行，有利于扶贫开发工作的深入推进和科学发展。但是由于不同实际情况的客观存在，主要是各地区地理环境和人文方面的差异，使扶贫政策和要求在落实当中出现矛盾和偏差。如果不加区分，千篇一律，按一个标准执行，势必削弱扶贫开发的效果，不利于贫困者脱贫受益。整村推进扶贫开发，群众是主体，是建设者，也是受益者，尤其是贫困群众应当更多更好地受益。如果不尊重客观实际，不尊重群众意愿，很可能陷入把扶贫工程办成面子工程、形象工程的误区。这样，贫困人口从整村推进中得到的好处就会打折扣，也会因此导致出钱不讨好的结局：群众不赞成、不支持、不领情，甚至对政府对干部生埋怨、有意见、闹矛盾，不利于"构建和谐"的总要求。

第四，扶贫相关的民族地区的社会保障体系不完善。近年来，我国部分少数民族贫困地区建立了一些初步的社会保障制度，对于保障人民生活安定，调动广大农民的积极性，发挥了重要的作用。但随着少数民族贫困地区社会经济的发展和改革开放的推进，它对少数民族贫困地区社会发展的保障功能并没有很好地发挥出来，还存在多方面的弊端和问题。(1) 范围小，覆盖面窄。2010年，建立社会保障网络的乡镇虽达20054个，却仅占全国乡镇总数的41%，建立社会保障基金会的村委会仅占39%。同时，大部分乡镇企业和私有企业以及少数民族贫困地区劳动力就业的国有企业、城镇集体企业、三资企业对少数民族贫困地区劳动者的社会保障基本上是空白。(2) 保障水平低下。由于我国少数民族贫困地区经济长期处于极低的发展水平，农民可自由支配的收入也极其有限，所以他们用于社会保障方面的消费，也只能是一种低水平的社会保障。目前少数民族贫困地区社会养老保险和医疗保险还不能满足基本的需求。(3) 社会化程度低。目前，在我国少数民族贫困地区推行的各种社会保障制度从严格意义上说都不是真正的社会保障，而仅仅属于社区保障。少数民族贫困地区以养老、医疗为重点的社会保障工作仅在小范围内实行。没有在全国范围内大面积推广，社会保障基金调剂范围小，在如何确定福利水平与经济发展的关系方面国家没有一个具有法律意义上的数量规定。(4) 资金来源不尽合理。目前，我国社会保障资金来源是以农民个人缴纳为主，集体次之，国家为补充。这使国家和集体所体现的社会责任过小，不仅造成了资金来源的不足，降低了保障标准，而且也影响了少数民族贫困地区参加养老和医疗等保障的积极性，加大了保障工作的难度。

针对上述问题，可采取以下对策加以解决：

(1) 坚持对上与对下负责相结合，项目规划处理好"两个关系"。在贯彻落实整村推进政策要求的时候，应坚持对上负责与对下负责相结合，因地制宜，创新实施。既要按上级的要求办事，做到项目规划统筹兼顾，突出重点，又能体现大多数基层干群的意愿，使绝大多数贫困群众真正受益。整村推进要处理好两个关系。一是基础建设与产业发展的关系。基础建设是产业发展的基础和前提，把渠、堰、路、地等建设好了，产业发展就会顺理成章，顺利推进。产业发展是基础建设的目的和结果，产业发展起来了，经济收入增加了，反过来就能支持基础建设。二者相互联系、相互作用。二是间接扶贫到户与直接扶贫到户的关系。今后直接到户扶贫是扶贫开发的方向和目的，是贫困户脱贫的根本方式。但在今后一个时期内，间接扶贫到户和直接扶贫到户方式应同步进行，并突出间接扶贫。间接扶贫到户任重道远，全面实行直接扶贫到户条件尚不完全具备。看似间接到户的扶贫，实际能使农民直接受益。在此基础上，再辅以产业基地建设扶持、贴息贷款扶持等直接到户扶贫，就会收到雪中送炭、锦上添花的效果。

（2）加强资金整合，制定切实可行的政策措施。整合相关资金是保证投入的重要措施之一。应从省级层面入手，由省扶贫开发领导小组制定相关政策制度，协调相关部门把相关资金整合到省扶贫办，再以适当的形式下达到各重点扶贫县市，从而补强资金整合的薄弱环节，减少随意性和伸缩性。各县市再在此基础上把相关资金向重点村倾斜，以保证资金总量增加。

（3）实行连片开发，统筹规划建设。按照整村推进五年一规划的工作机制，从有利于工作、有利于规模、有利于资源利用、有利于节约资金的角度出发，分年度按照"串成线、连成片、规模建"的要求安排布局，统一规划，分村实施，努力实现以整村推进的形式达到连片开发的规模效应。

（4）建立后续扶持机制，保障项目效益有效发挥。要使验收过后的重点贫困村不至于成为扶贫的盲区，应当建立健全后续扶持机制。确保扶贫项目正常使用、发挥作用。

四　移民扶贫

移民扶贫，是通过自愿移民搬迁的方式，解决部分生存条件恶劣地区群众的贫困问题，是中国扶贫开发的一项重要举措。这是因为在中国高寒地区、沙漠化、石漠化等地区，或是常年严重干旱缺水；或是地表水渗透严重，无法利用；或是高寒阴冷，有效积温严重不足；或是山高坡陡，水土流失严重，自然灾害频繁。恶劣的自然环境造成"生态环境恶化—贫困—生态环境进一步恶化—贫困加剧"的恶性循环，使得这些地区不具备基本的生存条件。在常规扶贫政策难以取得效果或成本太高的情况下，异地安置扶贫就成为缓解当地环境压力和改善群众生产生活条件的有效途径。

中国的扶贫移民搬迁工作是从"三西"地区（甘肃的河西走廊地区、以定西为代表的中部地区以及宁夏的西海固地区）开始的。1983年，国务院成立专门机构，拨出专项资金，开展"三西"地区农业专项建设，在中国首开区域性扶贫开发之先河。鉴于定西和西海固地区自然条件恶劣，人地矛盾突出，有些地方开发条件很差，而在河西地区和宁夏沿黄灌区尚有后备农业资源，可以通过兴建水利工程开发土地，"三西"建设提出了"有水路走水路，水路不通走旱路，水旱路都不通另找出路"的方针。"出路"就是移民搬迁。由于组织措施得力，"三西"移民基本实现了一年搬迁，两年定居，三年解决温饱的目标，同时对扩展迁出地区的生存空间起到了一定作用，经济效益、社会效益和生态效益都非常明显。这项工程对解决全国特困地区的温饱问题起到了示范作用。

由于政府投入以及各方面的因素，移民扶贫的方式也逐渐地出现了不少困难和问题。

第一，随着扶贫工作的深入推进，移民扶贫资金有限，移民难度不断增大。主要表现在扶贫资金补助标准低，搬迁资金缺口大，除了政府的补助外，很多方面都需要农户自己筹集资金。对于这些贫困户来说，筹集所需资金难度很大，在实际操作中，迁入地的路、电、水、校、卫生等公用基础设施的投资额巨大，由县、乡、村等自筹资金也难以得到解决和落实。其次，由于资金有限，通常是有能力搬迁的贫困人口才有能力搬迁，实际也是经济上相对较好的农户得以进行搬迁，搬迁所需费用以及搬迁后重建家园所需的物质和资金对于这部分人来说，只会更增加他的经济负担，使其更为贫困。所以除非国家完全为其安排好搬迁前后的一切事宜，否则很难达到扶贫的目的。因此，资金是最大的困难。这将影响到真正贫困农户的脱贫，而只是让一些相对较好的人得到发展，并没有从根本上解决贫困问题。

第二，迁入地区的后继建设和发展问题。一方面，贫困山区的人民缺乏信息来源和新的技能。基本上没有生产技能。这就导致贫困人口在就业和投资上缺乏竞争能力。另一方面，迁移需要一定的初始投资，贫困农户往往缺乏这种能力。从开始搬迁到搬迁后的基础设施建设、社会服务建设，无一不涉及资金和技术问题。过去依靠的资金来源主要是国家的扶贫资金，还有部分民政资金以及支持民族地区的发展资金也投入到了移民项目中。如何争取多渠道的资金来源，并合理利用这些资金进行建设和发展，成为稳定扶贫结果的关键问题。此外，由于少数民族风俗习惯和宗教文化的影响，一些农民存在故土难离、亲情难舍的观念，加之大多数贫困户文化素质较低、技能差、生产与生活方式落后，不愿意离开自己原来的居住地和放弃原来的农牧业生产生活方式，转换生产和生活方式显得非常不适应，在迁入的新环境中也显得无所适从，从而影响到迁入地经济的整体发展。

第三，扶贫政策不完善，扶贫投入出现弱化，加大了搬迁难度和迁后建设。如信贷扶贫资金由政策性贷款转变为商业性贷款。除了国家专项扶贫资金支持外，主要资金来源还是依赖于地方政府和各种贷款。这种投入格局的主要问题在于：其一，各级地方政府财政都存在严重赤字而无力投入；其二，在贷款方面，商业贷款政策有"历年有贷未归还的不贷，没有质押能力的不贷"等几种不贷款的规定，使相当多的贫困户，被划入了不予贷款的行列。而贫困户本身又没有资金，这就直接影响到了贫困户搬迁后进行生产和发展。扶贫贷款条件虽然较优惠，但极其有限，其投入主要用于一些投资少、见效快、覆盖面广、效益高，有助于直接解决群众温饱的种植业、养殖业和相关的加工服务业；或者是能充分发挥少数民族贫困地区资源优势、大量安排贫困户劳动力就业的资源开发型和劳动密集型的乡镇企业。这样的贷款条件使很多贫困户无缘贷款，只能望着"项目"兴叹。

在实践中应注重扶贫与发展结合，完善移民扶贫。

（1）加强政府管理，量力而行，注重实效。移民搬迁旨在促进人口、资源、环境的协调发展。鉴于我国各级地方政府的财力现状，完全由政府来承担移民的所有环节，成本很高，效果也不一定显著。各地政府应该制定、完善一系列相关措施和政策，鼓励贫困山区人口自发迁移，移民自身的积极性和主动性提高了，安置成本就越低，对政府的依赖就会减弱，搬迁的效果才会有所提高。政府组织的移民搬迁，则要因地制宜，采用多种形式和渠道进行移民安置，多渠道地增加投入，充分发挥各部门、定点扶贫单位的优势，积极争取资金、人才、技术等方面的支持。还要将各种资金统一整合，集中用于移民迁入地的公共设施建设、生产条件改善和文化、教育及医疗卫生设施的完善。

（2）提高政府服务意识，引导移民走致富之路。各级政府都有责任帮助农户在脱离土地之后，能够尽快找到就业门路，有稳定的收入来源，解除移民的后顾之忧。一方面，积极拓宽务工渠道，为移民人口提供信息和培训机会。在我国，广大的少数民族地区同时也是文化资源较丰富的地区，如布依族的蜡染、黔南州牙舟陶器、荔波藤编、水族马尾绣、苗族银器等，不仅是做工精细的生活用品，也是文化内涵丰富的手工艺品，各级政府部门应该义不容辞地为这些民族手工业走向市场提供市场信息和指导，帮助民族同胞勤劳致富。另一方面，对特别贫困户政府要实行救助，帮助他们就业或创业，让其能够有稳定的收入来源，从而在根本上解决他们在生产及生活中的困难，增强总体脱贫能力，最终达到民族地区的全面脱贫和经济的发展。

（3）抓住社会主义新少数民族贫困地区建设契机，以发展促扶贫。由于自然地理环境和历史环境因素制约，少数民族地区不仅贫困面大，而且贫困程度较一般地区更为严重。少数民族地区经济发展不仅有助于当地群众尽快脱贫致富、促进社会经济发展，而且有利于进一步加强民族团结，维护安定团结的政治局面。因此，扶贫工作不能仅仅局限于就贫困而扶贫，而应该结合经济发展来开展扶贫工作。在有限的资金、技术条件下，利用自身资源，因地制宜，发展经济，从根本上消除贫困的根源。

总之，靠经济发展带动扶贫工作的开展才是硬道理。民族地区虽然大多地处偏僻山区，交通、区位条件较差，但是，民族地区同时又是我国资源丰富的地区，有着丰富多彩的自然资源和人文资源。因此，要脱离贫困，不仅要靠国家的政策支持，需要一定的投入，关键还是要靠民族地区发扬自力更生、艰苦创业的精神，把握各种有利时机和条件，利用自身优势走以发展促扶贫的道路。

第十章
少数民族地区反贫困存在问题的原因分析

新中国成立以来国家对扶贫工作一直都非常重视，改革开放以后的30多年里，为了帮助少数民族地区解决贫困问题，扶持他们发展生产，中央及地方各级政府采取了包括定点工作等各种措施开展扶贫行动。特别是进入20世纪90年代以来，政府比过去更加重视少数民族地区的扶贫工作，不断加大对少数民族地区扶贫工作的力度。中国扶贫行动也实现了由通过促进国民经济整体发展而普遍受益的"经济增长与发展阶段"，及通过该目标的"地区经济发展阶段"，而进入了以减少并消除"绝对贫困人口"为导向的所谓"扶贫攻坚阶段"。[①] 但客观评价，从这时起，减贫效果却并不是十分明显，少数民族地区现行的各种不合理的规则、制度正在抵消政府所做出的减贫努力。其重要表现之一就是尽管改革开放带来了全国经济的飞速发展，但我国少数民族地区的收入水平与发达地区或全国平均水平的收入分配差异并没有缩小，相对贫困的现象反而有愈演愈烈的趋势，这也充分暴露出改革开放后少数民族地区反贫困制度的若干安排仍然在一定程度上带有旧的计划经济的痕迹，许多制度创新只能在外围徘徊绕圈，难以攻破其核心环节。少数民族地区扶

---

① 陈俊、胡磊：《扶贫制度与制度效率》，《河北理工大学学报》（社会科学版）2006年第6卷第2期。

贫攻坚制度存在问题的具体原因阐述如下。

第一节　旧的利益格局仍未打破

长久以来，民族地区和少数民族聚居的广大少数民族贫困地区一直是扶贫工作的重点。尽管我国经济社会发展取得了巨大的成就，少数民族地区的农牧民整体收入也得到提高，但就目前而言，农业与工业、乃至整个第一产业与第二产业的关系、农民与其他集团、农业生产与流通的不平等利益关系仍然存在。从整个国家反贫困制度建立的宏观环境上看，政府制度的利益偏好仍以工业、部门、城市居民和国家、集体利益为主导，旧的利益格局仍在延续。在国家和农民的利益上，即取与予、消费与积累之间的分配上仍是向国家倾斜，不是把农民作为市场经济的主体来看待；在工业与农业的利益上，以农育工、以农哺工的工业化初期的制度仍在延续；在家庭承包农户与乡村集体之间的利益上，仍然是把集体的利益置于市场微观经营主体的利益之上；在流通环节与农业生产环节的利益上，特别是粮棉的生产与流通上，其生产仍未被作为一个产业来看待，而仍然只是作为一个战略性的生产过程，必须服从于国家宏观制度和政治功能的需要；在农民与城市居民的利益上，牺牲农民利益，维护城镇居民利益的制度仍在维持。正是由于这种不平等的利益分配关系，导致少数民族地区在扶贫攻坚的过程中缺乏初始的协调机制和动力来源，影响扶贫工作效果，造成事倍功半。

第二节　制度偏好挤压市场空间

在反贫困制度作用过程中，反贫困主体之一的政府的行为"非理性"要求经常会与另一主体贫困户的"理性"目标发生摩擦。所谓政府的"非理性"就是指政府不是以追求利润最大化为目标，由此就会与贫困户主体的"理性"产生摩擦。由于目前我国传统计划经济的管理残留痕迹仍然存在,政府的行为仍未"理性化",没有彻底摆脱传统计划经济的束缚,比较迷信政策的功效,排斥市场的作用,市场机制的调节空间受挤压,这就形成了在反贫困领域极强的政治化倾向。当前的少数民族地区的反贫困制度首先考虑的往往是社会稳定、所有制、意识形态等政治功能,其次才是经济功能。

马克思主义认为,政治是经济的集中表现,是一定的阶级或社会集团围绕着国家权力为实现自己的利益而进行的活动。现代政治发展理论也认为,协调不同利益群体关系,维持社会和谐与稳定是政治发展的重要基础和前提,也是政治发展的重要内容。在我国政治发展进程中,由于利益日益呈现多元化,已逐渐形成了多种不同的利益集团或利益主体。1988年,中国共产党十三届二中全会的工作报告中首次承认,中国社会存在着不同的利益集团:"在社会主义制度下,人民内部仍然存在着不同利益集团的矛盾。"此后,学术界开始对利益集团问题作了不同程度的研究,利益集团问题也开始引起了广泛的关注。胡锦涛同志指出:"要加强对社会利益关系发展变化的调查研究,深入认识和分析我国社会利益结构、利益关系等方面情况的发展变化和发展趋势,以利于完善政策措施,更好地统筹各方面的利益关系和利益要求。"[1] 其中,由于少数民族地区利益的特殊性,已使其成为一个特殊的利益主体。[2]

社会主义市场经济体制建立后,不同民族间围绕经济利益产生的矛盾更加突出,并在一定程度上影响了各民族之间的关系。另外,随着西部大开发的进一步推进,在民族地区由于草原牧场、水资源、森林矿藏、污染防治等方面引起的利益冲突也有所增加。保障少数民族地区群

---

[1] 胡锦涛:《加强调研,着力提高工作本领,落实和谐社会建设各项工作》,《法制日报》2005年2月23日。
[2] 马尚云、李婧:《从利益集团看我国少数民族地区利益的特殊性》,《内蒙古社会科学(汉文版)》2006年第3期。

众的利益，有利于加强少数民族地区的社会稳定以及边境安宁、国防稳固，对于增强整个中华民族的凝聚力和当代中国政治发展都具有极强的重要战略性意义。也正因如此，政府出于对社会与政治稳定的偏好，赋予少数民族地区反贫困核心制度及各种相关制度的政治功能与社会功能远远超过了经济功能，因此，制度目标的多重性赋予了少数民族地区反贫困制度本不该负担或无力负担的政治社会功能，忽视了反贫困制度及各种相关制度所应有的经济内涵，这就形成了政治功能主导经济功能的局面。经济为政治服务，到头来可能所有的目标都难以实现。也正是由于国家针对少数民族地区扶贫工作的政治色彩较浓，因此很大程度上忽视了必要的经营管理观念和方法。

一旦陷入制度低效率的状态，摆脱这一状态所付出的成本将大大高于选择这一制度的成本。但是在进行制度选择时由于人们的有限理性和信息的不全面，做出错误选择的情况是时常发生的。因此，即使相关制度存在不足和瑕疵，由于惯性和不可逆性，造成缺乏合理的环境与时机进行修正，加之政治风险的存在，一些扶贫工作者、民族地区的官员往往盲目追求平稳的环境，为政绩考虑，以长官意志取代科学决策，依据的并不是项目的科学性、长期性、有效性，而是受"投资少见效快"的观点，造成一些在科学上并不可行的项目被投入实践，使投资项目出现大量的重复建设和扶贫资金使用上的"撒胡椒面"现象，最终导致总体上的投资低效率的扶贫行为的短期化。生活中不少"无用工程"、"半拉子"工程的出现，就是由于少数民族地区的决策者对项目的效用或产品市场缺乏足够的了解或由于好大喜功，所需资金考虑太少的结果。

另外，国家的各级政府，特别是一些地方政府对反贫困问题的长期性估计略显不足，制度缺乏连续性和通盘规划，反贫困工作更是明显地表现出"领导特色"而非"地方特色"，即扶贫方针和具体实施根据领导的任期进行调整，缺乏针对本地贫困状况和致贫原因等问题的细致思考，导致有效的长期规划在具体执行过程中的缺失。此外，我国少数民族地区的反贫困制度在设计时大多缺乏政策间的关联性，采取的是头痛医头、脚痛医脚的方法，或者就事论事，治标不治本，缺少后续的配套制度，结果难以达到制定制度的初衷，反而还引来新的矛盾。

总的来看，我国少数民族地区的反贫困制度过高估计了反贫困制度的执行环境，制度没有跟随我国制度环境的变迁而采取相应的调整，从一开始考虑的眼光就较短，所需调整的范围与反贫困目标不相符。由于几十年计划经济体制的惯性作用和传统思维定式的影响，制度制定者往往高估行政措施的效力，反贫困措施带有很强的干预微观经济主体，如少数民族个体进行生产、生活的偏好倾向，有意无意地推行着与建设社会主义市场经济体制方向相悖的制度。[①] 因此，未来制度制定者应当根据变化了的制度环境，来调整制度设计逻辑和思路，而且制度要以市场和经济手段为主，不应直接干预该由市场发挥作用的环节，不干预少数民族地区群众的生产经营活动。

第三节 制度制定程序不健全，制定者权责不对称

当前少数民族地区的扶贫制度虽然有一套相对完整的制定程序，但是这套程序还有一定的不足。第一个不足是政策制定过程中缺乏贫困户与政策制定者的有效对话机制。中国贫困人群从普遍意义上讲大都极具边缘化，作为弱势群体，其在政府决策时缺乏强有力的代言人，这种现象对文化素质普遍较低的民族地区贫困人群而言更为明显，这就造成针对少数民族地区的反贫困在制度上过多地受到其他利益阶层的挤压，组织不能够充分发育。

在官僚阶层政治内涵的信息不对称与行政指令偏好条件下，计划经济在积累社会财富搞建设方面的优势和过去搞建设的成效使政府对计划

[①] 邓大才：《论当前我国制度供给现状及制度变迁方式的转换》，《江苏社会科学》2002年第6期。

性制度具有强烈的依赖性,而社会科学知识的局限与制度意识刚性又强化了这种"路径依赖"与"体制锁定"。① 只有连续不断地变迁和创新,使制度本身不断地适应市场变化,不断优化,才能最终实现帕累托最优。体制变迁和制度创新锁定的反作用不但使制度安排不能适应市场变化的需求,还使得内生制度变迁的主体产生惰性,自动终止制度变迁,成为影响新的制度变迁的非正式制度安排,阻碍下一个帕累托改进。

当前,少数民族地区的反贫困制度中的第二个不足是缺乏相关扶贫政策颁布后自上而下和自下而上的意见反馈和调整机制,导致制度创新供给与需求的动力明显不足。民族地区基层的贫困人群作为改革的主体,自发的需求诱致性制度变迁力量弱。如果需求的制度不影响主体制度,则可以在一定程度上满足民族地区贫困人群的制度需求,进行制度的边际调整,但是如果这种需求一旦超过了决策者的容忍极限或者损害主体制度,必然导致制度供给不足。

第四节　少数民族地区地方政府缺乏自主调控

从当前国家扶贫体制的设计来看,仍然存在中央集权、地方政府财权与事权不相符的现象,造成民族地区缺乏整体的自主调控。所谓少数民族地区自主调控,是指在市场经济体制下,少数民族地方政府为实现既定目标,对所辖区域内的经济总体及其运行进行调节和控制的过程。地方政府作为地区宏观调控的调控主体,与中央政府一样,调控客体主要是经济总量,只不过总量指标的外延有所区别。相对于中央政府对一国范围内的经济活动总体进行调节,少数民族地区宏观调控主要是由少数民族地方政府根据中央政府宏观调控的整体战略部署,以地方社会发展现状和整体利益为出发点,针对各项地方经济总量指标,如地方生产

---

① 谭洪江:《我国农业制度变革的根源和思路》,《农业经济问题》2002年第7期。

总值、地方价格总水平、地方财政收入、地方总需求、地方失业率、地方消费品价格指数等，进行的决策、计划、监督和调节等。

少数民族地方政府与其他地方政府相比，之所以需要成为相对独立的自主调控主体的主要原因在于少数民族地区经济社会发展的特殊性。这种特殊性主要表现在与非民族地区相比，少数民族地区多民族共居，区域内少数民族占比较高，民族关系复杂，少数民族个体的利益和意愿表达在聚居格局下较易凝聚成总体诉求，民族情绪易被点燃，任何政治矛盾、经济矛盾、文化矛盾、宗教矛盾等，只要牵扯到民族间关系，都可能以民族矛盾的形式表现出来，我国近年来在西藏、新疆、内蒙古等地发生的民族纠纷都是例证。

国家给予了少数民族地区自治的权力，也给予了少数民族地区地方政府在合理权限下，制定一些地方法律法规的权力，但截至目前，很多民族地区的地方政府并没有充分利用该项权力。同时，少数民族地区通常自然资源、人力资源丰富，但技术水平相对较低，如果缺乏区域外的支持，极易形成"高人口增长—低技术水平—工作能力差—缺乏创新—低收入—低储蓄—低资本形成率—低区域技术需求—高人口增长"的恶性循环，陷入"低水平均衡陷阱"。而在自身资本不足的同时，少数民族地区仅仅凭借具有相对优势的自然资源，是难以在市场自发力量下吸引大量优质资本进入的，经济启动力量难以形成。这种情况，使得少数民族地区在经济发展过程中一方面要依靠中央扶持和政策优惠，提高对外部资本的吸引力；另一方面要苦练内功，通过提高劳动者的素质，提高技术和创新能力，打破低水平均衡陷阱，促进经济快速发展。相对于前一方面来说，后一方面是内因、根本、可持续的，它有助于少数民族地区走出"输血"式发展模式，走上"自供血"的发展道路。

由此可见，从扶贫攻坚工作的角度而言，也需要少数民族的自治地方政府从当地实际情况出发，制定具有当地民族特色的扶贫攻坚思想，并以此设计相应的具体扶贫项目等。但从目前来看，正是由于中国扶贫攻坚工作从指导思想到实施仍然以中央政府为主体，偏向于宏观，项目设计缺乏相应的地方特色，造成了扶贫工作在民族地区效率较低，效果与其他地区相较也不太理想。一些民族地区的地方政府在执行中央宏观的扶贫政策时被动实施，也没有使中央实施下达政策的初衷得到充分的实现。① 多年以来，人们也将较多的注意力放在对中央政府在扶贫工作中宏观调控功能的研究，相对缺乏对于少数民族地区对于扶贫宏观调控职能的认识，导致少数民族地方政府难以根据本地区的总量、结构、效益等实际情况进行有针对性的总体、长期调控和扶贫，少数民族地区社会和经济发展受到极大的限制。

第五节 贫困个体参与性差

贫困由谁造成、由谁承担一直是导致贫困理论发生分歧的关键问题。围绕着对这两个问题的不同回答，形成了个体主义范式和社会结构范式两个截然对立的二元范式。个体主义范式认为，贫困发生的根源在于贫困者本人，原因在于社会上有部分人缺乏能力、训练或道德。社会结构范式认为，贫困的根源在于超越于贫困者个人之上的结构性要素，这些结构性要素包括劳动力市场的性质、社会分配体制、社会保障制度等，个人在这些结构性要素面前的选择有限。②

与贫困理论的二元对立相对应，中国少数民族地区扶贫的发展历程也体现出两极思维，即个体主义扶贫范式和社会结构扶贫范式。贫困不是一个抽象概念，而是实实在在的经济社会现象，它必然嵌入在经济社会发展的过程中。纯粹的个体性贫困或纯粹的结构性贫困只存在于理念

---

① 马淮：《论少数民族地区宏观调控的必要性和特殊性》，《云南民族大学学报》（哲学社会科学版）2012年第4期。

② 郑杭生、李棉管：《中国扶贫历程中的个人与社会——社会互构论的诠释理路》，《教学与研究》2009年第6期。

中，在社会发展和转型的某一阶段，某一类原因可能居于更主导的地位，但是绝不意味着其他因素可以忽略不计。因此，理解少数民族地区的贫困问题不能脱离社会转型整个进程的历史视角。也就是说，少数民族地区的致贫原因并不是一成不变的，绝对化地界定某项贫困是个体性还是结构性，都是简单的思维模式。扶贫工作中，必须结合中国社会转型的进程来理解贫困、缓解贫困，同时，任何的扶贫举措都必须既考虑到社会结构的限制，又考虑到行动者的主体参与。

20世纪90年代，我国少数民族地区的扶贫工作经历了个体主义扶贫范式到社会扶贫范式的转变。近几年来，参与式扶贫更是成为少数民族地区扶贫攻坚过程中的重要经验，但总的来看，贫困群体在扶贫工作的参与仍有很大的空间。Schumacher在其所著的《小的最好》中指出：如果我们能把我们关心的问题转向贫困人口的真正需要上来，那么无疑我们将获得这场战争的胜利。

第六节 财政扶贫投入严重不足

制度的实现是有条件的，它必须有自己的物质保障。换言之，少数民族地区反贫困目标的实现需要有强大的资金投入作保证，而反贫困资金投入的多寡取决于财政收入状况和财政支出格局。在财政收入一定的时候，财政支出格局对反贫困资金的多寡具有决定性的影响；财政支出格局是各阶层、各地区间相互较量的结果，而贫困阶层恰恰是谈判能力最弱的社会阶层，因此他们所得到的份额，即反贫困资金在财政支出中所占的比例，往往是最低的。资金短缺是扶贫政策失灵的又一个重要因素。

近年来，我国贫困人口分布呈现"大分散、小集中"现象，贫困程度深，分布地区的自然、经济、社会条件十分恶劣，返贫现象严重等新特点，扶贫开发任重而道远。而我国财政扶贫还存在不少问题，这些问题的存在，都与财政扶贫制度的不健全、不完善紧密相连。财政扶贫的实质是通过财政扶贫政策和资金扶持少数民族贫困地区发展市场经济，财政的职能就是如何为少数民族贫困地区发展市场经济提供帮助。财政扶贫制度应在发展市场经济的基础上来调整。当前，我国财政扶贫制度建设还比较滞后，从长远和全局来考虑制度创新还比较少。

具体来看，我国财政扶贫投入机制存在以下不足：

第一，财政扶贫资金、特别是无偿投入严重不足，需要与可能之间的缺口巨大。大体来讲，扶贫遵循着边际效益递减的规律。尽管多年来，财政扶贫资金逐年增加，但由于我国在经济建设方面投入巨大，多项社会事业改革开支繁多，各种配套及财政兜底任务重，结果是不仅贫困县财政困难，省级财政也十分吃紧，就连中央财政要保证每年按一定比例增长的扶贫资金也有较大难度。

第二，财政扶贫转移支付制度繁杂、不规范，且数量严重不足。目前，我国财政转移支付的形式，除了包括税收返还、体制补助、结算补助及部分其他补助等多种应属于一般转移支付的范畴外，还同时并存着"自上而下"的各项补助和"自下而上"的各种形式。它们的存在虽然都具有特定的历史背景，但毕竟过于繁杂，不够规范，主观随意性较强，且转移支付的数量严重不足。

第三，地方财政扶贫配套资金要求比例过高。一方面，中央财政要求省级财政配套资金比例过高，高达30%—50%，受财力限制，实际上多数省份难以做到。另一方面，省级财政又要求贫困县及其所在市（州）财政也要配套，市、县两级由于财力严重不足，配套资金更难落实。

第四，财政扶贫资金的管理成本较高，使用效率较低。现行的体制决定了财政扶贫资金分配和管理从中央到地方要经过多个机构和环节，审批环节多，审批手续繁杂，部门分割，多头管理，各自为政，使用分散，缺乏统筹安排，资金到位迟缓，还存在财政扶贫资金"渗漏"严重、扶贫技术管理落后和国定贫困县"待遇"的多年一贯制和财政扶贫资金在贫困农户间分配的平均化倾向等问题①，以至于增大了资金管理成本，造成了扶贫资金运作的低效率，不利于集中一定的财力解决扶贫的关键问题。

第七节　少数民族地区扶贫制度内部缺乏有效配合

从总体少数民族地区的扶贫制度来看，其下又可以分为许多具体的制度，有些制度倾向于短期扶贫见效，如发放扶贫资金；有些制度则偏向于长期脱贫，如帮助贫困家庭就业等，以防止返贫现象的出现。目前，作为在少数民族地区执行的各种具体的细化制度，在其内部缺乏有效的衔接和配合，其中的重要一点就是社会保障制度的不完善，这也是造成当前少数民族地区返贫率居高不下的重要原因之一。

目前，我国社会保障的覆盖面还比较低。例如，在社会保险的"五险"中，养老保险是参保人数最多的，但也只有16554万人，而我国城乡就业人员为73740万人。因此，与国际相比，我国社会保障覆盖面仍然只相当于低收入国家的水平②，少数民族地区的社会保障的覆盖率就更低。同时，我国社会保障管理体制管理分散、政出多门，未能形成统一的管理体制。如养老保障问题，国企职工归劳动和社会保障部门负责，公务员归人事部门负责，贫困群体归民政部门负责，多头管理现象严重。由于众多机构共同行使社会保险职能，容易造成多头管理、各自为政的局面，既缺乏宏观协调，又缺少综合平衡，同时，又加大了管理成本，阻碍了社会保障改革进程。

就社会保障制度内部而言，对于扶贫工作影响较大的就是养老保险和医疗保险。养老保障问题正是目前社会保障制度建设中的一个难点，特别是民族地区和少数民族贫困地区的养老问题如何解决就是一个涉及

---

① 王小琪：《推进我国财政扶贫制度创新的思考》，《改革与发展》2007年第2期。
② 参见《中国社会保障制度的现状、问题与发展》，原文链接http://www.110.com。

面很大的问题。养老问题不解决，就难以实现建立社会保障的目的，也会对社会构成巨大的安全隐患。20世纪80年代经济体制改革以前，少数民族贫困地区贫困家庭的养老由少数民族贫困地区集体组织承担了大部分的责任，后随着土地和收入分配旧体制的瓦解，赡养老人的责任又转由家庭来承担。但由于制度的变迁，传统的家庭赡养老人的功能正逐步弱化，建立适合当前时代特点的养老保障制度势在必行。

此外，对于民族地区而言，医疗保障制度也十分的不健全。新中国成立以后，我国逐渐形成了二元社会经济结构。十六大以来，坚持科学发展观，二元社会经济结构正在走向融合。但是，卫生保健体制却仍然固守二元化。医疗卫生方面，城市医疗卫生和少数民族贫困地区医疗卫生是二元化的。少数民族贫困地区卫生工作一直是工作重点，但在实际运行中，重城市轻少数民族贫困地区的格局始终没有改变，80%的卫生资源集中在城市，广袤的少数民族贫困地区和大约70%的人口，只享有20%的卫生资源，造成基本医疗卫生的公平性和可及性差。这样，处在不同地域和保险系统的居民只有区域内和系统内的小范围公平，难以保障人人享有公平的医疗待遇。这与我国卫生保健事业发展中政府财政投入分摊机制紧密关联。这种政府投入的二元结构和公立医院的行为异化直接造成民族地区在基础条件差的同时，卫技人员匮乏，技术力量薄弱。此外，相当一部分乡村没有医疗点，造成防病治病工作不落实，贫困人群再次出现看病难的问题。卫生事业费也存在明显的短缺。[①] 加之民族地区人口素质偏低，因病致贫、因病返贫的现象时有发生，削弱了扶贫工作的长期效果。

主要针对少数民族地区城市贫困人群的失业保险下也暗藏了危机。据估计，现在我国每年最多能够创造的就业机会是900多万个，但竞岗的人数是2000多万。在2005年3月底时，全国城镇登记失业人员就已

---

① 亦冬：《中国扶贫开发若干问题综述》，《老区建设》1995年第2期。

经达到832万，城镇登记失业率为4.2%，但如果加上未登记的实际失业人员，失业率可能超过10%。今后10年，还将有1.5亿—2亿的少数民族贫困地区劳动力需要向非农行业和城镇转移。此外，下岗职工再就业的问题已成为当前就业矛盾的焦点。

总之，由于扶贫大制度内部的各项具体制度缺乏有效的衔接和沟通，造成各自为政，尽管能达成扶贫的短期效果，却不利于少数民族地区经济结构的长期优化。

第五篇

少数民族地区反贫困的新攻略

第十一章
重新评估现代生活环境的内涵与反贫困可能动员的资源

第一节 现代生活环境的新内涵

一 "以人为本"的核心理念

新发展观明确把以人为本作为发展的最高价值取向，就是要尊重人、理解人、关心人，把不断满足人的全面需求、促进人的全面发展，作为发展的根本出发点。人类生活的世界是由自然、人、社会三个部分构成的，以人为本的新发展观，从根本上说就是要寻求人与自然、人与社会、人与人之间关系的总体性和谐发展。

1. 人与自然

人类认识和改造自然界是为人类创造良好的生存条件和发展环境。发展，是为了人在更好的环境里生活，其所依靠的也是人。然而，在过去相当长的时期内，以征服自然为目的，以科学技术为手段，以物质财富的增长为动力的传统发展模式，在一定程度上破坏了人类赖以生存的基础，使人类改造自然的力量转化为损害人类自身的力量。人们在试图征服自然的同时，往往不知不觉地变成了被自然征服的对象。例如，水土流失、土壤沙化、资源浪费、城市缺水，这一系列问题都向人们发出警示：人类的行为如果违背自然规律，必将遭到自然的惩罚。2003年非典毒魔的肆虐就是自然界对人类的一个警告。其实，恩格斯早就告诫我们："我们不要过分陶醉于我们对自然界的胜利。对于每一次这样的胜利，自然界都报复了我们。"而今天，我们依然在"交学费"。只有人与自然的关系和谐了，生态系统保持在良性循环水平上，人的发展才能获得永续的发展空间。这一切告诉我们：绝不能再走发达国家"先污染、后治理"的老路，必须树立以人为本的新发展观，找到一条人与自然和谐发展的道路，找到一条生态与经济"双赢"的道路。十六届三中全会提出的"五个统筹"，其中之一就是"统筹人与自然的和谐发展"，这是一条符合中国国情的可持续发展之路。

2. 人与社会

改革开放以来，我国城乡居民收入快速增长。但我们也要清醒地看到，在经济发展和社会进步方面，我们面临着一系列新的问题和挑战。一是城乡差别、区域差别、贫富差距进一步扩大的趋势亟待扭转，城市困难群体的出现，与我国经济迅速发展的现实极不协调；二是在很多人眼中，发展似乎就是增长，从而造成了经济高增长、社会低发展的失衡局面；三是在经济日趋活跃、社会利益日益多元的情况下，社会经济秩序的规范问题变得日益突出；四是效率与公平的矛盾也越来越突出，一些地方往往只重视效率，不重视公平。经济社会发展归根结底是为了人的全面发展。

只有经济发展而没有社会发展不叫全面发展，同样，只有经济和社会发展而没有人的发展也不叫全面发展。新发展观突出发展要以人为本，正是抓住了发展的核心和本质。为此，要逐步增加各项社会发展、生态资源、环境建设的投入，特别是要加大对社会管理和公共卫生、公共服务方面的投入，对那些能够帮助贫困群体、失业群体和弱势群体重新融入社会并在经济发展过程中重新获得机会发展的项目,更应给予优先考虑,尽快形成经济与社会协调发展的新格局。

3. 人与人

我们无法设想,在一个工业文明高度发达但人们利益存在严重对立和冲突的社会里,人与自然的关系会处于"田园牧歌"式的和谐状态。实现人与自然、人与社会的和谐统一,最根本的是要处理好人与人之间的关系,建立公正合理的社会制度;其次,要树立人力资源是第一资源的观念,尊重劳动、尊重知识、尊重人才、尊重创造,要保持党同人民群众的血肉联系,促进党群之间、各阶层之间、不同地区人群之间关系的和谐发展;最后,必须关注和推进人的全面发展,其中最根本的是提高人的综合素质,即提高人的教育水平、文化品位、精神追求和道德修养。

总之,上述三个和谐发展是一个密不可分的整体。以人为本是贯穿于三个和谐发展的一条基本原则。只有坚持以人为本,才能"把人的世界和人的关系还给人自己",才能真正实现人与自然、人与社会、人与人之间的和谐发展。坚持以人为本,不是抽象、空洞的口号,必须落实到发展的每一项措施中,贯彻到改革的每一个行动中。

二 和谐社会的发展方向

少数民族地区经济的发展、少数民族地区社会的稳定,与少数民族地区和谐社会的构建密不可分。党的十六届六中全会公报指出:社会和谐是中国特色社会主义的本质属性,是国家富强、民族振兴、人民幸福的重要保证。要想少数民族地区经济得到发展,人民生活水平得到提高,没有一个稳定和谐的社会是不可能的。由于历史原因和制度缺陷,我国少数民族地区发展相对滞后。因此,加强制度建设、保障社会公平,完善民主权利、建立公共财政、均衡收入分配、确立社会保障成为构建和谐社会的重要任务,也成为促进少数民族地区经济发展的必要手段。城乡均衡发展，同步共进，平等共利是当前的一个迫切问题。要达到真正的和谐社会目标，使少数民族地区的经济蓬勃发展，必须达到城乡平等，多方统筹，挖掘潜力，因地制宜，走多元化发展之路，采取高产高效、优质特色、规模经营等产业化手段，提高生产效益。

三 以民为本的微观改造

民有所居，则民心思定。我国土地资源贫乏，少数民族地区农民多为散居，居住条件较差，卫生条件差，安全性也差。因此，合理规划，改善居住条件，也是少数民族地区经济涉及的一个重要问题。在广大少数民族地区改造住房，采取集中群居（有条件的地区，要率先向小城镇发展），既让广大农民安有所居，又节省了大片的土地，这对构建和谐社会和节约土地资源都有着重大意义，节约出来的土地资源也可创造新的经济收益。同时，民居的合理规划、整体开发有利于垃圾处理、安全用水、道路整治、村屯绿化等方面措施的实施，使得人类的生存环境得以美化，民心稳定，社会和谐，促进少数民族地区经济的进一步发展。少数民族地区社会还应完善水电、广播、通信、电信等基础设施建设，让少数民族地区共享现代文明。此外，还要加强少数民族地区养老和贫困户的社会保障，统筹城乡就业，促进城乡平等，为少数民族进城务工提供方便，使广大少数民族能够享受到基本的公共卫生服务和社会公益活动，促进和谐社会的发展。

第二节 评估少数民族地区反贫困可利用的资源

一 反贫困的中坚力量：政府

通过对中国政府扶贫必要性分析和中国政府干预反贫困战略的历史回顾，我们了解到中国政府在中国贫困人口大幅减少、贫困程度相对减轻和贫困问题向好的方面发展的过程中起到了十分重要的作用。具体而言，主要发挥了如下作用。

1. 中国政府在反贫困中的主导作用

中国的扶贫运动是由政府直接主导的，尤其中国政府更是承担了最主要的责任，它通过巨额的资金投入、强有力的行政干预和广泛的社会动员等来实施扶贫计划。如从纵向角度出发，中国政府确定了592个贫困县，并通过财政转移支付等手段有力地支援贫困地区，同时要求地方政府提供配套的扶贫资金，并将扶贫作为考核地方政府工作的重要指标，各级政府职能部门则通过固定的扶贫点进行具体的扶贫开发。从横向角度出发，发达地区对贫困地区的支持已经成为扶贫运动的重要组成部分。中国政府坚持开发式扶贫的方针，把扶贫开发纳入了国家经济社会发展总体规划，制订了专项国家扶贫开发计划。1994年，中国政府制定了《国家"八七"扶贫攻坚计划》；2001年，又制定了《中国农村扶贫开发纲要》。主要从保障全体人民生存权、发展权出发，在扶贫开发过程中，努力使全体人民共享改革发展成果，以逐步达到共同富裕，实现社会公平与正义。通过不断增加贫困地区的基础设施建设资金投入、调整产业结构、开发利用当地资源等，改善贫困地区的生产生活条件，提高贫困地区和贫困人口自我积累、自我发展的能力；通过普及农村九年义务教育、建立新型农村合作医疗制度等，提高贫困地区和贫困人口的素质，促进贫困地区社会事业的发展。可见，中国的扶贫运动客观上是一场政府主导、立体型的扶贫运动。实践证明，充分发挥政府在扶贫开发工作中的主导作用，是中国搞好扶贫开发工作的根本保证。

2. 中国政府在反贫困中的推动作用

政府能够较快动员和集中社会资源与非政府组织及社会各界共同参与扶贫开发。在内容上，从支持贫困地区发展种养业生产，到科技扶贫、教育扶贫、文化扶贫、卫生扶贫、生活救助，扶贫运动几乎涉及农村经济社会发展与贫困人口生活的各个方面；在方式上，从一般性生活救济和救灾，到以工代赈、贴息贷款等，实现了有偿援助与无偿救济相结合、"输血"与"造血"扶贫相结合。

在政府的大力倡导和带动下，社会各界包括各民主党派、非政府组织、社会团体、民间组织、私营企业和志愿者个人，充分发扬中华民族扶贫济困的优良传统，积极参与贫困地区的扶贫开发。各级党政机关进行的"定点帮扶"、东部发达地区帮助中西部地区的"东西协作扶贫"、民主党派开展的"智力扶贫"、共青团组织的资助贫困儿童入学的"希望工程"、妇联组织的鼓励贫困地区妇女参与发展的"巾帼扶贫行动"、民营企业参与的"光彩事业"、中国扶贫基金会创办的"天使工程"等一系列活动，形式多样，有声有色，形成了全社会齐心协力、共同扶贫的良好局面。所有这些，不仅有力地推动了农村脱贫致富，而且增强了全体公民的社会责任感。

3. 中国政府在农村反贫困中的政策保障作用

基于对本国国情的把握，特别是对贫困地区和贫困人口现状和特点的认识，中国政府制定了符合国情的扶贫开发政策，把扶贫开发的基本目标和中心任务放在主要解决农村贫困人口的温饱问题上，主要采取以下政策保障措施：

一是确定592个国家级重点扶贫县。为了集中使用扶贫资金，有效地扶持贫困人口，中国政府制定了国家重点扶持贫困县的标准，确定了一批国家重点扶持贫困县，并将之列入《国家"八七"扶贫攻坚计划》。

二是扶贫重点向中西部贫困地区倾斜。从1994年起，中国政府开始调整国家扶贫资金投放的地区结构：把用于沿海经济比较发达省的中央扶贫信贷资金调整出来，集中用于中西部贫困状况严重的省、自治区；中央新增的财政扶贫资金只用于支持中西部贫困地区。

三是加大扶贫开发投入力度。中国政府安排的专项扶贫投入不断增加。2000年中央各项扶贫专项资金达到了248亿元，与1980年相比，增加了30倍。中国政府安排的扶贫专项资金累计达到了1680多亿元，其中财政资金800多亿元（含以工代赈资金390多亿元），信贷扶贫资金80亿元。

四是制定支持贫困地区、贫困农户发展的优惠政策。中国扶贫开发的优惠政策包括帮助贫困户解决温饱和支持贫困地区经济开发两个方面。

帮助贫困农户发展的优惠政策有：对尚未解决温饱问题的贫困户，免除粮食定购任务；根据实际情况，适当延长扶贫贷款的使用期限，放宽抵押和担保条件；按照农业税条例的有关规定，减免农业税和农业特产税。

支持贫困地区经济开发的优惠政策有：中国政府逐步加大对贫困地区的财政转移支付力度，各有关省、自治区、直辖市建立二级转移支付制度，为贫困地区提供财力支持。对贫困县新办企业和发达地区到贫困地区兴办的企业，在三年内免征所得税；根据谁受益、谁负担的原则，适当提高库区建设基金和库区维护基金标准，专项用于解决水库移民的温饱问题。

4. 中国政府在反贫困中的协调作用

贫困地区的发展，涉及方方面面的关系，包括发达地区和贫困地区的关系，不同地域之间的关系，一定地域范围内农业和工业、服务业的关系，贫困地区内部富裕户、一般户和贫困户之间的关系，地方基层干部与农民之间的关系等。在这些关系的背后，都隐藏着不同类型人们彼此间的利害关系，如果处理得好，就能使各个类型人们的集团利益得到照顾，在实现市场效率目标的同时兼顾公平。政府的责任，就是制定出相应的经济政策和规章条例，来协调各方的利益，在追求市场效率的同时兼顾公平目标。

与此同时，政府不断采取措施加强与联合国开发计划署、世界银行、亚洲开发银行等国际组织、双边援助机构以及非政府组织交流与合作。这些合作，对增加我国扶贫资源、借鉴国际扶贫经验、提升扶贫开发工作整体水平，发挥了重要作用。

5. 中国政府在反贫困中的制度供给作用

第一，社会保障制度。有许多人认为中国没有建立覆盖全社会的社会保障制度的能力，这是错误的。美籍印度学者、诺贝尔经济学奖获得者阿马蒂亚·森给我们非常精确地解释了穷国家也可以发展社会福利的原因。大家普遍困惑的是穷国经济能力和财政能力的问题。阿马蒂亚·森告诉我们，决定一个国家是否可以投入社会福利制度是相对费用的问题，而不是绝对费用的问题。一个穷国家的确比一个富国家拥有更少的财政收入和经济产出，但是穷国的生活水平也远远低于富裕国家。同样的一项福利制度，按照本国的实际价格水平和购买力，穷国用比富裕国家少得多的钱就能建立起来，而富裕国家虽然有钱，但是其绝对花费也高得惊人。举一个简单例子，在德国建立社会救济制度，每个月贫困居民至少必须从福利局获得345欧元才能保持最低限度的生活水平而不致挨饿受冻，但这只是在德国的生活水平条件下的精算结果。而在中国大城市，城市的低保线是200元到300元人民币，折合欧元只有20欧元到30欧元；在赞比亚的农村，为了让极端贫困的农民不致挨饿，能保证他们至少每天吃两顿，每月只需要资助每位农民5欧元左右。这里，每个国家都可以根据自己的国情、购买力和价格水平建立相应的社会救济制度，其花费也是完全不一样的。阿马蒂亚·森强调的是，一个国家的相对福利支出，而不是绝对的财政水平，是最关键的因素，每个国家都有能力建立和本国生产力水平相适应的社会福利制度。那种认为必须先等待经济发展，然后再来发展社会福利的观点是错误的。

社会保障实际上是保障社会、保障宏观经济发展运行的效率，在保障弱势群体的同时，也保障了强势群体，保障了劳动力正常再生产，也就保障了资本的正常增值。社会保障既保障公平，也保障效率。没有社会保障，货币就不能转化为不失业的资本，劳动力也不可能成为真正的商品。没有全社会统一的社会保障体制，劳动者就摆脱不了对地区、社区、单位甚至个人的人身依附。因而完善的社会保障体制是市场经济成熟的标志。

每个社会保障对象的人口负担、健康状况和家庭经济基础是不同的。应该根据不同人的不同情况分发社会保障金，个人或家庭支付能力低于保障标准多少就补多少，实行社会保障金的按需分配政策。这里的家庭概念是指父母和子女之间形成的利益共同体。父母有抚养子女的义务，子女也有赡养父母的责任。在现阶段我们应该科学界定家庭和社会对失业、养老的责任和义务，不能完全由社会即政府单方面负责，也不能让家庭负担过重，使人们既得到家庭的温暖，又感到社会的关爱。例如，我国西部农村医疗制度保障存在没有相应的法律保障、管理体制不顺、配套政策衔接不够等问题，解决这些问题需要尽快推行农村合作医疗制度、切实解决城镇困难企业职工参加医疗保险问题等。

第二，市场化社会化的反贫困机制。反贫困是政府、社会、贫困者三方的共同责任。消除绝对贫困是政府义不容辞的职责。但减少相对贫困必须充分发挥市场机制的作用。在社会主义市场经济大背景下，用市场化办法解决贫困问题，很重要的一点就是依靠农业市场化，即农业生产要以市场为导向，根据市场需要进行生产与经营。因为在贫困地区农业一直是农民收入的主要来源，在农民收入增长额中，农业的贡献远大于非农产业。发展经济学也认为，把生存性农业或生计性农业转变为商业化农业，是欠发达地区市场取向的关键。因此，建立以农业市场化为重点的贫困机制，是当前缓解贫困的重要任务之一。农产品市场化是实现农业市场化的基础，也是缓解贫困的突破口。当前应从扩大对贫困地区农产品需求入手，打破自然经济惰性的内在经济循环圈与贫困陷阱，转变贫困地区经济发展方式，拉动贫困地区经济发展，是当前反贫困的新资源。

第三，居民生活质量为主要指标的政绩考核机制。"生活质量"概念是美国经济学家加尔布雷思于 1958 年提出的,之后得到了世界诸多发达国家的普遍认同,一些国家和地区已将改善生活质量作为社会发展目标,并取得了显著成效。"生活质量"概念的提出,强调对生活需求的满足不仅仅是一种数量概念,而且是一种质量概念,强调生活需求的个性化、多样化特征。即人们不仅要生存,而且要生活得更好,发展得更全面。"生活质量"原则与反贫困原则存在着高度的一致性。中央倡导的科学发展观,让 GDP 开始回归其经济本意。目前一些地区不再以 GDP 作为考量经济社会发展的唯一指标,有的地区还把"绿色 GDP"纳入了各级政府的考核指标。经济社会发展的最终目的,就是国民幸福感的提高,生活质量就是这种生活的直观体现。生活有质量,工作也有质量。政府在反贫困中的制度供给要在关心 GDP、财政收入的同时,更加注重老百姓的就业、医疗、上学,以及社会的环保、治安。

二 政府反贫困的补充力量:非政府组织

1. 非政府组织扶贫

非政府组织扶贫,是指非政府组织在中国境内针对穷人和社会弱势群体所提供的各种救助、开发以及社会服务活动。在传统意义上,人们将贫困看成收入水平低下的一种状况,这样,所谓扶贫主要就是指提高贫困人口收入的各种努力。现在人们对于贫困的理解已经发生变化。亚洲开发银行副行长彼特·H. 沙里温在"21 世纪初中国扶贫战略国际研讨会"上的致辞中讲:"贫困是一种对个人财产和机会的剥夺。每个人都应该享有基础教育和基本健康服务。穷人有通过劳动获取应得报酬供养自己的权利,也应该有抵御外来冲击的保护。除了收入和基本服务之外,如果他们不能参与直接影响自己生活的决策,那么,这样的个人和社会就处于贫困状态。如果在收入、就业和工资之外再采用基础教育、健康保障、营养状况、饮水与卫生条件等指标,贫困的测量就会得到进一步改进。这些测量措施还应该考虑到一些重要的无形指标,如孱弱的感觉、自由参与的缺乏等"。在整个 20 世纪 90 年代，国际社会在扶贫方面不仅重视促进贫困人口的就业和收入增长，而且十分注意发展提高贫困人口健康水平和教育水平等的基本服务项目。因此，本书认为，"扶贫"不仅是指提高贫困人口经济收入的各种努力，而且包括为社会弱者提供基本服务的各种努力。

关于非政府组织扶贫，目前已经形成了这样的认识：

第一，扶贫与发展成为各类非政府组织关注的热点问题，许多非政府组织在扶贫工作中做出了突出的成绩。非政府组织在扶贫领域开展工作不仅能够让政府满意，避免政治风险，还可以有效地吸引公众注意，动员社会资源，从而也就有利于组织自身的成长与发展。

第二，非政府组织在扶贫工作中越来越意识到增强组织自身民间性的重要性，越来越自觉地将他们的行动与政府行动区别开来。从某种意义上讲，非政府组织在扶贫工作中，面临着调整自己的角色定位和实现组织自身的转型问题。随着扶贫活动的开展，组织日益扩大了其社会影响，并谋求自身的能力建设和体制改革。

第三，在完善瞄准机制，落实扶贫到户方面，许多非政府组织进行了大量有益的探索，做出了一系列的组织创新与制度创新。例如，四川农村发展组织是一个真正的非政府组织，它在开展项目的过程中，非常重视目标人群的参与；中国扶贫基金会创造的"1+1"扶贫模式更具有广泛的社会影响。

第四，非政府组织在扶贫工作中的自主性、创造性正在增强。非政府组织日益意识到自己不是政府，自己的行为不是政府行为，不可能面对所有的穷人。为此，越来越多的非政府组织开始注意选择适当的扶贫地区，讲究扶贫活动的效率，而不只是单纯地投入资金。

第五，非政府组织在扶贫过程中逐渐有意识地与一些研究机构和其他非政府组织建立联系，在项目的设计、实施和评估过程中注意吸收有关研究单位的专家参加，甚至聘请一些专家研究和规划组织自身的发展问题，例如，中国青少年发展基金会就成立了基金会发展委员会，聚集了很多知名研究人员。与此同时，一些非政府组织还与国内的一些专业非政府组织研究机构和高校联手，对其内部员工进行正式培训，加强组织自身的能力建设。此外，各类非政府组织之间的交流、学习现象也越来越普遍。

2. 非政府组织扶贫的优势

非政府组织在扶贫工作中具有先天的优势。非政府组织不以营利为目的，专心致力于社会公益事业的发展特性，使它能够在扶贫事业中相对于市场机制中的企业组织和政府机制中的政府组织具有很多优势。

第一，从非政府组织的构成来看，由于其工作人员是基于共同的兴趣、目标或者爱好志愿组建而成，工作人员之间没有利益上的冲突，而具有为某一共同的公益型目标奉献的理想和抱负，与企业组织、政府组织的人员相比，牵扯的利益较少，因此可以募集到企业与政府所无法获得的资源。

第二，非政府组织的扶贫活动可操作性更强，具有较强的目标针对性且准确度高。非政府组织的成员有意愿和能力在贫困地区实地从事扶贫活动，因而能够获得第一手关于贫困人群的资料，了解贫困人群的需求，依据自身的组织特点向其提供具有针对性的援助。由于非政府组织各具针对性，使得各个非政府组织可以互相取长补短，协同努力，挖掘非政府组织的潜力，在扶贫中体现较高的效率。

第三，非政府组织通过竞争既提高了扶贫效率，又有利于对其监督。由于政府在公共物品和公共服务领域中处于垄断地位，这就决定了政府在提供服务时必然是处于一个优势地位，从而形成政府供给的无效率和低水平。非政府组织的介入，可以起到一个中介协调的作用，实施监督和评估，落实政府政策，促使政府活动同群众愿望和需要相符合，非政府组织还可以充分利用其自有的专家和技术知识优势，在扶贫事务上提供技术和管理方面的咨询，促使政府有效地提高扶贫的效率和质量。

第四，非政府组织具有贴近民众的天然优势。扶贫活动涉及各类不同的社会群体和社会角色，因此民众的广泛参与和社区的加入是必然趋势。非政府组织利用其贴近民众的优势，有利于在社区组织和社会基层组织开展工作，贫困群体作为社会的弱势群体，一般是以分散的个体形式广泛分布于社会的各个底层，非政府组织在社区的扶贫工作，一方面可以将这些弱势群体组织起来，培养他们独立互助的精神，促使他们参与到消除贫困的过程中来；另一方面可以将分散的弱势群体力量整合起来，形成合力，从而参与到决策过程中，加入到社会经济发展计划的制定和实施中。非政府组织这种作为贫困群体代言人和坚强后盾的作用，是一般政府机制无法比拟的。

3. 非政府组织扶贫的不足

与政府机构不时受到效率低下、机构臃肿、手续烦琐的指责相比，非政府组织在公共事务管理方面具有灵活性、多样性、创新性等优点。有研究表明，扶贫"八七计划"期间，参与扶贫的非政府组织与准非政府组织扶贫贡献率达到 20%—35%，项目成功率、资金回收率基本上在 90% 以上。非政府组织的扶贫能力越来越引起社会各界的关注。

然而，与我国每年呈几何数新增的工商企业相比，参与非政府组织的企业和个人的数量与热情都显得有些"冷清"。这或许是以追逐利润为本性的商业企业对扶贫项目能否实现"双赢"的疑虑使然。事实上，诸如开发综合资源的企业带动型、促进生产流通的市场带动型等扶贫模式，由于非政府组织完善的监管机制，扶贫项目的直接收益也是比较可观的。比如西藏灵芝奇正藏药厂就是充分利用资源优势和藏药的传统文化优势，使得 1000 万元的初期投资 4 年内摇身变为 1.8 亿元，其积极参与公益事业捐赠的行动更获得了有口皆碑的社会效应。

非政府组织扶贫的规模与收益或许本应更上一层楼，但是历史的"缠脚布"拉慢了这一进程。由于我国的现代化进程属于政府主导型的，尽管非政府组织有力地充当了政府与社会、企业的中介和协调者的角色，但是其组织设置和活动方式上却无法完全抹掉它沾带的"官气"和官僚作风。缺乏应有的独立性与自主性，这使得参与扶贫项目获得的最终收益打了折扣，从而导致其参与的积极性锐减。可见，如何保持非政府组织"非政府性"的原旨教义，是亟须解决的一项社会性课题。

有人说，非政府组织的扶贫行动没有"火"起来，一部分原因是由于没有很好利用媒体这一"新式武器"。虽然有些媒体对民间组织参与光彩事业等行为甚为关注，但更多的媒体却仿佛是"嫌贫爱富"的，对中国富豪排行榜狂热追捧，对一个个财富神话顶礼膜拜，而对扶贫事业不太"感冒"，处于"边缘地带"的非政府组织少有"上镜"的机会。笔者认为，扶贫行动的这种暗淡的舆论氛围必须得以改观，传媒界应积极利用其注意力效应，推进社会各界对非政府组织扶贫的关注力度与深度。

此外，许多国内非政府组织在获取扶贫资源，特别是资金方面，还存在很多限制。一方面，目前国外非政府组织和政府机构的援助有萎缩的趋势；另一方面，随着国内行政体制改革和经济体制改革的深入，非政府组织在享受某些特殊政策方面的优势也在削弱，与此同时，有利于激励和保障民间捐助的制度体系还不完善。所以，处在这样一个转型期，许多非政府组织的生存压力很大，一些组织甚至说本身"也需要扶贫"。这将是非政府组织持续性参与扶贫所面临的重大障碍。

管中窥豹，略见一斑。非政府组织扶贫正在喜与忧、爱与痛中缓缓前进，它需要被关注、被施与、被肯定。经济学家茅于轼曾说，扶贫需要社会的合力。政府应当通过逐步开放各种类型的小额民间信贷等形式，积极支持与拓宽非政府组织的有条不紊的扶贫思路和模式；扶贫对象也应树立市场化意识与"自造血"观念；企业、个人、媒体等更应积极参与到非政府组织的扶贫队伍中来。正可谓"众人拾柴火焰高"，以非政府组织为核心的各股社会力量的联合发力，必将使得贫困渐渐逃遁，这是构建和谐社会的要求，也是"铁肩担道义"之使命感的呼唤。

三 非组织化力量：民间信贷

现阶段，中国反贫困仍然是以政府公共投资、财政转移支付和正规金融支持为主要手段。从扶贫实施方式上看，政府主导型扶贫策略虽然有利于动员资源，但是由于对非政府组织力量利用不够、对农民自组织力量利用不够以及行政系统本身的弱点，容易引发效率低下问题。另外，由于缺乏社区性的贫困农户的反贫困互助组织，在扶贫项目的选择、决策和实施过程中，贫困农户大都处于被动的接受和服从地位，缺乏主动有效参与，因此，也容易导致政府公共投资、财政转移支付和正规金融支持反贫困的资金使用效率低下的问题。

以民间信贷为代表的非组织化民间力量是未来民族地区反贫困可利用的重要资源。民间信贷在反贫困中发挥力量需要注意以下问题。

1. 民间信贷存在的条件

揭示中国农村贫困的实质和致贫、返贫的原因，明晰农村贫困人群的分类，正视农村贫困的代际传递性的现象，诠释中国农村贫困人群在不同地域、不同民俗、不同时期的资金需求和资金结构，是整体研究所需的准确的数据的基础。

目前中国农村贫困群体可以分为三类：第一类是"赤贫"，这类农户是由于残障、疾病、年龄等丧失或无劳动能力所致；第二类是有一定劳动力但因无资源及天灾人祸意外打击所致；第三类是有一定劳动力也有一定资源但不足以扩大再生产导致的相对贫困。前一类贫困需要民政给予救济措施，后两类则需要给予金融、科技和教育等的扶持，其中金融为各项扶持措施之首。

2. 透视农村反贫困中的资金安排的利益集团博弈

中国农村反贫困中的资金安排的利益集团博弈——农户、民间金融组织和地方政府的关系是研究的重点之一。他们的博弈围绕着农村的"金融剩余"展开，决定金融制度安排的格局。

(1) 农村民间信用的引导和规范（包括项目设置、利率形成、风险管理等）

在非正式制度为主导的农村经济社会结构中，由于交易域和社会交换域的关联博弈和基于声誉的私人契约执行机制，民间金融博弈主体具有道德约束，金融契约具有自我执行的内在机制。随着农村非正式社会结构的制度转型，特殊信任主义向一般信任主义演变，并促使中国民间信用制度沿着其生命周期轨迹发生适应性变迁：①分散借贷向有组织借贷发展；②从互助性借贷向营利性借贷发展。在这个过程中，政府要因势利导，使其项目设置、利率形成、风险管理有利于反贫困融资亦有利于民间信用的发展。然而，民间金融一直是一个"灰色"领地。一般情况下，小型的民间借贷不会被禁止，但是一旦民间金融向规模化、制度化方向发展，就往往会遇到政策限制。全国人大的调查表明：各地对防范和打击高利贷、地下钱庄比较重视，但对如何组织和引导民间借贷为"三农"服务重视不够。

(2) 农村贫困人群偿还借贷的能力和意愿的培养

中国农村社会的组织化程度落后于整个社会的发展进程，以血缘和地缘为核心的自然关系仍占据相当大的比重，这种社会文化环境强化了同一村落（乡村社区）的共同信仰与习惯，大量交易是村落或乡村社区内重复性博弈，呈现为人格化交易特征，特殊信任主义人际关系盛行。价值认同减少了行为选择的不确定性成本，并以社会习惯性行为准则、价值观念等共同意识形态构成的非正式制度自动地提供了人们行为选择的硬约束、正向激励效应和稳定性预期，减少了机会主义负激励效应，提升了不完备契约的自我执行能力，乡村社区内居民通过信誉机制分享合作剩余。

(3) 政府效用函数——中国农村反贫困中地方政府的利益偏好和纠偏

在社会博弈中，中国农民尽管人数众多，但他们始终是弱势集体，缺乏利益表达的管道和强度，在"利益表达、利益综合、政策制定、政策实施"的整个过程中，都不能形成积极的参与和有效的影响，其结果是有关政策安排不能保证他们作为"最少受惠者的最大利益"（罗尔斯，1988），反而是不断地损害和剥夺他们的利益，并呈现出路径依赖上的积重难返和持续强化之势，最终导致了今日的"三农"（农村、农业、农民）困境。本研究要重构政府（尤其是地方政府）效用函数模型，对既往的政府利益偏好进行纠偏，使中国农村反贫困在资金资源配置上形成合力。具体说，国家要主动从农村社会"后撤"，减少各级地方政权与民争利，以松动长期以来与农民围绕农村剩余的分割而形成的紧张状态，从而增加农民的财富与收入。

3. 匹配农村贫困群体资金需求与农村民间金融制度安排

中国农民之所以陷入贫穷状态，多数是受资本不足、劳动力缺乏、健康状况低下、社会偏见、教育水平低落等各种因素的影响，使其失去了创造收入的能力或机会。反贫困过程中要使农民有针对性地改善上述情况。因而，论证现有中国农村民间信用形式如何加以适当的引导和规范，以利于分别匹配农村贫困群体的资金需求变得尤为重要。

社会学的相关研究表明，寻求制度创新以使反贫困行动更趋向于"扶贫到户"是90年代中国反贫困战略在认识上的巨大进步。虽然制度安排还未能有充分的讨论或成熟的建议，但这方面的实践和研究已开始不断涌现。"小额信贷"的实践就代表着"扶贫到户"制度安排的新生长点。尽管其规模及影响都还很小，在实践操作上还有许多难点，有些地方还存在"垒大户"的现象，但其对贫困农户的直接支持以及对扶贫资源有效利用的结果已经显示了生命力。"小额借贷"正是民间信用可以积极参与发展的反贫困的融资模式，应当予以鼓励发展。适合反贫困的民间信用形式除了民间自由借贷还有合会（标会等）和基金会等。

4. 民间金融的营利性和反贫困融资的非营利性的矛盾

民间信用作为信用资本的一种，其特性之一是趋利性或营利性。运用民间资本反贫困不能抹杀它的这种特性，而是要利用其特性进行引导。

如前所述，改革开放以来，中国民间信用已经逐步地走向一种组织心理的归属感、认同感和具有了自我稳定的机能。但心理特征的稳定并不意味着一成不变。面对飞速发展的社会、政治、经济环境，民间信用在继承以往良好的传统的基础上，还需要进行不断的心理变迁。

首先，要积极实现以"利"为核心的组织目标的蜕变跃迁。由于过分强调"利"容易使主体滑向追逐纯粹经济利益的泥潭，民间信用很容易引发心理失衡、行为出轨等诸多问题。如果能适当引导民间信用承担一些社会责任，使民间信用着眼于内部的"小利观"转化成着眼于广大社会的"大利观"，可能会有利于其实现向层次较高的组织目标的进化。

其次，要摒弃单纯强调道德约束的做法，实现向综合治理体系的跃迁。单纯的道德约束在经济社会环境不甚复杂、"利"不多的时候，对组织的正常运行颇有效力，但面对日益变迁的大环境和丰厚的利益诱惑时，就显得力不从心了。民间信用应当在强调传统的道德约束的基础上，引入更科学合理的机制，诱导成员形成成熟的心理特征，拒绝急功近利的逐利心理，培养谋求长期稳定回报的健康心理。如此，这种心理变迁就成为一个动态的、积极的进化过程，对民间信用的良性循环和可持续发展产生深远的影响。

四　少数民族地区反贫困的新力量：社会资本

在现代工业社会，贫困仍是一种客观存在的社会现象。治理并消除贫困是现代政府义不容辞的历史责任，但并不仅仅是政府的责任，非政府组织和其他社会组织同样可以发挥其作用。反贫困的策略选择是以贫困的分析范式为基础的。目前，社会资本范式已成为阐释贫困问题的有效途径，因此，政府反贫困治理的策略选择也应由现有的物质资本范式和人力资本范式转向社会资本范式，即建立以社会资本为导向的反贫困治理机制。

社会资本是嵌入在社会关系网络中使社会行动得以实现的资源，贫困社区和贫困群体没有足够的社会资本存量进行改变自身状态的行动，因此，政府和其他社会组织可以通过外力的作用提升贫困者的社会资本，从而提高他们的反贫困能力。从关系贫困的视角出发，政府必须对以往所采取的反贫困策略作出适当调整，更加重视贫困者社会地位和社会关系网络层面的改变，将反贫困的重点转向社会资本投资。

1. 提高贫困者的社会地位

社会地位是个体在特定社会结构中所处的位置，位置较高者将享受由地位所决定的资源。贫困者大多居于社会地位的底层是一个社会事实，这就要求政府在反贫困治理中采取积极的措施，帮助贫困者提高自身在社会阶层中所处的位置。

社会地位一般取决于两方面的因素：先赋因素和自致因素。先赋因素是因出身和所处社会与自然环境等条件而形成的，这是个人后天无法改变的。自致因素一般是通过后天努力所取得的结果，它与个人的努力程度相关。因此，要想提升某一群体的社会地位，我们所能采取的策略是尽量缩小先赋因素的决定意义，同时增加自致因素的效力。

在个体成长历程中，先赋因素的作用难以忽视。上一代人积累的资源可以直接转化为下一代人的资源。这样，不同的群体就站在不平等的起点上，并且这种不平等的趋势随着个体的成长不断加大。现代市场经济条件下，先赋因素的影响虽然有所减弱，但我们不能否认其仍在发挥作用。先赋因素所导致的不平等结果是贫困代际传递的重要原因。因此，为了弥合这种差距，维持社会公平公正，政府要积极采取干预措施，防止贫困文化的代际传递，以追求竞争者起点的平等性。

在提高贫困者社会地位方面，政府最大有可为的领域就是教育。教育是改变一个人在社会中所处地位的重要途径，人们在接受教育阶段所取得的教育地位影响到未来的职业地位及其他社会经济地位，即教育地位获得影响或决定以后的社会经济地位状况。通过接受教育所获取的知识和技能，能够使贫困者在就业中占有优势，而就业则可以提高贫困者自己和整个家庭的收入。事实已经证明，对贫困群体的教育和培训不仅在提高他们人力资本存量中发挥作用，更是培育社会资本的主要途径之一。因此，政府在反贫困的过程中，首要的就是保证贫困者受教育的权利，通过教育公平促进机会公平，最终实现整个社会的公平。以教育培训为内容的反贫困措施在政府扶贫开发中已有所涉及，这突出表现在劳动力转移培训项目的实施上。然而，劳动力转移培训项目的费用仅占整个扶贫资金的10%—15%，远远不能满足贫困群体的需求。政府要充分认识教育在反贫困中的作用，并继续加强这方面的资金投入。

就业也是提高贫困者社会地位的一个重要渠道。教育提升了贫困者的技能，而他们能否顺利就业，还与劳动力市场的状况直接相关。美国一些学者研究了政府教育和培训计划失败的原因后，提出了分割劳动力市场理论，认为贫困的根源在于二元劳动力市场的存在，穷人被限制在次级劳动力市场之中。要想消除贫困，必须使他们获得进入初级劳动力市场的途径。客观而言，二元劳动力市场在我国社会转型期也是存在的。大量的农村剩余劳动力进入城市后，只能在一些自发的劳务市场中通过非正规途径就业，城市正规劳动力市场对他们基本上是关闭的。劳动力就业渠道的不平等，往往导致就业者收入和工作保障方面的更加不平等。在这种情况下，消除劳动力市场的就业壁垒，维护就业的公正与公平，通过正规就业提高贫困者的社会地位，就成为政府反贫困治理的一种必然选择。

2. 构建贫困者的社会支持网络

贫困群体的社会关系网络匮乏，他们在面对困难或者贫苦的生活状态时，往往缺少有效的帮助，进而陷入一种无助的境地。政府在反贫困治理中能够提供给贫困者的物质帮助是有限的，因此，政府在反贫困中，要积极动员社会各界的力量，共同为贫困者构建一个社会支持网络，从而更好地满足他们的需求。

社会支持网络一方面可以帮助人们解决日常生活中的问题和危机，以维持日常生活的正常运行；另一方面，社会支持网络作为社会安全网的一种形式，对个体的社会行动起到重要的支持和保障作用。一般而言，社会支持网络包括正式社会支持网络和非正式社会支持网络。

正式社会支持网络是指来自政府、社会正式组织的各种制度性支持，主要包括政府行政部门和准行政部门，这部分支持网络以制度和政策的形式表现出来。例如，经过多年的扶贫开发行动，在我国围绕贫困者基本形成了包括各级扶贫部门以及工会、妇联和共青团等相关部门在内的正式社会支持网络。但是，这种社会支持网络是建立在单向式支持模式基础上的，工作手段单一化，缺少与贫困者的互动，从而使其具有很大的局限性。

贫困群体除了因社会地位低下而难以享受到国家的正式制度资源外，他们往往也缺少非正式社会支持网络。个人的非正式社会支持网络是由具有相当密切关系和一定信任程度的人组成的，是个人的一种重要社会资源，它包括家庭以外的非共同生活的亲属与亲戚关系，以及同事关系、邻里关系、同学和其他朋友关系。非正式社会支持网络主要在情感和精神方面对网络主体提供支持。贫困者的社会关系网络一般较为简单，家庭是他们最重要的社会支持来源。在非正式社会支持网络中，他们所接受的帮助仅仅限于邻里关系，而这些邻里也常常同样属于贫困群体。非正式社会支持网络的乏力，使得这些物质贫困者又进一步陷于精神贫困之中。

基于社会支持网络的扶贫模式，在国外已经成为帮助贫困者的有效机制。政府应积极探索改革现有社会支持网络的途径，把贫困群体作为发展主体，以他们的发展需求为工作导向，建立互动式的社会支持网络，最终更好地发挥正式支持网络的效用，同时在反贫困治理中应积极发扬互帮互助的美德，培养邻里、亲属以及其他社会关系之间的相互帮助精神，构建贫困者的非正式社会支持网络，以实现扶贫目标的更快达成。

3. 增加贫困群体的社会资本存量

社会资本是通过投资社会关系得到回报的资源。贫困者处于社会结构中的不利地位，与其他社会群体相比，他们的社会资本存量较少，进而缺少社会行动的能力，这影响和制约着他们的持续发展。所以，政府在反贫困治理的过程中，除了重视对贫困群体物质资本和人力资本的投资外，还应积极投资于社会资本，努力增加这部分群体的社会资本存量。关于培育贫困群体社会资本的途径，前面已有所涉及，因为提高社会地位和构建社会支持网络都是增加社会资本存量的有效方式，这里将从政府投资于社会资本的层面进行具体分析。

制度是社会资本的一种形式，制度主体利用制度所赋予的权利来保护自己，反对他人。在我国，贫困群体利用制度来保障和维护自身权利的能力是很微弱的。一方面，贫困者虽然是制度的权利主体，但由于文化素质等方面的限制，他们从制度中享受到的保障很少；另一方面，专门针对贫困群体的保障制度很不完善，无法发挥应有的保障功能。截至目前，我国尚没有出台专门针对贫困者的济贫法和社会救助法，有关贫困者权益保护的条款散见于一些法律和法规中，而在现实社会生活中，损害和漠视贫困者等社会弱势群体权利的现象频频出现。因此，建立和完善专门以贫困者和弱势群体为保障对象的法律和法规非常必要。同时，政府要加强对贫困群体的宣传和教育，提高他们的权利意识，发挥制度对他们的保障作用。

组织化增权是提高贫困群体社会资本的一个途径。组织化增权是指具有同类特质，但处于原子化状态的个体加入自己的组织，并将其嵌入到社会体系之中的过程。组织是社会资本生产和再生产的一个载体。同一组织的成员能够共享组织内的社会关系资源。组织还作为一个行动共同体，以组织整体的名义行动并获取资源，提高组织成员的福利水准。组织化趋势是现代社会的一个显著特征，然而，与那些富有群体相比，穷人常常边缘化于社会的利益群体结构中，没有能力或没有意识去建立和维持自己的组织，组织起来的程度仍然很低，这也是造成他们社会地位更加边缘化的原因。而政府要积极帮助穷人建立自己的组织，支持和保护穷人已形成的组织，通过提高贫困者的组织化程度来加强他们在社会上的声音。

第十二章
加快对少数民族地区"贫困资源"的开发

第一节 大力发展现代特色农业

发展现代特色农业，推动产业优化升级，是推动民族地区经济发展的现实选择。自2004年以来，中央已经连续下发了7个有关"三农"问题的一号文件。2010年，中央一号文件进一步指出要把发展现代农业作为加快转变农业发展方式的重大任务。对我国广大民族地区而言，由于受自然、资金、技术等诸多因素的制约，加快现代农业发展显得尤为重要和紧迫。现阶段，民族地区农业的主要特征表现为：

其一，农牧业生产基础设施的简陋和稀缺。农牧业生产仍基本维持着靠天吃饭的状态，遇风调雨顺则有好收成，遇气候反常和自然灾害则严重失收，直接影响到农牧民的物质生活和温饱，并导致部分农牧民的迅速返贫。

其二，基础公共设施和服务严重短缺，水、电、通信、广播电视的享用条件和水平普遍较差，道路和社区居住环境很差，农畜产品的交易条件和小集镇市场发育严重不足。

其三，民族地区农牧民认知能力提高和发展权利的实现存在较大的困难。农牧区交通不便，人口分散、环境闭塞，加之公共服务设施的严重不足，先进的生产技术和知识传播存在较多的障碍。环境和认知的闭塞客观上影响了现代特色农业的发展，农牧民难以充分地把握发展机会，难以借助国家实施的优惠政策更充分地实现对当地资源的动员及有效配置，名义上存在的优惠政策、有利条件、发展权利未能通过农牧民的具体行动转化为具体利益。

一 特色农业与产业结构协调发展

发展区域特色农业经济的实质就是地区农业产业结构的优化。农业产业结构优化是指在经济社会发展目标的要求下实现供求结构的均衡，各农业生产部门的协调发展并取得较好效益的产业合理化过程。而区域特色经济的目的也是最大限度地实现资源配置的合理化，追求社会效益和经济效益的最大化。因此两者具有相同的目标，即追求经济增长率和社会公平的最优化。同时，两者以其所具有的优势彼此促进，使区域经济实现可持续发展。

1. 特色农业发展利于农业产业结构的优化

（1）特色农业发展有利于主导产业的选择和核心竞争力的培养

一个地区的自然条件和社会经济特点决定其特色农业的发展优势，通过发展特色农业可以培养其核心竞争力，也能够将资源优势转化为市场竞争优势，逐渐改变经济二元结构的状况，带动技术落后、生产率低下的传统农业部门发展，使区域产业结构趋于合理化。

（2）特色农业发展有利于提升农业产业结构层次

在市场经济条件下决定地区产业选择和发展的主导因素是市场需求，而不是资源禀赋，所以资源性产业通过技术创新来提高效益水平，从而提高资源的利用率，从过去传统粗放型转向可持续发展型，保持区域经济发展周期的有序进行。相互配合的农业产业布局在一个区域能获得集聚效益，且使各产业彼此提供获得正外部集聚的利益。协调产业结构、提升结构层次对于区域经济的增长将是关键。如果一个区域内各产业没有秩序地分布，彼此就会成为负外部经济的来源。所以，立足特色农业有利于提高经济质量，加快企业的技术进步和产业升级，以适应全球产业结构调整的大趋势和国内外市场需求的变化，提高农业的深度加工，合理安排农村剩余劳动力，使区域产业结构在合理化的基础上进一步高度化。如滇西北特色农业经济发展依靠的是当地的特色资源，发展特色经济可以解决好特色资源与市场的关系，通过特色农业资源来适应市场需要或引导市场消费。

2. 农业产业结构优化促进特色农业持续发展

农业产业结构是各农业生产能力配置构成的方式，其发展具有一定的生命周期，必然会产生区域产业结构动态优化问题。在现代特色农业发展过程中，产业结构与优化是经济增长的根本问题，其目的和标准也只有一个，即必须有利于区域经济持续稳定的发展。农业产业结构调整和优化是一个动态的过程，包括调整滞后的产业结构向高度化发展，调整不合理的产业结构向合理化发展，是高度化和合理化相互渗透、相互作用的过程。在这个过程中，可以逐步实现或提高农业种植与加工产业之间的有机联系，同时意味着资源可以在各农业生产部门之间得到有效的配置，使企业之间也得到很好的协调，并产生较大的结构效应，由劳动密集型产业向资金、技术密集型产业发展，由初级产品加工为主的产业向产品的深加工、制造中间产品、最终产品的产业发展，即在技术因素的推动下实现农业产业结构优化，从而促进区域经济发展。

二 特色农业有利于提升地区农业产业竞争力

产业竞争力是指在一定贸易条件下，产业所具有的开拓市场、占据市场并以此获得比竞争对手更多利润的能力。特色农业经济产业竞争力是从产业角度来反映和度量区域农业资源要素参与市场竞争的能力和权利，是区域经济中一种产业与另一种产业或不同区域的同一产业之间竞争的综合盈利能力。打造特色农业产业，可以整合优势资源，增强产业竞争力。

1. 增强产业链条的组织能力

产业链是指区域范围内市场前景较好，产品关联度较强，并有一定市场集中度的企业集合。这种集合是以价值链为基础，以原材料配套为条件，以技术互补为手段，以提高利润率为目的。特色农业产业的组织能力可以提升农业产业内各企业之间的资源合理配置的能力。

企业在市场经济条件下面临的最大的问题是竞争，竞争的最基本的能力是合理配置资源，而特色农业产业内部企业之间的资源合理配置能够解决单个企业不能解决的问题。产业的组织能力体现在市场结构、市场行为和市场绩效三个基本方面和政府的产业组织政策方面。

市场结构是指市场各种经纪人之间的各种关系和特征，包括市场集中度，产品差别化和新企业的进入壁垒等因素，它决定了市场的价格形成方式，从而决定产业组织的竞争性质。市场行为是指企业基于市场供求关系和其他企业关系而采取的各种决策行为，包括价格策略、产品策略和排挤竞争对手的策略等。市场绩效是指产业在一定的市场结构和市场行为条件下得到的最终资源配置效率和利润率等结果。市场结构决定市场的竞争程度和垄断程度，是市场行为和市场绩效的基础。市场行为根据市场结构的状况和特征而决策，反作用于市场结构，同时影响市场绩效。市场绩效是市场结构和市场行为的最终标志，同时又通过及时的反馈，帮助企业和产业修正其市场结构和市场行为。

2. 增强产业的集聚能力

区域农业经济以优势企业为主，形成独具特色的产业，进而打造具有竞争力的产业，推动产业集群。产业集群是经济发展的一种阶段性结果，是指某一特定领域中，存在密切联系的企业和支撑机构在空间上的集聚，形成产品、服务和技术网络，从而产生内生力，增强盈利能力和竞争力。单个企业的规模比较小，市场竞争力弱，产业的集聚可以把中小企业整合起来，形成整体优势，打造优势特色产业，增强产业竞争力。

3. 促进特色企业提升创新能力

创新是时代的特征，也是企业不竭的动力。特色农业企业的创新不仅是市场竞争的必然要求，也是企业自身发展的选择。根据熊彼特的观点，企业的创新主要体现在以下几个方面：产品的创新，引进新产品或对现有产品改进；技术的创新，引进新的生产工艺方法；市场的创新，开辟新的用户市场和服务形式；要素的创新，控制和改变原材料或半成品的供应和组合；组织的创新，改变企业的组织形式以增强企业的盈利能力。区域经济中特色农业企业的创新能力，实际上是产业的市场适应能力的最终体现，特色企业由于在产业中的地位，它在市场中的竞争对象和压力都比其他企业更强，对区域产业的引导力也更明显，因此，特色农业企业只有不断地创新，才能在激烈的市场竞争中保持自身的优势，才能带领产业进步。

4. 提高龙头企业的盈利能力

单个区域经济总量较小，企业规模和数量都不大，产业结构单一，所以往往一个产业由几个企业组成，其中龙头企业的竞争力占据主要地位。不过产业竞争力最终体现在企业的盈利能力上，企业的盈利能力是各种能力的综合反映，也是企业做大做强的基础。没有龙头企业的市场优势和强大的盈利能力，就不可能形成产业优势，更不可能出现产业竞争力。因此，培育壮大特色龙头农业企业，增强其带动能力，拉长产业链条，实际上就是提升产业竞争力。

第二节 开发利用旅游资源带动居民增收

旅游业具有文化和经济两大属性。旅游是人类的社会文化活动，旅游者主要是消费文化；旅游业是经营旅游的产业，是文化性很强的经济事业，是文化型的产业。旅游是人类社会发展到一定阶段才出现的一种生活方式。吸引旅游者去消费的东西就成了旅游产品。例如，历史文化遗址、文物等能够满足旅游者访古怀旧、充实知识、扩大视野的心理需要；自然美景、异地风情能够满足人们放松思想、恢复精力、追求新奇感情的需求；探险访幽、追随名人足迹的旅游活动，能够满足旅游者追求冒险刺激、渴望提高自我价值的需求等。旅游者处在旅游文化生活中时，他以是否自由自在、轻松愉快、赏心悦目为衡量旅游生活好坏的标准，以追求娱乐、消遣和休息为目的。因此，发展旅游文化市场，重点在于旅游资源的开发。

一　民族地区具有丰富的旅游资源

旅游资源是指地理环境中具有旅游观光价值的资源。在地球表面上能够满足人们娱乐、消遣、观光等精神方面需求的地理和文化事物是多种多样的，它们共同构成一定的旅游资源。而我国民族地区大多地处偏远，远离城市，远离工业，自然环境优美宜人。再加之各民族独特的民族文化传统及民风民俗，旅游资源可谓丰富多样，绚丽多彩，充满魅力。

1. 历史古迹

民族历史文物古迹是反映一个民族在长期历史发展过程中所从事的各种活动的真实记录，是在特定时期中各种人物和群体真实行为和思想的表现和有力见证。民族历史文物古迹充满着神秘和浪漫，具有很高的旅游价值。

在我国民族地区，国务院公布的历史文化名城有桂林、呼和浩特、喀什、拉萨、日喀则、银川、大理、丽江等。此外其他地区也保存有很多历史文物古迹。新疆的乌鲁木齐、吐鲁番、喀什、和田等文化古城是"丝绸之路"的重要途经站，高昌故城、交河故城、楼兰遗址、北庭故城、克孜尔千佛洞、阿斯塔那、哈拉哈卓墓群等，都是"丝绸之路"

的重要遗迹，而"丝绸之路"这个名字本身就吸引着众多中外旅游者。内蒙古的古迹和遗址主要有成吉思汗陵、元上都遗址、昭君墓、乌素图召、五塔寺、五当召、万部华严经塔、和林格尔汗墓群壁画、美岱召、黑城遗址等。西藏的文物古迹主要有布达拉宫、罗布林卡、大昭寺、哲蚌寺、色拉寺、甘丹寺、小昭寺、扎什伦布寺、萨迦寺、唐蕃盟会碑、藏王墓、古格王遗址、泽当比乌哲古岩洞等，每个著名的大寺庙都称得上是一座宗教文化艺术的博物馆。宁夏的文物遗址和古迹也非常多，主要有灵武县旧石器时代的水洞沟文化遗址、贺兰山东麓的古岩画、西吉县至彭阳县的200公里的古长城、西夏王陵墓、须弥山石窟、中卫县高庙、同心县清真大寺、青铜峡市的一百零八塔、银川市的南关清真寺。在广西、云南、贵州、四川、辽宁、青海、甘肃等省也有不少文物古迹。

历史文物古迹对旅游者具有很大的吸引力。近年来，北京八达岭长城平均每年接待游客500万人次，旅游收入达1亿元人民币。布达拉宫在维修期间，每周只开放两个半天，一年仍然能接待20万人次的朝佛参观者。

2. 自然风景

我国少数民族地区自然旅游资源相当丰富。国务院公布的国家级重点风景名胜区中，分布在少数民族地区的有桂林漓江、桂平西山、花山、黄果树瀑布、织金洞、龙宫、雅隆河、九寨沟、贡嘎山、天山天池、路南石林、西双版纳、大理苍山洱海、三江并流（云南丽江纳西族自治县的高山峡谷风光）、丽江玉龙雪山等。

近年来，在世界上兴起了保护自然、回归自然和强调自然风光旅游的热潮，我国少数民族地区有高山、峡谷、激流、湖泊、草原、沙漠、森林、海滨、溶洞，从亚热带地区到高寒地带都有奇异的风光可供游览和欣赏。如云南的西双版纳，与它同纬度的世界其他地区的热带雨林早已全部沙漠化了，而西双版纳仍是郁郁葱葱。有植物5000多种，其中高等植物 4000 多种，占全国高等植物的 1/7；有脊椎动物 539 种，占全国的 1/4，其中鸟类 400 多种，占全国的 1/3。因此，西双版纳素有"植物王国"和"天然动物王国"之称，极富旅游价值。近些年西双版纳地区也非常重视旅游资源的开发，开发了 120 多个旅游景点，每年吸引着大批的游客。再如青藏高原的冰山雪峰，是世界登山旅游的理想场所；骑着"高原之舟"牦牛在茂盛的草原上奔跑，则别具情趣。

我国少数民族地区的自然旅游资源相当丰富，许多景点过去鲜为人知，有很多是近年才被开发的，保持着浓郁的原始自然美，对旅游者的吸引力很大。

3. 民风民俗

我国 55 个少数民族都有其独特的民风民俗，这些独特的民风民俗吸引着中外的游客。单说民族节日盛会就独具特色。如西南彝族等民族的火把节，藏族的朝山节、雪顿节、望果节、藏历年，侗族的花炮节，苗族的四月八，瑶族的盘王节，傣族的泼水节，朝鲜族的九三节，哈萨克族的库尔班节，蒙古族的那达慕大会，白族的三月街，回族、东乡族、保安族、撒拉族的花儿会，壮族的歌圩，水族的过端，苗族的"赶秋"和"冷酿廖"等。少数民族繁多的节日，包含着丰富的文化宝藏。另外，还有民族建筑、民族饮食、民族工艺、民族礼仪等，也都是取之不尽、用之不竭的人文资源。近年来有的城市开设了民族园，但这远不如民族地区朴实、有味。少数民族地区开发这一旅游资源，必将对民族地区发展产生深刻的影响。

二　民族地区旅游发展现状

在充分肯定少数民族旅游资源开发的重大进展和主要成绩的同时，还必须看到对很多少数民族旅游资源的开发利用并不充分，到目前为止，基本没有依托少数民族旅游资源形成的独立景区和完整的旅游线路；少数民族旅游总体发展水平还比较低，尽管游客数量增长迅速，但由于人均消费低，入境旅游比例更低，仍处于初级阶段。当前，制约该地区少数民族旅游资源开发的直接因素主要如下。

1. 旅游资源尚未评估，限制开发

少数民族地区自然风光丰富，但对少数民族地区旅游资源尚缺乏全面系统的普查和评价，对总体资源的数量、质量、种类、范围、环境、开发价值、市场前景等都还没有一个科学的统计和分析，不利于进行国内外比较和综合评价，也难以为合理开发利用资源提供准确可靠的依据，进而对其旅游资源的开发与宣传造成一定的限制。

2. 旅游基础设施建设滞后

大多数少数民族所在地区交通不便，可进入性差，自然风光虽然优美，但难以开发利用。景区内部相应的旅游配套设施少，基础设施简陋，导致接待设施数量有限、档次太低，接纳、承受能力和交流受到极大的限制，致使旅游主体难以进入地处边远的少数民族聚居区，影响了少数民族旅游资源的进一步开发，已开发的景区相当一部分也因此类的问题而处于半闲置状态。

3. 资金匮乏

少数民族所在地区的经济发展水平一般都相对落后，多数属于吃饭财政，而大规模引进外来资金的环境和条件还不具备，目前很多地区因缺乏经费无力进行资源普查和科学规划，更难以对旅游资源进行系统开发。

4. 旅游资源保护意识亟待提高

1949年以后，诸多少数民族迅速摆脱了其原始生活状态，目前基本上都已经定居。原有的生产、生活方式的迅速改变导致其民族传统文化发生变化。另外，相当多的少数民族青少年不能通晓自己本民族的语言，这是不同地区各个少数民族普遍存在的一个问题。民族语言的弱化造成其民族文化约束力的降低，一些经过长时期积淀形成的习俗逐渐消失，独特的手工艺技术面临失传的危险，从而导致少数民族旅游资源的吸引力有所降低。

5. 品牌意识不强

少数民族旅游对外宣传尚未形成合力，由于缺乏宣传经费，加之各自为政，不少地区少数民族旅游的整体形象还不够鲜明、生动、突出，很多旅游精品至今"藏在深山人未识"。比如一首《蝴蝶泉边》打造了云南省大理地区著名旅游品牌"蝴蝶泉"，但《高高的兴安岭》却没有能够将文化上的轰动效应成功地转换成乌苏里江旅游经济效益。

三 民族地区旅游改进建议

目前，随着我国经济快速发展，人们不仅仅需要提高物质生活水平，而且需要有丰富的精神享受。在这种形势下，旅游业作为第三产业的主要支柱之一具有特殊的重要意义，因而应合理开发现有的旅游资源。由于少数民族地区旅游资源丰富，其开发利用会促进旅游业的发展，旅游业的蓬勃发展会促进当地经济的发展，二者关系是相当密切的。旅游业是包括旅行社、住宿、饮食、购物、交通、观光娱乐等在内的综合性行业，它涉及面广，行业多，因而，发展旅游业能带动多种行业的发展及它们之间的配套设施的发展，由此带来巨大的经济效益，繁荣一方经济；还可以安置大量待业人员，减轻就业压力和社会负担，能从客观上提高当地人民的物质文化和精神文明水平。

1. 加强民族旅游地区的基础设施建设

交通是联系客源地和旅游区的桥梁，是旅游的通道和媒介，是构成完整旅游功能系统的必要组成部分。没有良好的交通条件就不可能形成旅游流（客流），改善景区内的交通情况会直接带动旅游资源的开发与利用。因此，在未来的少数民族扶贫工作中，要加强对旅游设施的资金投入，强化民族旅游地区的基础设施建设，提升其旅游服务质量。如改善卫生、膳食等，增加旅游商品种类，完善其发展，在保护资源的基础上，多发展具有少数民族独特性质的文艺娱乐节目等，都可以有效增加民族地区贫困人口的收入,改善其经济状况。

2. 加强民族旅游地区的组织宣传

酒香也怕巷子深,拥有丰富旅游资源的民族旅游地区也要加强组织宣传,具体方式很多,如可以印刷对外宣传品,在外地设立办事处进行宣传和组织客源工作,开办旅游展览会、招待会,邀请外地旅行社。也接待一些重点客源市场的代表人物及团体前来观光、访问,并通过广播、电视、电影向外地群众作旅游宣传,使他们了解这些地区,认识这些地区,乐意到这些地区来。

3. 发展少数民族主题旅游

不同地区的民族拥有不同的风俗,相对突出其特色的重点民族主题旅游活动也可以推动民族地区旅游业的发展。民族文化是民族长期以来实践经验的积淀,是民族心理素质的表现。由于民族文化的独特性,因而往往能成为旅游者好奇和兴趣之所在,特别是可供旅游者亲自参与的节日庆典活动以及可让其亲身体验的民族生活方式和传统的民俗活动,如跑马山的转山会,彝族的火把节等,对旅游者有更大的吸引力。发展这些以民族文化内容为特色的主题旅游,往往能达到"文化搭台"而"经济唱戏"的目的。

4. 努力提升少数民族旅游等级

国家可以重点建设少数民族国家级、省级的景点,并由此带动其他资源的开发。在开发利用新景点时,要对开发项目作可行性研究,借鉴已经成为或可能成为国家级、省级景点的开发经验。在具体开发中,要努力做到旅游供给完善、配套设施齐全,加强宣传力度、广度、注意服务质量,增强竞争意识,在竞争中谋求发展,形成行业规模效益、地区规模效益,做到短期效益与长期目标的统筹安排,为少数民族地区的的经济取得长足的发展奠定良好的基础,为提高少数民族地区人民的物质文化生活水平创造条件。

第三节　打造特色文化产业

发展民族特色文化产业是一项具有全局性的举措，其实施的效果直接决定着民族地区旅游和经济的发展。少数民族地区与经济发达地区的经济发展存在一定的差距。但民族地区有其独特的文化资源优势、生产技术、生产流程和管理组织方式，这些都为支撑制造或提供少数民族特色产品与特色服务提供有力的支持。

民族文化产业化是指对各少数民族文化资源的运用开发，以市场化为主要的行为主体把民族地区文化资源产业化运作，按照工业化的标准生产、再生产、储存以及分配民族文化产品和服务的一系列活动的总称。民族文化产业与人民群众的文化娱乐生活息息相关，主要是指具有民族特色的文化产品制造业（如民族工艺品、旅游纪念品、民族刺绣产品、纺织品等）、民族体育业（如蒙古族"男儿三项游艺"的摔跤、赛马、射箭；回族的踢毽、拔河；藏族的赛牦牛；壮族的投绣球；朝鲜族的跳板等）、民族文化旅游业、民族文化音像制品生产、民族出版物的生产经营、民族医药的生产经营、民族饮食文化的经营等。

民族文化产业的特色在于其依托的是各少数民族优秀的文化传统，通过对传统文化的产业化运作，使民族文化资源得以开发和利用，使民族自身得以更好地发展。在长期历史发展中，各少数民族形成了独特的民族建筑、民族服饰、民族佳肴、民族手工艺品等传统产业，具有鲜明的民族特色，真实地再现了各民族的文化传统，不仅具有独特的现代经济价值，而且还是少数民族聚居地区未来最具发展潜力和市场竞争力的产业部门。所以，发展民族文化产业，对少数民族地区经济、社会和文化的和谐发展与繁荣有着极为重要的现实意义。

一　有利于促进文化与经济的融合

目前民族地区各具特色的民族文化及歌舞风俗、工艺品服饰等基本上处于传统文化创作这个层次上，文化产品仅仅是作为一种特殊商品来经营，没有形成产业链。如果推动少数民族传统文化艺术从初级层次向产业层次、品牌层次的迈进，使之提升至产业层次即文化制作与传播业，将文化产品转化为工业化生产活动，大力发展传统文化创意产业，实现产业转型升级，打造文化品牌，展现各少数民族特色文化，可以使之成为文化产业发展的助推器，树立少数民族地区形象。

二 有利于民族地区历史文化的保护、挖掘与利用

少数民族地区的许多独特的非物质文化遗产未能充分促进开发利用，以致面临消失。如在全国有广泛影响的北大荒板画、名扬天下的赫哲族鱼皮鱼骨服饰和手工艺品、堪称民间艺术中"国粹"的剪纸等。由于缺少系统的市场营销环节，至今未能形成市场规模，不能为民族地区和掌握这些艺术的人带来相应的利益回报。因为缺乏经济效益，这些手工技术无人愿意学习，面临着失传的危险。如何让这些文化符号带着丰厚的文化底蕴走向世界，对充分发挥少数民族文化资源禀赋、传承民族地区独特文化遗产十分必要且迫切。

三 有利于更好地实现文化与旅游联姻，提升旅游文化内涵

通过市场化运作、产业化经营，挖掘民族地区具有历史文化价值的民族文化与艺术资源，打造地域性特色文化与旅游结合的文化产业模式，形成强大的少数民族文化产业，可以提高区域文化竞争力，使之成为提高民族地区旅游综合竞争力的新的增长点及重要文化支撑。

第十三章
推动兴边富民行动与反贫困相结合

"兴边富民行动"旨在"振兴边境，富裕边民"。边民富，边境固，只有保障边境地区的稳定，才能保证国家的安全，为中国特色社会主义经济建设提供稳定的环境，才能保证中国社会经济持续、快速、健康和稳定发展。加大对边境地区的投入，促进边境地区与内地的协调发展，是保证区域经济协调发展、实现共同富裕的必然要求。兴边富民行动开展十余年来，对兴边富民行动成效进行评估，有利于掌握兴边富民行动成效，总结成功经验和失败教训，为进一步深化兴边富民行动提供智力支持。

第一节 兴边富民行动在少数民族地区的反贫困效果

分析兴边富民行动的实施效果需从多方面、多角度考虑。从经济发展能力上看，兴边富民行动显著促进了边境地区各方面经济指标的增长，如促进了第二、第三产业增长；缩小了区域间的差距；促进了边境地区的商贸活动；提升了固定资产投资、地区生产总值以及地方财政收入的增长速度等；增加了农牧民人均纯收入。在基础设施建设上，兴边富民行动的实施改善了公路基础设施建设的稳定增长；在教育事业发展方面和医疗卫生事业方面有所改善。在"十二五"期间,国家继续加强兴边富民行动,因边制宜,促进边境地区特色资源开发,发挥比较优势,增强经济发展能力;加大投入力度,切实改善边境地区的基础设施建设;以民生为本,拓宽就业门路,改善边民生活;调整教育资源配置结构,夯实边境地区基础教育,探索灵活高效的边境教育方式;促进医疗卫生资源优先向边境地区配置,建设灵活适用的边境地区医保机制。

"十二五"期间,中央和各地方财政为少数民族发展资金(兴边富民)继续加强资金投入,重点用于边境地区和区内人口较少民族地区的基础设施、教科文卫、生产发展、实用技术培训等项目。

2000—2013年,国家民委、财政部和各边疆省、自治区财政厅调度少数民族发展资金(含兴边富民行动和人口较少民族发展资金)用于开展边境地区和区内人口较少民族地区基础设施、教科文卫、生产发展、实用技术培训等项目;建设兴边富民行动安居工程,解决了边境地区和人口较少民族群众的住房问题;安排边境地区村容村貌和人居环境整治资金;安排特色村寨建设试点项目;兴边富民扶持特色产业发展项目等。安排的资金项目极大地改善了边境地区、人口较少民族地区农牧民行路难、饮水难、上学难、照明难、就医难等最现实的问题。

一 民族地区经济发展良好

各少数民族地区在国家民委和财政部的大力支持下,通过兴边富民行动,实施少数民族发展资金项目,极大地改善了少数民族地区基础设施和少数民族群众的生产生活条件,使民族地区的发展取得了阶段性成效。

1. 基础设施明显改善,经济社会长足发展

少数民族发展资金项目较集中地用于边境地区和区内人口较少民族地区农村乡村道路、饮水安全、安居工程、河床治理、特色产业发展和

提高群众生产生活水平等方面，每个项目资金虽然投入不大，但极大地改善了边境地区和区内人口较少民族聚居区的交通、水利、能源、卫生、教育、住房改造等基础设施建设，使边境地区和区内人口较少民族聚居区的经济社会事业有了长足的发展，群众的生产生活条件发生了较大的变化，呈现出社会稳定、边防巩固、民族团结、经济社会全面发展的良好局面。

2. 群众观念逐渐改变，自力更生意识增强

虽然项目小、投入少，但项目产生的效益却很明显，对转变边境地区农牧民的思想观念和发展观念起到了积极作用。农牧民的市场经济意识、商品意识、竞争意识逐步形成，健康、文明、卫生的生活习惯逐渐养成，学科学、用科学的氛围逐渐浓厚，以往"等、靠、要"的思想正在逐步消除，生产积极性大幅度提升，自力更生、自我发展的意识明显增强。

3. 项目务实改善民生，村容村貌焕然一新

边境地区在落实项目时注重改善民生，实实在在地解决群众的生产生活困难。近年来，许多边疆贫困村利用兴边富民项目资金，整合各种资源，启动整村推进工程，发展生产，倡导新风，彻底改变了"脏、乱、差"的旧貌，村容村貌焕然一新，群众精神面貌发生巨大变化。

4. 培育了民族地区的特色品牌

利用兴边富民项目资金，依托不同少数民族地区的资源优势，培育特色产业。形成了生产、加工、销售一条龙的产业链条。除此之外，整合资源、集约化经营避免了过度开发浪费；加强了生态保护和建设，实现了民族地区居民致富和生态恢复"双赢"的目的；带动了整个民族地区特色产业结构调整升级，使地区防灾抗灾能力明显提高。

5. 同舟共济和谐发展，民族团结凝成共识

项目的实施有力推动了边境地区的民族团结进步事业的发展，促进了各民族和睦相处、同舟共济、和谐发展。各族群众通过自己的切身感

受，对民族团结的重大意义有了更深刻的认识，自觉维护团结、保持稳定、促进发展已成为边境地区各族群众的共识。

二　各地兴边富民项目落实实效

各边疆省、自治区非常重视兴边富民行动和扶持人口较少民族发展工作，把项目建设纳入当地经济社会发展的总体规划，把相关工作纳入重要议事日程，统筹安排各种发展项目。各项组织协调工作，为"兴边富民"项目的实施创造了有利环境。

项目实施以来，民族地区根据不同形势、不同地域、不同民族的具体情况，因时、因地、因族、因事制宜，突出重点、注重实效、科学立项。在项目确立之前搞好调研。深入基层、深入群众，通过个别走访、实地考察等方式，切实了解实际情况，摸清群众的真实需求；优先考虑其他重点项目覆盖不到、群众需求又极为迫切的项目，重点考虑群众看得见、摸得着、见效快的项目，突出特色；聘请有关方面专家，从必要性、可行性等方面对拟建项目进行科学分析和评审，统筹考虑各方面因素，确定最终的项目申报方案。

对于项目的使用，严格制订项目实施方案和验收办法，定质量、定标准、定责任；严格监督项目建设的全过程，严把质量关，抓好安全生产、安全施工，保证项目建设的顺利完成；严把验收关，组成区地县三级检查组，做好初检、复检工作，确保工程质量；建立资金管理制度，规范操作程序，严肃财经纪律，建立管理档案，加强监督检查，确保资金使用安全。

在对外宣传上，注重把项目的实施与宣传工作结合起来，运用广播、电视、报纸等新闻媒体，采取灵活多样的形式，坚持正确的舆论导向；宣传兴边富民行动和扶持人口较少民族发展工作的重大意义、工作中的先进典型、取得的成就，使广大农牧民深刻感受到兴边富民行动确实是一项利民、乐民、富民、安民的民心工程、德政工程；开展爱国主义教育，广泛宣传党的富民惠民政策；深入开展民族团结进步宣传教育活动，广泛宣传党的民族政策，引导农牧民自觉维护民族团结和社会稳定。

第二节 进一步加深兴边富民行动与反贫困的联系程度

经过改革开放的几十年，我国的社会与经济发展已经有了一定的进步，一部分地区已经获得快速的发展与进步，而此时边疆民族地区相对而言则在发展中处在落后的地位，尤其是边境地区的发展相对内陆与沿海地区滞后得更加明显。这样的发展现状显然不是我国经济建设的目标，所以在现阶段，我国在保持现有发展状态的同时应借助先进的经验与高速发展所获得的资源来促进落后地区的发展。

这个战略目标的首要问题就是要从最落后的少数民族边境地区入手，提高社会发展的最低线，以此缩小社会发展的差距。这样，在地方经济的发展中必须强调的是对落后地区的扶持，而扶贫就是一个必须面对的重要问题。从宏观上看，国家发展需要持续并切实可行的扶贫政策，从微观上看边境地区要发展也需要将扶贫作为重要工作内容。

少数民族边境地区落后的基本表象就是贫困，人口的贫困，少数民族的贫困，边境中心区域的贫困始终伴随着边境地区的发展历程，这些贫困问题所引发的则是社会问题；贫困导致人口素质降低、基础设施薄弱、民族矛盾凸显、边境地区治安受到威胁、边民固边积极性减弱等等，这一系列的问题几乎成了边境管理与发展主题，边境地区的发展表面上是基础设施与社会、经济的发展，而究其本质，贫困是导致这一系列问题的根本。所以，一旦可以解决贫困问题，上述的复杂问题都将迎刃而解，这就是将摆脱贫困作为兴边富民的重要目标的根本原因。

一 尚有较多问题亟待解决

边境地区情况较为复杂，其贫困的成因也不尽相同，但多是由于历史和现实等诸多原因，如自然条件差等，亟待解决的问题较多。

1. 农业基础设施建设滞后

许多地方农业基础设施建设滞后，抵御自然灾害的能力很低，甚至还有部分地方保留着刀耕火种的生产方式，靠天吃饭和靠天养畜的状况未得到根本的改变，较大一部分耕地属于中低产田，极大地制约着农业和农村经济的持续发展。

2. 农村安全饮水困难问题仍然存在

由于少数民族地区独特的地理环境，边境地区不少地方水源不稳定，工程实施困难，仍然有一部分农村存在着安全饮水问题。如内蒙古、西藏因饮水导致的地方病依然存在，加之基层卫生条件较差，农牧区大骨节病、肺结核、天花等疾病时有发生，严重危害着农牧民的身体健康。

3. 乡村道路建设滞后，不适应经济和社会发展

乡村公路通车里程少，公路受到的损害程度严重，仅有少数路面实现了硬质路面。公路等级低、质量差、抗灾能力弱，通车率低，还有不少行政村不通公路，部分行政村连机动车都无法到达，不少地区少数民族居民出行仍然是依靠人背马驮，围绕乡通公路、村通车的目标，道路建设任务十分艰巨。

4. 部分项目实施过程中存在一些具体问题

国家每年下达的少数民族发展资金时间较晚，由于北方特殊气候条件，一些高海拔地区因错过施工季节，导致工程建设出现跨年现象。部分地县少数民族发展资金管理工作有待完善，对资金监督检查工作有待进一步加强。

二 加深兴边富民行动

各边疆少数民族地区为更好实现兴边富民效果，按照优先考虑、优先安排、优先帮扶、优先发展的边境工作指导思想，进一步加大投入力度，加深兴边富民行动，推动边境地区实现跨越式发展和长治久安。

1. 指导思想上将更加关注边境发展

兴边富民行动要制定更加特殊、更加优惠的扶持政策，有选择地吸收社会力量参与边境建设，着力提高边境地区的自我发展能力。项目资金进一步向边境地区和人口较少民族聚居区倾斜，着力解决边境地区的特殊困难。

2. 项目安排上将更加关注民生

在谋划发展时，要从少数民族居民最关心、最直接、最现实的利益问题入手，继续重点实施与少数民族群众生产生活密切相关的公路建设、危房改造、中低产田改造、农村居民饮水安全工程等民生项目，在发展思路上突出关注民生。在落实项目时，要在发展规划上着力带动民生，在项目安排上优先考虑民生，在资金投入上重点保障民生，在项目建设上积极改善民生，利用各种资源大力发展带动力强的特色产业和旅游业项目，达到一项产业致富一方百姓的效果。另外，要注重充分挖掘、整理民族地区少数民族文化资源，进一步弘扬民族地区优秀文化；加大教育投入力度，提高少数民族群众的科学文化素质；加强实用技术培训，切实提高少数民族群众的就业技能，增强他们的创业、就业竞争能力，拓宽他们的增收致富渠道；装备好民族地区卫生院所，方便少数民族群众就医，提高农牧民的健康水平。

3. 优先发展重点项目

考察项目时，要选准一批好的重点项目，积极联系国家有关部门，吸引社会资金参与，促成这些项目早日在民族地区落地，发挥效益；把更好地保障和改善民生作为检验项目成效的一个重要标准，进一步实现好、维护好、发展好边境各族群众的根本利益，让边境各族群众能住下来、安下心、富得起、留得住。

4. 项目确立上将更加注重规划先行

实施好项目，规划先行是关键。在充分认识编制规划的重要性前提下，要明确科学的发展思路、编制科学的发展规划、制定科学的发展项目、采取科学的发展措施，努力实现"规划跟着思路走、项目跟着规划走、措施跟着项目走"的工作目标。在制定规划的过程中，既要着眼长远利益，又要考虑当前发展；既要服从全区整体发展大局，又要考虑当地农牧民群众的迫切需要。另外，在兴边富民行动、扶持人口较少民族发展、少数民族特色村寨保护与发展等工作中，要突出重点，加大对边境民族地区的扶持力度，完善各种设施建设，不断繁荣民族地区的经济社会事业。

5. 项目管理上将更加注重机制建设

项目管理上要建立项目资金的管理机制，逐步健全项目资金的审批、监督、管理、验收和档案制度，明确职责，落实责任，使项目和资金管理的每一个环节都有具体的责任部门和责任人；强化资金管理，严格管理措施，坚决防止挤占、截留、挪用现象的出现；逐步完善项目后续管理制度，健全后期管理责任制，加强跟踪管理，力争使项目建成一个成功一个；完善项目考核制度，逐步建立项目申报考核、绩效考核、管理工作考核、目标考核等各项制度，充分发挥考核工作的激励和监督保障作用。

6. 项目实施上将更加注重做好群众工作

实施项目要与做好群众工作结合起来，努力使项目实施的过程成为凝心聚力的过程，使每一个项目都成为促进发展的催化剂、加强团结的广播站、维护稳定的宣传栏，把党的民族政策和富民惠民政策宣传到千家万户，使各族群众知道惠在何处、惠从何来，引导农牧民群众知恩、感恩、报恩。

7. 项目落实上将更加注重人才的作用

人才是加快少数民族和民族地区经济社会发展的关键性因素。兴边富民时要根据边境地区经济社会发展的实际需要，制定和实施边境地区少数民族人才发展专项规划，建立健全人才管理工作机制，采取多种手段和方式帮助边境地区更多地培养经济社会发展急需的企业经营管理人才和专业技术人才，不断提高人才素质、优化人才结构；制定更加优惠的政策，采取灵活多样的措施，创造良好的用人机制和环境，鼓励、支持和吸引各级各类人才到边境地区发展创业，贡献聪明才智；加大农牧民实用技能培训力度，积极开展各级各类职业教育和技术培训，广泛开展各种科普活动，努力培养社会主义新型农牧民和一批科技带头人、致富带头人，充分发挥他们的示范和带动作用。

附件1
乌蒙山片区区域发展与扶贫攻坚规划
（2011—2020年）节选

片区内居住着彝族、回族、苗族等少数民族，是我国主要的彝族聚集区。民俗风情浓郁，民族文化源远流长，各民族和睦相处。

拥有彝族"火把节"、"撮泰吉"及苗族"滚山珠"等国家非物质文化遗产。少数民族服饰制作等民间工艺丰富。

战略定位

民族团结进步示范区。坚持扶贫攻坚与落实党的政策相结合，以各民族共同团结奋斗、共同繁荣发展为主题，加强民族地区教育、卫生、文化和社会建设，集中力量解决突出民生问题，增强自我发展能力，广泛开展文明进步创建活动，促进各民族共享改革发展成果。

旅游业与民族文化产业

旅游业。深度挖掘和整合旅游资源，大力发展赤水河红色旅游，大小凉山民族文化旅游，黄荆、织金洞、轿子山、百里杜鹃、竹海、燕子岩、习水、赫章夜郎、天星等生态旅游，打造精品旅游线路。

加强区域内旅游交通联结，改善旅游交通条件，形成以高等级公路为主体的快速旅游通道。加强景区旅游接待和服务功能建设，完善安全防护设施。加强旅游宣传、旅游接洽、导游服务体系建设，加快开发具有地方风味和民族特色的旅游商品，规范和繁荣旅游市场。主动融入邻近旅游热线和旅游区域，开展联合营销，建立区域合作机制，建成跨区域旅游协作网。

民族文化产业

加强少数民族文化遗产的挖掘与保护，建立完善特色文化遗产保护网络和非物质文化遗产保护体系。提高民间传统节庆活动水平，挖掘市场潜力，塑造区域文化产业形象。建设一批重大民族特色文化产业项目。积极发展具有浓郁民族风情的手工艺品和特色旅游产品。大力扶持扶贫对象参与民族传统手工艺品生产。大力扶持民族团结进步教育基地，发挥其示范作用。

专栏1　民族文化发展重点

民族文化精品工程。彝族火把节、服饰节、母语、毕摩文化节，苗族花（踩）山节、斗牛节、芦笙文化节，回族古尔邦节、开斋节，武定牡丹文化旅游节，罗婺国际民歌节，宣威火腿美食文化节，端午山歌节，元宵花灯节，二月二"龙抬头"民俗文化节
民族艺术。彝族太阳历、酒歌、服饰制作技艺、漆器髹饰技艺、毛纺织及擀制技艺、口弦，苗族《昭蒡俭和高帕施》、原生态歌舞
民族工艺品。彝、苗等少数民族漆器、银器银饰、金江奇石、大海云纹、手工斑铜、竹编、仿骨雕、石雕、木雕、根雕、刺绣、花毡、芦笙、仿古青铜等
历史遗迹保护。秦开"五尺道"，古栈道，壁画，石刻，僰人悬棺，中所古镇，黄琅古镇，龙华古镇，文昌故里，春秋祠，四渡赤水旧址，毕节夜郎可乐遗址，天河古城，大方宣慰府，慕俄格古城，威宁乌撒古城，黔西水西古城，织金古城，昭阳龙（云）卢（汉）家祠故居，斜文李兰农民起义馆，朱提银遗址，会泽八大会馆，古钱币遗址，武定土司府，狮子山罗汉，建文皇帝碑文，彝良豆沙古镇，周建屏故居，昭通古生物遗址

续表

专栏1　民族文化发展重点
民族文化传媒体系工程。彝族文化博物馆、苗族文化博物馆、昭通少数民族博物馆、昭通民族文化大剧院、喜德母语文化馆、昭觉博什瓦黑岩画展览馆和彝族服饰展览馆、叙永苗族风情博物馆、古蔺奢香纪念馆等场馆

教　育

统筹发展各类教育。合理布局学校，科学配置教育资源。积极发展学前教育，重点支持农村义务教育，加快普及高中阶段教育，促进普通高中、中等职业教育协调发展。大力发展职业教育，加快发展继续教育，关心和重视特殊教育发展，支持民族教育，推进少数民族地区双语教育，支持高等教育特色发展。加强民间文化、民族手工业、民族建筑等特色专业建设，培养民族民间文化艺术人才。

加强文化建设。建立健全覆盖城乡的公共文化设施和服务体系，积极开展乡村公益性文化活动，广泛开展文化志愿服务活动，倡导文明新风。加快推进直播卫星公共服务，做到广播电视全覆盖，实现户户通。加大少数民族地区重点文物和非物质文化遗产的保护和抢救力度。加强文物古迹保护设施建设。打造优秀民族文学艺术精品，推动民族文化传承。积极探索文化扶贫新途径新模式。

发展体育事业

结合区内特殊地质形态和民族风情，开展特色体育休闲运动，发展群众体育、民族体育、竞技体育，促进全民健身。

政策支持

对民族贸易和特需商品生产使用贷款实施优惠利率政策,优先培训民族手工业和民族文化产业从业人员,落实补贴政策,积极帮助少数民族脱贫致富。

附件2
滇西边境片区区域发展与扶贫攻坚规划（2011—2020年）节选

滇西边境集中连片特殊困难地区位于我国西南边陲，集边境地区和民族地区于一体，是国家新一轮扶贫开发攻坚战主战场中边境县数量和世居少数民族最多的片区。

根据《中国农村扶贫开发纲要（2011—2020）》的要求，依据《国民经济和社会发展第十二个五年规划纲要》、《中共中央国务院关于深入实施西部大开发战略的若干意见》、《全国主体功能区规划》与国务院扶贫开发领导小组《关于下发集中连片特殊困难地区分县名单的通知》等相关重要文件精神，结合滇西边境片区实际，编制本规划。

本规划区域范围包括云南省保山市、丽江市、普洱市、临沧市、楚雄彝族自治州、红河哈尼族彝族自治州、西双版纳傣族自治州、大理白族自治州、德宏傣族景颇族自治州和怒江傈僳族自治州10个市州的集中连片特殊困难地区县市区（以下简称片区县）56个，其他县市区5个，共61个。区域内有48个民族自治地方县市区、19个边境县、45个国家扶贫开发工作重点县。

本规划按照"区域发展带动扶贫开发、扶贫开发促进区域发展"的基本思路，明确了滇西边境片区区域发展与扶贫攻坚的总体要求、空间布局、重点任务和政策措施，是指导区域发展和扶贫攻坚的重要依据。

本规划规划期为2011—2020年。

战略定位

边境稳定和民族团结模范区。大力实施兴边富民行动，加快民族地区经济社会发展步伐，加强和创新社会管理，保障边境地区繁荣发展与和谐稳定。发扬各民族和睦共处优良传统，广泛开展民族团结进步创建活动，巩固发展平等、团结、互助、和谐的民族关系。

民族文化产业

民族文化保护与传承。抢救和保护民族文化遗产，促进文化遗产传承，大力培养非物质文化遗产传承人。推进国家级文化生态保护实验区建设。维护特色民族村寨和古村镇。

民族特色文化开发与利用。培育一批骨干文化企业，发掘区域特色文化资源，打造文化产业基地，促进文化产业集聚发展。充分利用非物质文化遗产和民族音乐、歌舞等资源，综合运用影视、大型山水实景演出、原生态歌舞及音乐节目等多种形式，弘扬民族文化，塑造民族文化品牌。

财政、税收和金融政策

财政政策。加大中央财政均衡性转移支付力度。提高转移支付系数，增加转移支付额度。完善县级基本财力保障机制，增强基层政府提供基本公共服务的财政保障能力。中央财政有关专项转移支付向片区县倾斜。加大民族地区、边境地区专项转移支付力度。加大对"兴边富民行动"的支持力度。落实垦区强农惠农政策，将垦区纳入良种补贴、综合直补、农机补贴等覆盖范围。

附件 3
武陵山片区区域发展与扶贫攻坚规划
（2011—2020 年）节选

　　武陵山片区跨湖北、湖南、重庆、贵州四省市，集革命老区、民族地区和贫困地区于一体，是跨省交界面大、少数民族聚集多、贫困人口分布广的连片特困地区，也是重要的经济协作区。

　　根据《中国农村扶贫开发纲要（2011—2020）》（中发〔2011〕10号）和《国务院关于推进重庆市统筹城乡改革和发展的若干意见》（国发〔2009〕3号）的要求，依据《国民经济和社会发展第十二个五年规划纲要》、《中共中央国务院关于深入实施西部大开发的若干意见》（中发〔2010〕11号）、《全国主体功能区规划》（国发〔2010〕46号）和《关于下发集中连片特殊困难地区分县名单的通知》（国开发〔2011〕7号）编制本规划。

　　本规划按照"区域发展带动扶贫开发，扶贫开发促进区域发展"基本思路，把集中连片扶贫攻坚和跨省合作协同发展有机结合起来，明确了片区区域发展与扶贫攻坚的总体要求、空间布局、重点任务和政策措施，是指导片区区域发展和扶贫攻坚的重要文件。

　　本规划规划期为 2011—2020 年。

本规划区域范围依据连片特困地区划分标准及经济协作历史沿革划定，包括湖北、湖南、重庆、贵州四省市交界地区的71个县（市、区），其中，湖北省11个县市（包括恩施土家族自治州及宜昌市的秭归县、长阳土家族自治县、五峰土家族自治县等）湖南省37个县市区（包括湘西土家族苗族自治州、怀化市、张家界市及邵阳市的新邵县、邵阳县、隆回县、洞口县、绥宁县、新宁县、城步苗族自治县、武冈市，常德市的石门县，益阳市的安化县，娄底市的新化县、涟源市、冷水江市等），重庆市7个县区（包括黔江区、酉阳土家族自治县、秀山土家族苗族自治县、彭水苗族土家族自治县、武隆县、石柱土家族自治县、丰都县等），贵州省16个县市（包括铜仁地区及遵义市的正安县、道真仡佬族苗族自治县、务川仡佬族苗族自治县、凤冈县、湄潭县、余庆县等）。国土总面积为17.18万平方公里。2010年年末，总人口3645万人，其中城镇人口853万人，乡村人口2792万人。境内有土家族、苗族、侗族、白族、回族和仡佬族等9个世居少数民族。

战略定位

民族团结模范区。发扬片区各民族团结和睦、休戚与共的优良传统，紧紧围绕各民族共同团结奋斗、共同繁荣发展的主题，广泛开展民族团结进步创建活动，巩固和发展平等、团结、和谐、互助的社会主义民族关系，共同推动经济社会发展的良好局面，建设民族团结模范区。

旅游产品多元化开发

发展民族文化旅游，实施特色民族村镇和古村镇保护与发展工程，形成一批文化内涵丰富的特色旅游村镇和跨区域旅游网络。进一步开发少数民族特殊医疗的康体健身旅游、科普旅游和红色旅游，大力支持休闲度假养生、农业生态及会展等旅游项目，形成有效带动群众就业和增收的支柱产业。

民族文化产业

推进特色民族文化品牌传承与保护。加强对片区少数民族文化遗产的挖掘和保护，抢救、整理和展示少数民族非物质文化遗产，弘扬民族传统文化。

大力扶持民族文化精品工程。扶持体现民族特色和国家水准的重大民族文化产业项目，建设具有浓郁民族特色的少数民族文化产业园区和民族传统体育基地。

加强民族文化设施建设和民族文化及自然遗产保护。规划建设武陵山综合图书馆、武陵山大剧院、武陵山博物馆等文化基础设施。

发展民族工艺品。大力支持具有浓郁民族风情和地方民俗文化特色手工艺品、特色旅游纪念品发展，重点支持具有非物质文化遗产认证的手工艺发展，推进民族手工艺传承与创新，对非物质文化遗产传承人发展工艺品业给予优惠政策和优先支持。鼓励扶贫对象参与民族传统手工艺品生产。

专栏2　民族文化发展重点

特色民族文化品牌保护工程。加强对凤凰古城、洪江古商城、通道侗族古建筑群、会同高椅古村、新化梅山武术、龙山里耶秦简、玉屏箫笛、土家摆手舞、利川龙船调、肉连响、建始黄四姐、长阳山歌、南曲、巴山舞、秭归花鼓、石柱西沱古镇云梯街、黔江南溪号子、秀山及思南花灯、松桃滚龙、慈利板板龙灯、恩施撒尔嗬、苗族"四月八"、"上刀山"和"土家啰儿调"、张家界阳戏、桑植民歌等物质和非物质文化遗产资源的保护和传承

民族文化精品工程。积极扶持黔江武陵山民族文化节、梵净山旅游文化节、酉阳摆手舞文化节、丰都鬼城庙会、芷江和平文化节、通道芦笙节、沅陵全国龙舟赛、恩施女儿会、来凤土家摆手节、巴东纤夫节、秭归屈原端午文化旅游节、长阳廪君文化旅游节和张家界国际乡村音乐节和天门狐仙——"新刘海砍樵"、恩施"夷水丽川"、"印象武隆"等大型山水实景及精品演出

续表

专栏2　民族文化发展重点
民族文化设施建设。推进特色民族村寨保护与开发，改造建设中心城市及具有民族特色的重点城镇民族文化艺术馆，支持建设民族文化影视中心
民族文化和自然遗产保护。重点支持武陵源、崀山等国家重大文化和自然遗产地、全国重点文物保护单位、中国历史文化名城名镇名村保护设施建设，推进非物质文化遗产保护利用设施建设
民族工艺品发展。重点支持蜡染、制银、织锦、刺绣、根雕、石雕、民间剪纸、西兰卡普、油纸伞、傩戏面具、柚子龟、阳戏面具等民族工艺品的发展

教　育

统筹发展各类教育。以中等职业教育为重点，加快普及高中阶段教育，推动普通高中多样化发展。重点支持旅游、民族文化和现代农业等专业性职业院校。鼓励发展民办职业学校。因地制宜发展高等教育，鼓励一个中心城市建设一所特色高校。

重点发展民族特色体育。加强城乡体育健身场地和设施建设，鼓励开发具有地方民族特色的体育健身项目，举办区域性全民体育活动，选拔体育人才。创办体育节，增加群众性体育活动。

附件 4
滇桂黔石漠化片区区域发展与扶贫攻坚规划
（2011—2020 年）节选

滇桂黔石漠化集中连片特殊困难地区跨广西、贵州、云南三省区，集民族地区、革命老区和边境地区于一体，是国家新一轮扶贫开发攻坚战主战场中少数民族人口最多的片区。

根据《中国农村扶贫开发纲要（2011—2020）》（中发〔2011〕10号）的要求，依据《国民经济和社会发展第十二个五年规划纲要》、《中共中央、国务院关于深入实施西部大开发战略的若干意见》（中发〔2010〕11号）、《全国主体功能区规划》（国发〔2010〕46号）与《关于下发集中连片特殊困难地区分县名单的通知》（国开发〔2011〕7号）等相关重要文件精神，结合滇桂黔石漠化片区实际，编制本规划。

本规划区域范围包括广西、贵州、云南三省区的集中连片特殊困难地区县（市、区）80个，其他县（市、区）11个，共91个。区域内有民族自治地方县（市、区）83个、老区县（市、区）34个、边境县8个。

本规划按照"区域发展带动扶贫开发，扶贫开发促进区域发展"基本思路，明确了区域发展与扶贫攻坚的总体要求、空间布局、重点任务和政策措施，是指导区域发展和扶贫攻坚的重要依据。

本规划规划期为 2011—2020 年。

2010 年年末，总人口 3427.2 万人，其中乡村人口 2928.8 万人，少数民族人口 2129.3 万人。有壮、苗、布依、瑶、侗等 14 个世居少数民族。人均地区生产总值为 9708 元，是 2001 年的 4.3 倍；城镇居民人均可支配收入和农村居民人均纯收入为 13252 元和 3481 元，均比 2001 年增加 2.7 倍。第一、第二、第三产业结构由 2001 年的 36∶30∶34 调整为 2010 年的 21∶43∶36；城镇化率由 2001 年的 14.9% 上升到 2010 年的 24.7%。

民族文化底蕴深厚，民俗风情浓郁，民间工艺丰富，侗族大歌和壮锦、苗族古歌、布依族八音坐唱等非物质文化遗产色彩斑斓。各民族和睦相处，民族交往、交流、交融不断加深。

战略定位

民族团结进步和边境繁荣稳定模范区。发扬各民族和睦共处优良传统，开展民族团结进步创建活动，推进民族文化传承创新，巩固发展平等、团结、互助、和谐的民族关系，促进各民族交往、交流、交融和民族团结进步。大力实施兴边富民行动，推进沿边开放和跨国经济合作，保障边境地区稳定，实现贫困群众脱贫致富。

民族文化产业

民族文化保护与传承。加强少数民族传统文化的发掘、保护和抢救。维护特色民族村镇和古村镇风貌，重点加强文物古迹保护。培养一批非物质文化遗产代表性传承人，建设一批非物质文化遗产专题展示馆，抢救保护非物质文化遗产的代表性项目，加强古村落保护。建立和完善民族特色文化遗产保护网络和非物质文化遗产保护体系，支持申报入选联合国和国家级非物质文化遗产。

民族特色文化开发与利用。依托民族文化资源，建设一批文化产业基地，培育一批有特色的骨干文化企业，推进区域特色文化产业集聚发展。充分开发利用非物质文化遗产等资源，形成民族民俗文化品牌。做大做强侗族大歌、苗族岭飞古歌、龙州天琴等民族歌舞品牌，重点办好壮族"三月三"、苗族芦笙节、瑶族盘王节等节庆活动，打造民族民俗文化亮点。努力打造坡芽歌书、水族水书等民族文学精品。大力发展农村文化产业合作社，扶持扶贫对象参与民族传统手工艺品生产。

发展民族特色体育。加强体育公共服务设施建设，鼓励开发具有地方民族特色的体育健身项目。结合民族风情，开展特色体育休闲运动。积极开展群众性体育活动，举办全民体育活动和体育节。

对民族贸易和民族特需商品生产使用贷款实施利率优惠政策，优先培训民族手工业和民族文化产业从业人员，落实补贴政策，积极帮助少数民族脱贫致富。加大对毛南族、仫佬族等人口较少民族的扶持力度。

参考文献

1. 樊巧云：《地缘政治视野下的中国西北边疆安全》，博士学位论文，南京师范大学，2009年。
2. 何跃：《冷战后中国西南边疆困境与安全治理》，《云南师范大学学报》2007年第5期。
3. 《少数民族事业"十一五"规划》，《今日民族》2007年第5期。
4. 艾沙江·艾力、瓦尔斯江·阿不力孜：《新疆贫困地区经济发展因素综合分析》，《经济地理》第27卷第3期。
5. 李庆涛：《新时期少数民族地区贫困问题及对策》，《当代经济》2003年第2期。
6. 谭卫国：《新时期少数民族地区政治文化建设》，《湖北师范学院学报》（哲学社会科学版）2015年第29卷。
7. 《中国农村扶贫开发纲要（2001—2010）》，国务院扶贫办。
8. 《中国农村扶贫开发纲要（2011—2020）》，国务院扶贫办。
9. 《中国农村扶贫开发纲要（2011—2020）》，国务院扶贫办。
10. 童玉芬、王海霞：《中国西部少数民族地区人口的贫困原因及其政策启示》，《人口与经济》2006年第1期。
11. 陈华平：《参与式扶贫与政府角色转换》，《赣南师范学院学报》2006年第5期。

12. 陈怀叶：《参与式整村推进扶贫开发模式与新农村建设的耦合研究》，博士学位论文，西北师范大学，2009。

13. 陈佳贵、王延中主编：《中国社会保障发展报告（2001—2004）》，社会科学文献出版社 2004 年版。

14. 陈杰：《我国农村扶贫资金效率的理论与实证研究》，博士学位论文，中南大学，2007 年。

15. 陈凌建：《中国农村反贫困模式：历史沿革与创新》，《财务与金融》2009 年第 6 期。

16. 陈宁：《论农村经济发展与农村和谐社会的关系》，《网络财富》2008 年第 5 期。

17. 陈阳：《新疆新农村建设的扶贫开发对策研究》，《新疆农垦经济》2007 年第 7 期。

18. 成升魁、谷树忠等：《2002 中国资源报告》，商务印书馆 2003 年版。

19. 寸家菊、徐孝勇：《西部少数民族贫困山区扶贫模式研究——以四川省昭觉县为例》，《西南农业大学学报》（社会科学版）2008 年第 6 期。

20. 范永明：《中国民族地区扶贫开发面临的问题及解决对策》，《经济研究导刊》2010 年第 4 期。

21. 高飞：《我国政府农村扶贫政策研究》，博士学位论文，燕山大学，2010 年。

22. 高炎琼：《我国扶贫政策的演变及前瞻》，《理论界》2006 年第 4 期。

23. 龚利：《对参与式扶贫资金管理的社会学研究》，博士学位论文，中国农业大学，2004 年。

24. 贡保草：《论西部民族地区环境资源型产业扶贫模式的创建——以甘南藏族自治州为例》，《西北民族大学学报》（哲学社会科学版）2010 年第 3 期。

25. 谷彩兰：《试论甘南州开发式扶贫存在的问题及其对策》，博士学位论文，中央民族大学，2010年。

26. 郭来喜、姜德华：《中国贫困地区环境类型研究》，《地理研究》1995年第6期。

27. 郭佩霞：《凉山彝区政府反贫困研究》，博士学位论文，西南财经大学，2007年。

28. 郭伟：《整村推进扶贫模式探析——以宁夏为例》，《安徽农业科学》2011年第39期。

29. 海滨：《影响新疆哈萨克牧民定居的显性因素初探》，《昌吉学院学报》2004年第6期。

30. 韩俊：《中国经济改革30年（农村经济卷）》，重庆大学出版社2008年版。

31. 洪泸敏、章辉美：《论四种类型的贫困》，《长沙铁道学院学报》（社会科学版）年第4期。

32. 胡锦涛：《坚定不移沿着中国特色社会主义道路前进，为全面建成小康社会而奋斗——在中国共产党第十八次代表大会上的报告》，人民出版社2012年版。

33. 黄承伟：《参与式扶贫规划的制定与实施案例研究——从龙那村看广西贫困村的扶贫规划》，《贵州农业科学》2004年第3期。

34. 黄科：《对我国农村扶贫政策的回顾与思考》，《中国经贸导刊》2010年第6期。

35. 黄良鲜：《喀斯特地区参与式农村发展模式研究——以广西喀斯特环境恢复和扶贫项目的"忻城模式"》，博士学位论文，广西大学，2008年。

36. 黄颂文：《21世纪初西部民族地区农村反贫困法制保障研究》，博士学位论文，中央民族大学，2005年。

37. 黄伟：《风险冲击、脆弱性与农户贫困关系研究》，硕士学位论文，华中农业大学，2008年。

38. 黄小荣：《我国农村贫困现状与反贫困策略研究》，硕士学位论文，华中师范大学，2007年。

39. 贾楠：《西部开发10年民族地区农村贫困人口减2500万》，《北京日报》2009年11月22日。

40. 贾若祥、侯晓丽：《我国扶贫开发面临的新形势及发展思路》，《宏观经济管理》2011年第3期。

41. 江曙霞：《中国农村反贫困过程中民间信用的作用探讨》，《东岳论丛》2005年第5期。

42. 姜锡明、罗海霞：《医疗扶贫创新——新疆贫困人口医疗保障问题探讨》，《地方财政研究》2007年第7期。

43. 金炳镐：《论邓小平民族理论的主要实践（下）》，《中南民族大学学报》（人文社会科学版）2004年。

44. 康晓光：《中国贫困与反贫困理论》，广西人民出版社1995年版。

45. 来仪：《"参与式"农村扶贫模式在四川民族地区的实施及非经济性因素分析》，《西南民族大学学报》（人文社会科学版）2004年。

46. 李蓓：《边疆地区政府与非政府组织关系研究》，博士学位论文，新疆大学，2007年。

47. 李怀明：《对德宏州实施科技兴边富民的调查与思考》，《云南社会主义学院学报》2008年。

48. 李菊兰：《非政府组织扶贫模式研究》，博士学位论文，西北农林科技大学，2008年。

49. 李龙强：《制度性贫困与反贫困制度创新》，《商洛学院学报》2008年第4期。

50. 李庆滑：《我国省际对口支援的实践、理论与制度完善》，《中共浙江省委党校学报》2010年第5期。

51. 李庆涛：《新时期少数民族地区贫困问题及对策》，《当代经济》2013年第2期。

52. 李树基：《整村推进扶贫开发方式研究——以甘肃为例》，《甘肃社会科学》2006年第2期。
53. 李小云：《参与式发展概论》，中国农业大学出版社2001年版。
54. 李兴江：《参与式扶贫模式的运行机制及绩效评价》，《开发研究》2008年第3期。
55. 李忠斌：《特殊扶贫开发政策助推少数民族脱贫致富：30年改革回顾》，《中南民族大学学报》（人文社会科学版）2008年。
56. 李周主编：《中国反贫困与可持续发展》，科学出版社2007年版。
57. 厉以宁：《区域发展新思路——中国发展不平衡对现代化进程的影响对策》，经济日报出版社2002年版。
58. 联合国《世界人权宣言》，1948年。
59. 联合国2011、2010人类发展报告。
60. 梁平：《新阶段西部农村反贫困研究》，博士学位论文，西南大学，2009年。
61. 刘进来：《论我国民族地区扶贫政策的演进与启示》，硕士学位论文，中南民族大学，2011年。
62. 刘荣：《论东西部差距不断扩大的根源及其对策》，《河北师范大学学报》（哲学社会科学版）2010年第1期。
63. 刘廷兰：《少数民族地区农村扶贫模式效果分析》，博士学位论文，中央民族大学，2011年。
64. 马莉：《中国西部贫困地区扶贫开发项目个案绩效分析——以宁夏同心县为例》，博士学位论文，宁夏大学，2006年。
65. 敏生兰：《民族地区贫困成因与治贫方略研究——以甘肃省民族地区为例》，博士学位论文，西北民族大学，2005年。
66. 青觉：《中国共产党少数民族经济政策的形成和发展——中国共产党民族纲领政策形成和发展研究之十二》，《黑龙江民族丛刊》2002年。
67. 任晓冬、高新才：《喀斯特环境与贫困类型划分》，《农村经济》

2010年第2期。

68. 邵忍丽：《贫困人口集中在西部农村的原因及解决途径》，《重庆工商大学学报》2006年第8期。

69. 沈小波、林擎国：《反贫困：认识的转变与战略的调整》，《中国农村观察》2003年第5期。

70. 舒联：《众中国扶贫战略及其资金瞄准机制研究》，硕士学位论文，华中科技大学，2006年。

71. 宋才发：《民族自治地方经济社会发展自主权探讨》，《西南政法大学学报》2007年。

72. 宋清华、杨云、张明星：《"9+2"教育扶贫模式的探索与实践》，《课题项目研究》2009年第2期。

73. 谭卫国：《新时期少数民族地区政治文化建设》，《湖北师范学院学报》（哲学社会科学版）2009年第1期。

74. 谭贤楚、朱力：《贫困类型与政策含义：西部民族山区农村的贫困人口——基于恩施州的实证研究》，《未来与发展》2012年第1期。

75. 童玉芬、王海霞：《中国西部少数民族地区人口的贫困原因及其政策启示》，《人口与经济》2006年第1期。

76. 王承江：《湘西土家族苗族自治州扶贫模式的研究》，硕士学位论文，湖南农业大学，2008年。

77. 王宁新：《新疆贫困状况分析及扶贫模式的比较和选择》，《新疆社会科学》2003年第3期。

78. 王伟：《山西省吕梁地区开发式扶贫模式探讨》，博士学位论文，中国农业大学，2006年。

79. 王文浩：《甘南黄河水源补给生态功能区牧民定居及其对策》，《畜牧兽医杂志》2011年第6期。

80. 王文浩：《甘肃省甘南州：保护修复生态系统稳步推进牧民定居》，《城乡建设》2009年第3期。

81. 王秀峰：《高等院校科技扶贫模式探讨》，《山地农业生物学报》2006 年第 4 期。

82. 王亚娟：《非政府组织参与式扶贫项目效果及影响因素分析》，博士学位论文，西北大学，2008 年。

83. 王亚玲：《中国西部农村贫困问题及反贫困对策调整》，《青海社会科学》2009 年第 7 期。

84. 王雨林：《转型期中国农村贫困问题研究——基于省际数据的分析》，博士学位论文，浙江大学，2007 年。

85. 卫光华：《中国社会保障制度研究》，中国人民大学出版社 1996 年版。

86. 魏后凯、成艾华、张冬梅：《中央扶持民族地区发展政策研究》，《中南民族大学学报》（人文社会科学版）2012 年第 1 期。

87. 严庆：《社会转型关键期的社会公平与民族关系》，《湖北民族学院学报》（哲学社会科学版）2008 年。

88. 杨东营：《对边境民族地区扶贫与和谐社会建设探微——以云南省德宏傣族景颇族自治州为例》，《云南科技管理》2010 年第 4 期。

89. 杨勇：《边疆绝对贫困少数民族地区扶贫发展探索——以云南省文山州扶贫发展为例》，《云南农业大学学报》2012 年第 6 期。

90. 叶普万：《贫困概念及其类型研究述评》，《经济学动态》2006 年第 7 期。

91. 于远亮：《论公共决策中的公民参与在扶贫政策制定与执行中的运用》，《江苏省社会主义学院学报》2006 年第 5 期。

92. 于远亮：《中国政府扶贫政策的演进和优化》，博士学位论文，南京师范大学，2006 年。

93. 余国新、刘维忠：《新疆贫困地区产业化扶贫模式与对策选择》，《江西农业学报》2010 年第 7 期。

94. 翟振芳：《我国农村扶贫瞄准机制研究》，博士学位论文，东北大学，2008 年。

95. 湛中乐、苏宇:《消除贫困与人权保障：中国的进展与反思》,《人权》2010 年第 1 期。

96. 张宏:《欠发达地区参与式扶贫开发模式研究》,博士学位论文,兰州大学,2007 年。

97. 张季:《中外扶贫资金管理研究》,《重庆大学学报》2001 年第 2 期。

98. 张继新:《浅析中国政府在农村反贫困战略中的作用》,博士学位论文,吉林大学,2007 年。

99. 张建平:《中国区域开发问题研究》,中国经济出版社 2009 年版。

100. 张铠:《收入增长和分配对农村减贫贡献的区域比较》,博士学位论文,湖南大学,2009 年。

101. 张展智、左停、徐贤坤:《广西参与式农村发展模式研究——以犛田尾村开展参与式整村推进扶贫为例》,《经济与社会发展》2012 年第 1 期。

102. 赵培红:《民族地区农村贫困的脆弱性分析及其治理》,博士学位论文,中央民族大学,2009 年。

103. 郑功成:《中国的贫困问题与 NGO 扶贫的发展》,《中国软科学》2002 年第 7 期。

104. 郑志龙:《社会资本与政府反贫困治理策略》,《中国人民大学学报》2007 年第 6 期。

105. 朱玉福:《"兴边富民行动"的意义》,《广西民族研究》2007 年第 3 期。

106. 朱玉福:《改革开放 30 年来我国民族地区扶贫开发的成就、措施及经验》,《广西民族研究》2008 年第 4 期。

后　记

本书为由王文长教授主持的课题《少数民族地区扶贫攻坚的类型和模式》（《社会转型与民族地区经济发展方式研究》子课题）的研究成果，少数民族地区反贫困具有重要的战略意义，我国对此也采取了诸多政策措施，对少数民族地区反贫困实践进行反思，使少数民族地区反贫困的政策措施更具合理性和针对性是本课题研究的目的所在。研究从我国少数民族地区反贫困的形势和环境出发，阐述了少数民族地区贫困的现状、分类，梳理了少数民族地区反贫困的政策演进和具体实践，进而分析了少数民族地区反贫困实践中存在的问题及其产生原因，最终提出了少数民族反贫困的新攻略。

由于研究者能力所限，研究成果中定有诸多不足，广大读者的批评指正也恰恰是我们研究进一步深入的起点和动力。

在课题研究过程中，王文长教授负责了全面的研究工作，刘云喜博士和王玉玲教授参与具体研究并对最终研究成果提出诸多修改意见和建议，董益铭和孔晗承担具体研究任务的同时，还承担了对书稿的具体修改工作。此外，课题组成员王蕾、毛乐燕、吴凡、郑妍、刘建磊、李浴、马迪、侯孟婷、付海洋、王伟楠参与了具体研究工作并撰写相关章节。